高等职业教育"互联网+"新形态教材·财会专业

会计信息化实训
（用友 U8 V10.1）

李孟军　宋建琦　崔洪瑞　主　编

李吟爽　刘　娟
　　　　　　　　　　副主编
吴立华　倪宝童

王新玲　主　审

电子工业出版社
Publishing House of Electronics Industry
北京·BEIJING

内 容 简 介

本书以用友 U8 V10.1 为蓝本，设计了 11 个项目和 15 个实验，每个实验环环相扣，也可以独立操作，注重教学与会计实务工作对接，实训案例涉及制造业一个月常见的业务类型，具有典型性和实用性。本书主要内容包括会计信息化基础理论、系统管理、基础设置、总账管理、财务报表、薪资管理、固定资产管理、供应链管理系统初始化、采购与应付管理、销售与应收款管理、库存管理与存货核算。

本书既可作为高职高专财经类专业的教学用书，也可作为其他相关专业的教学用书及在职会计人员学习的辅导用书。

未经许可，不得以任何方式复制或抄袭本书之部分或全部内容。
版权所有，侵权必究。

图书在版编目（CIP）数据

会计信息化实训：用友 U8 V10.1 / 李孟军，宋建琦，崔洪瑞主编. —北京：电子工业出版社，2020.4
ISBN 978-7-121-37732-7

Ⅰ. ①会… Ⅱ. ①李… ②宋…③崔… Ⅲ. ①会计信息－财务管理系统－高等职业教育－教材 Ⅳ. ①F232

中国版本图书馆 CIP 数据核字（2019）第 240246 号

责任编辑：贾瑞敏　　　　　　　　特约编辑：胡伟卷　许振伍
印　　　刷：北京盛通商印快线网络科技有限公司
装　　　订：北京盛通商印快线网络科技有限公司
出版发行：电子工业出版社
　　　　　北京市海淀区万寿路 173 信箱　邮编 100036
开　　本：787×1 092　1/16　印张：15.5　字数：397 千字
版　　次：2020 年 4 月第 1 版
印　　次：2022 年 8 月第 3 次印刷
定　　价：49.80 元

凡所购买电子工业出版社图书有缺损问题，请向购买书店调换。若书店售缺，请与本社发行部联系，联系及邮购电话：(010)88254888，88258888。
质量投诉请发邮件至 zlts@phei.com.cn，盗版侵权举报请发邮件至 dbqq@phei.com.cn。
本书咨询联系方式：电话 010-62017651；邮箱 fservice@vip.163.com；QQ 群 427695338；微信 DZFW18310186571。

前言

会计信息化不同于会计电算化。在电算化时代，信息技术是工具，是会计人员手脑功能的延伸；在信息化时代，信息技术不仅仅是工具，更是企业经营管理的环境。从这种全新的视角出发，关注会计与其他业务活动的有机联系，体验会计信息化带来的工作流程和模式的革新，以及信息化与制度环境的互动，才能真正助力企业充分、合理地利用信息技术，提高会计管理水平。

本教材共包括11个项目，以用友U8 V10.1为实验平台，以一个企业的经济业务贯穿始终，分别介绍了会计信息化基础理论、系统管理、基础设置、总账管理、财务报表、薪资管理、固定资产管理、供应链管理系统初始化、采购与应付管理、销售与应收款管理、库存管理与存货核算。除了项目1不包含实验以外，其他项目均包含功能概述、教学重点、难点及实验。功能概述主要介绍各个系统的基本功能；教学重点、难点提示了在教学过程中应该注意的问题；项目中的实验给出了企业具体的业务管理内容，需要利用相应子系统的功能来实现对企业业务内容的处理和分析，以此来检验教学效果。

本教材适合作为本科、高职高专和技术学院等的财会专业教材，也适合作为ERP认证考试和在职会计人员培训，还可以单独使用。希望了解信息化的广大企业的业务人员、高等院校非财会专业的学生和教师均可使用。

本教材由兴安职业技术学院李孟军、山西国际商务职业学院宋建琦、菏泽工程技师学院崔洪瑞担任主编；大同市职业教育中心李吟爽、河南工业职业技术学院刘娟、佛山市华材职业技术学校吴立华、辽宁建筑职业学院倪宝童担任副主编；天津财经大学王新玲担任主审。具体编写分工为：项目2、3由李孟军编写，项目4、5由宋建琦编写，项目6、7由崔洪瑞编写，项目8由李吟爽编写，项目9由刘娟编写，项目10由倪宝童编写，项目1、11由吴立华编写。

由于会计信息化内容发展很快，并随着计算机技术和网络技术的发展而不断更新。再加上编者水平有限，书中难免有不足之处，敬请读者批评指正。

编 者

目 录

项目1 会计信息化基础理论 —— 1

1.1 会计信息化的起源与发展/1
    1.1.1 会计信息化的概念/1
    1.1.2 会计信息化的发展/1
1.2 会计信息化系统和手工会计系统的联系与区别/2
    1.2.1 会计信息化系统和手工会计系统的联系/2
    1.2.2 会计信息化系统和手工会计系统的区别/3
    1.2.3 实现会计信息化的意义/4
1.3 企业会计信息化实施与管理/5
    1.3.1 开展会计信息化工作的条件/5
    1.3.2 企业会计信息化的建设过程/6
思考题/9

项目2 系统管理 —— 10

2.1 功能概述/10
    2.1.1 账套管理/10
    2.1.2 账套库管理/10
    2.1.3 权限管理/11
    2.1.4 系统安全管理/11
2.2 教学重点、难点/11
    2.2.1 理解企业建账/11
    2.2.2 系统管理员与账套主管/12
实验一 系统管理/13
思考题/26

项目3 基础设置 —— 27

3.1 功能概述/27
    3.1.1 基本信息/27
    3.1.2 基础档案/27
    3.1.3 单据设置/28
3.2 教学重点、难点/28
    3.2.1 会计科目/28
    3.2.2 项目核算/29
实验二 基础档案设置/29
思考题/46

项目4 总账管理 —— 48

4.1 功能概述/48
    4.1.1 初始设置/48
    4.1.2 凭证管理/48
    4.1.3 账簿管理/49
    4.1.4 辅助核算管理/49
    4.1.5 月末处理/49
4.2 教学重点、难点/49
    4.2.1 总账管理子系统初始化/49
    4.2.2 日常业务处理/49
    4.2.3 期末业务处理/50
实验三 总账管理子系统初始化设置/51
实验四 总账管理子系统日常业务处理/58
实验五 总账管理子系统期末处理/82
思考题/93

项目5　财务报表 /95

5.1　功能概述/95
    5.1.1　格式设计/95
    5.1.2　数据处理功能/96
    5.1.3　利用模板编制报表/96
5.2　教学重点、难点/96
    5.2.1　单元格数据类型/96
    5.2.2　关键字/96
    5.2.3　公式定义/97
实验六　账务报表编制/97
思考题/107

项目6　薪资管理 /108

6.1　功能概述/108
    6.1.1　薪资管理子系统初始化/108
    6.1.2　薪资管理子系统日常业务处理/109
6.2　教学重点、难点/109
    6.2.1　工资类别/109
    6.2.2　工资项目及计算公式/110
    6.2.3　代扣个人所得税/110
实验七　薪资管理/110
思考题/132

项目7　固定资产管理 /133

7.1　功能概述/133
    7.1.1　固定资产管理子系统初始化/133
    7.1.2　固定资产管理子系统日常业务处理/134
7.2　教学重点、难点/134
    7.2.1　自动凭证科目设置/134
    7.2.2　卡片管理/134
    7.2.3　计提折旧/134
实验八　固定资产管理/135
思考题/149

项目8　供应链管理系统初始化 /150

8.1　功能概述/150
    8.1.1　供应链管理系统的构成/150
    8.1.2　供应链管理系统初始化的内容/151
8.2　教学重点、难点/153
    8.2.1　计量单位与换算率/153
    8.2.2　存货属性的作用/154
    8.2.3　生成自动凭证/154
    8.2.4　业务数据与财务数据的对应关系/155
实验九　供应链管理系统初始化设置/155
思考题/168

项目9　采购与应付管理 /169

9.1　功能概述/169
    9.1.1　采购管理子系统功能概述/169
    9.1.2　应付款管理子系统功能概述/169
9.2　教学重点、难点/170
    9.2.1　采购管理子系统/170
    9.2.2　应付款管理子系统/172
实验十　采购管理/172
实验十一　应付款管理/189
思考题/195

项目 10　销售与应收款管理　197

10.1　功能概述/197
　　10.1.1　销售管理子系统功能概述/197
　　10.1.2　应收款管理子系统功能概述/198
10.2　教学重点、难点/199
　　10.2.1　销售管理子系统/199
　　10.2.2　应收款管理子系统/200
实验十二　销售管理/201
实验十三　应收款管理/215
思考题/223

项目 11　库存管理与存货核算　224

11.1　功能概述/224
　　11.1.1　库存管理子系统功能概述/224
　　11.1.2　存货核算子系统功能概述/225
11.2　教学重点、难点/225
　　11.2.1　库存业务管理及控制/225
　　11.2.2　存货核算子系统/226
实验十四　库存管理/227
实验十五　存货核算/233
思考题/236

项目 1
会计信息化基础理论

知识目标

通过本项目的学习，要求学生掌握会计信息化的基本概念；了解我国会计信息化的发展概况；理解会计信息化系统和手工会计系统的联系与区别；了解企业实现会计信息化的基本步骤。

1.1 会计信息化的起源与发展

1.1.1 会计信息化的概念

按照《企业会计信息化工作规范》中的界定，会计信息化是指企业利用计算机、网络通信等现代信息技术手段开展会计核算，以及利用上述手段将会计核算与其他经营管理活动有机结合的过程。会计信息化不仅包括与会计核算相关的信息化，同时考虑到企业其他经营管理职能与会计职能可能存在交叉重叠、其他信息系统可能是会计信息系统重要数据来源的情况，也将会计核算与其他经营管理活动相结合的内容纳入会计信息化范围。这样定义，有利于企业正确认识会计信息化与其他领域信息化的密切关系，有利于企业财务会计部门适当地参与企业全领域的信息化工作。

会计信息化改变了会计核算方式、数据存储形式、数据处理程序和方法，扩大了会计数据领域，改变了会计内部控制与审计的方法和技术，带来了会计工作组织和人员分工的改变，对会计人员素质和知识结构提出了新的要求。促进会计工作职能的转变和会计管理制度的改革，是整个会计理论研究与会计实务的一次根本性变革。

1.1.2 会计信息化的发展

1. 会计信息化发展的基础条件

会计信息化的发展离不开 4 个基础条件：计算机硬件及网络技术、商品化软件发展、专业人才及政策导向。

1946年，美国宾夕法尼亚大学诞生了世界上第1台电子计算机，为计算机技术在会计领域的应用提供了条件。

1954年10月，美国通用电气公司率先将计算机应用于企业的工资核算中，获得了极大的成功。其他大中型企业纷纷效仿，在西方国家掀起了将电子计算机技术应用于会计领域的热潮。随后，欧洲各国和日本等国也开始推广电子计算机技术在会计和企业管理等方面的应用。

1979年，我国财政部、原机械工业部联合中国人民大学在第一汽车制造厂进行会计信息化试点工作。财政部向第一汽车制造厂拨款，从德国购买计算机，由中国人民大学聘请专家负责第一汽车制造厂财务核算系统的开发与研究，主要是将电子计算机技术应用于工资、产值等方面核算。这是会计信息化在我国的最早应用，是一个重要的里程碑。1981年8月，在财政部和中国会计学会的支持下，中国人民大学和第一汽车制造厂联合召开了财务、会计、成本应用电子计算机专题研讨会。在会议上，有关专家首次将电子计算机在财务、会计、成本中的应用简称为会计电算化，得到众多与会专家和学者的一致认可。在1999年召开的会计信息化理论专家座谈会上，专家们认为随着计算机和现代信息技术的飞速发展，会计信息需求的日益增加，会计电算化的功能不断拓展和丰富，将会计电算化改为会计信息化更有利于与国际接轨，有利于推进新形势下会计工作的研究与发展。从此，会计信息化这一专业名词一直沿用至今。

2. 我国会计信息化的发展

我国会计信息化发展可分为4个阶段：1979—1984年的起步阶段；1985—1988年的自发发展阶段；1988—1999年的稳步发展阶段；2000年至今的竞争提高阶段。

1.2 会计信息化系统和手工会计系统的联系与区别

会计信息化系统以手工会计系统为依托，二者既有联系又有区别。

1.2.1 会计信息化系统和手工会计系统的联系

1. 系统目标相同

无论是会计信息化系统还是手工会计系统，最终目标都是为了加强经营管理，提供会计信息，参与经营决策，提高经济效益。

2. 遵守会计法规和财经制度

会计信息化系统和手工会计系统下的业务处理工作都必须严格遵守国家的会计法规及现行的财经制度。

3. 基本的会计理论和方法相同

会计理论是会计科学的结晶，会计方法是具体会计工作的总结。实行会计信息化后，虽然会引起会计理论和方法的变革，但是最基本的会计理论和方法，如会计基本假设和会计的记账方法等仍应当遵循。

4. 编制财务报表的要求相同

会计报表作为国家进行经济调控的依据，反映了企业的财务状况和经营成果，会计信息化系统和手工会计系统都应当按照一定的要求编制财务报表。

5. 都必须妥善保管会计档案

按照会计制度的要求，会计档案作为重要的历史资料应妥善保管。虽然采用财务软件进行账务处理，存储相关会计数据信息的介质发生了变化，但会计信息资料的保存必须与手工会计系统一样进行。

1.2.2 会计信息化系统和手工会计系统的区别

会计信息化系统与手工会计系统相比，无论是处理工具，还是方式、方法、组织机构及内部控制体系，都发生了很大变化。

1. 处理工具的不同

手工会计系统中，使用的工具是算盘、机械或电子计算器；会计信息化系统使用的工具以电子计算机为主，数据处理由计算机完成。

2. 信息载体的不同

手工会计系统的信息以纸张为载体，保管难度大，占用较多的空间且不易查找；会计信息化系统以磁性介质或光盘为载体，具有体积小、易于保管、占用空间少、可以利用网络系统传输、查询方便等优点。

3. 簿记规则不同

首先，账簿的存在方式不同。在手工会计系统中，规定日记账、总账采用订本式，明细账可用订本式或活页式；在会计信息化系统中，账簿是打印输出的折叠账页。其次，账簿的修改和结账方法不同。手工账簿的错误可以用画线更正法、红字冲销法和补充登记法，账页中的空行、空页用红线画销；会计信息化账簿不可能完全采用手工的改错方法，为保证审计的追踪线索，规定凡是已经记账的凭证数据不能修改，只能采用红字冲销法和补充登记法更改错误，以便留下修改痕迹，而且打印输出的账页空白部分也不准许画线注销。

4. 账务处理程序不同

手工会计系统的账务处理程序主要有5种：记账凭证账务处理程序、科目汇总表账务处理程序、日记账账务处理程序、多栏式日记账账务处理程序和汇总记账凭证账务处理程序。它们的目的都是简化登账中的重复登录和计算，但伴随而来的是工作人员和处理环节的增多，其差错也随之增加。会计信息化系统的账务处理程序采用了对数据集中收集、统一处理、数据共享的操作方法，由记账凭证登记日记账、明细账，通过汇总登记总账，编制并打印报表。

5. 会计机构及人员不同

在手工会计系统中，会计岗位一般分为出纳、工资、材料、固定资产和成本等若干工作岗位，进行具体的业务核算，并设专人负责记账、编制报表工作，人员也是专职会计人员；在会计信息化系统中，会计岗位划分为输入、审核、维护等岗位，人员构成由会计专业人员、计算机操作员、计算机软硬件维护人员等组成。

6. 内部控制方式的不同

在会计信息化系统中，对手工会计系统的内部控制方式做了必要的改变，有的已经取消。例如，账证核对、账账核对、账表核对的控制方式已经不再存在，代之以更加严密的输入控制。又如，除保留了签字、盖章等控制，还增设了权限控制、序时控制等方式。

1.2.3 实现会计信息化的意义

会计信息化对于提高会计核算的质量，促进会计职能转变，提高效益，加强国民经济的宏观调控有十分重要的作用。具体来说包括以下 6 个方面。

1. 减轻财会人员的工作强度，提高会计工作的效率

实行会计信息化后，只须将原始会计数据输入电子计算机，大量的数据计算、分类、归集、存储、分析等工作都可由计算机自动完成。这样不仅可以把广大会计人员从繁重的记账、算账、报账工作中解放出来，而且由于计算机的数据处理速度快，还可以提高会计工作的效率，使会计信息的提供更加及时，以满足企业进行市场预测、决策的需要。

2. 促进会计工作规范化，提高会计工作质量

由于在电子计算机应用中，对会计数据来源提出了一系列规范要求，在很大程度上促进解决了手工操作中的不规范、不统一、易疏漏、易出错等问题。因此，促进会计工作规范化程度的不断提高，可以使会计工作的质量得到保证。

3. 促进会计工作职能的转变

在手工做账条件下，会计人员每天都在忙于记账、算账、报账工作。在复杂的市场经济环境中，特别是企业产品品种多、用户多的情况下，许多财会信息仅靠手工计算无法满足企业经营的需要。实现会计信息化后，会计的工作效率提高了，会计核算的广度、深度加大加深，会计人员可以腾出更多时间、精力利用有效的管理条件和工具参与经济管理，从而可以较好地促进会计工作职能的转变，由以核算、监督为主转为以预测、决策服务为主，进而使会计在经济管理、提高经济效益中发挥更大的作用。

4. 促进会计队伍素质的提高

随着会计信息化的开展，一方面要求广大会计人员学习掌握有关会计信息化的新知识，以便主动适应工作；另一方面，也为会计人员接受专门的脱产或半脱产专业培训提供了许多机会。因此，实现会计信息化必然会提高整个会计队伍的业务素质。

5. 为整个管理工作现代化奠定了基础

会计是经济管理的重要组成部分，而且多是综合性指标，具有涉及面广和渗透性强等特点。实现会计信息化为企业管理手段现代化奠定了重要基础，可以带动或加速企业管理现代化的实现。行业、地区实行会计信息化后，大量的经济信息资源可以得到共享，通过网络系统可以迅速交换各种经济技术指标的完成情况，从而极大地提高了经济信息的使用价值。

6. 促进会计自身的不断发展

会计信息化不仅是会计核算手段和会计信息处理操作技术的变革，而且会对会计核算的方式、程序、内容、方法及会计理论的研究等产生深远的影响，促使会计理论研究进入更新、更高的发展阶段，从而促进会计自身的不断发展。

1.3 企业会计信息化实施与管理

1.3.1 开展会计信息化工作的条件

企业开展会计信息化需要具备一些基本条件，概括起来主要表现为以下几个方面。

1. 企业客观需要

激烈的市场竞争对企业经营管理的要求不断加强，需要处理的会计数据剧增，业务处理的复杂程度也在增大，传统的手工会计系统所能提供的会计信息在及时性、准确性、系统性等方面都难以达到企业管理及决策的要求。从根本上摆脱这种困境，可以说是企业实现会计信息化的动力。

2. 领导的重视与支持

企业开展会计信息化工作不仅仅是财会部门的事情，还涉及企业外部及内部的许多部门，应该得到企业主要领导的重视和支持。根据国内外应用成功和失败的经验与教训，这项工作必须由企业主要领导挂帅，如企业的厂长、经理、总会计师等。这样在人员配置、培训、资金筹集、设备更新、组织机构变更及与其他部门的协调等方面就会顺利得多。因此，要加强对企业领导的宣传和培训，以求得他们对企业会计信息化工作的重视和支持。

3. 良好的会计基础工作

会计基础工作主要是指会计制度是否健全，核算规程是否规范，基础数据是否准确、完整等。这是做好会计信息化工作的前提之一。

计算机对会计数据的处理是在预先编制的软件控制下进行的，因此提供的软件必须正确，并且要符合法规和会计制度的要求，这就对会计工作提出了更加严格的要求。另外，会计工作具有阶段性和连续性的特点，许多处理仅仅提供要处理的当前数据是不够的，还要使用大量完整的、准确的其他基础数据，如账户的期初余额、库存结存、定额标准、计划指标等。如果处理的原始数据不及时、不准确或基础数据不完整、不可靠，计算机软件也只能是"假账真做"，甚至不能正常运行，那么系统提供的信息也就失去了使用价值。因此，业务部门必须建立起健全的各种计量、收集与审核等规章制度，以保证能及时取得完整、准确的数据。

对于新开展会计信息化的企业，如果会计基础工作较差，则应先进行整顿，使其迅速达标；对于有一定基础的单位，也要进一步提高并规范。会计信息化的建立也会推动企业会计工作的规范化、标准化、制度化、程序化和合法化。这是一个改造与提高管理的过程，能使企业会计的工作跃上一个新的台阶。

4. 合格的人才

会计信息化的开发、运行与维护需要大量不同层次、不同知识结构的专业人才，目前对绝大多数企事业单位来说，这类人才还很匮乏。大致来说，会计信息化人员分为3类：第1类是信息化系统的开发人员，负责完成软件的开发工作；第2类是信息化系统的应用人员，主要从事信息化系统的使用和日常维护；第3类是信息化系统的管理人员，负责单位会计信息化工作的组织、协调和管理，使其能健康地发展。

对企业来说，应根据企业规模和会计信息化的实现方式等情况确定人才需求、配置与培养计划，使他们能尽快胜任工作。

1.3.2 企业会计信息化的建设过程

无论企业规模大小、结构及业务复杂程度如何，会计信息化的建设过程都大致相同。

1. 制定总体规划

企业会计信息化总体规划是对企业会计信息化所要达到的目标及如何有效地、分步骤地实现这个目标所做的规划。它是企业会计信息化建设的指南，是开展具体工作的依据。

企业会计信息化总体规划应立足本单位的实际需要。其主要包括以下内容。

① 企业会计信息化建设的目标。会计信息化建设的目标应与企业总体战略目标相适应，指明企业会计信息化建设的基本方向，明确建设的规模和业务处理范围。按时间划分，企业会计信息化建设的目标可以分为近期目标和中长期目标。

② 企业会计信息化建设的工作步骤。企业会计信息化建设的工作步骤是按照建设目标的要求和企业实际情况对会计信息化建设过程的任务分解，主要规定系统的建设分哪几步进行、每一步的阶段目标和任务、各阶段的资源配置情况等。

③ 企业会计信息化建设的组织机构。企业会计信息化的建设过程不仅会改变会计工作的操作方式，还会引起会计业务处理流程、岗位设置，甚至单位整个管理模式的一系列重

大变革。因此，企业在系统建设过程中需要投入大量的时间，组织专门的人员根据本企业的具体情况建立适应新系统的工作流程、管理制度、组织形式及绩效考核标准等。总之，企业会计信息化建设是一项复杂的系统工程，是一项长期的、艰苦的工作。规划中应明确规定会计信息化建设过程中的管理体制及组织机构，以利于统一领导、专人负责，高效率地完成系统建设的任务。

④ 资金预算。企业会计信息化建设需要较多的资金投入，因此要对资金进行统筹安排、合理使用。企业会计信息化建设过程中的资金耗费主要包括购买商品化软件、系统硬件配置、软件实施与人员培训、咨询和后期的运行维护等方面。

2. 搭建管理平台

企业会计信息化需要借助信息化的管理手段。管理平台包括硬件和软件两大部分：硬件部分包括计算机、服务器等硬件设备和网络设备；软件部分包括系统软件和应用软件，其中应用软件选型是最核心的。

（1）主流软件认知

按照不同的分类方法，会计信息化软件可以分为不同的类型。按软件适用范围可分为通用会计软件和定点开发会计软件；按软件来源可分为国内软件和国外软件；按软件网络技术架构可分为基于 C/S（即客户/服务器）架构的软件和基于 B/S（即浏览器/服务器）架构的软件。

目前，市场上常见的软件有 SAP、Oracle、用友、金蝶、新中大、浪潮、神州数码等。不同软件公司的规模不同，发展历史及背景不同，所提供的产品及服务也必然存在差异。

① 用友网络（前身为用友软件）。用友网络科技股份有限公司成立于 1988 年，于 2001 年在 A 股上市，是亚太地区知名的财务软件和企业管理软件提供商，提供面向不同行业、不同规模企业的全面信息化解决方案。其主流产品包括三大系列：面向企业集团应用的基于 B/S 架构的 NC、面向大中型成长企业的 U8 和面向中小型企业应用的 T 系列。T 系列产品由用友集团成员企业畅捷通信息技术股份有限公司运营。

② 金蝶国际。金蝶国际软件集团有限公司是在香港主板上市的公司，是亚太地区管理软件龙头企业，全球领先的中间件软件、在线管理及全程电子商务服务提供商。金蝶目前有 3 种 ERP 产品，分别为面向中小型企业的 K/3 和 KIS，以及面向中大型企业的 EAS，涵盖了企业的财务管理、供应链管理、客户关系管理、人力资源管理、知识管理、商业智能等，并能实现企业间的商务协作和电子商务的应用集成。

③ SAP。SAP 是德国 SAP 公司的产品，是一款企业管理软件的名称，是目前世界排名第 1 位的商业软件。针对大中型企业，SAP 提供了完整的系列业务解决方案 SAP ERP；针对中小型企业，SAP 提供了 3 款不同类型的解决方案，应对企业成长的不同需求，即 SAP Business One、SAP Business By Design 和 SAP Business All-in-One。

（2）软件选型原则

选择一款适合企业自身的软件是企业开展会计信息化的关键。选型时应注意以下要点。

① 软件的合法性与适用性。合法性是指软件的功能必须满足国家有关政策法规的明文

要求，《企业会计信息化工作规范》中"会计软件与服务"一章提到了对会计软件的基本要求；适用性是指软件功能是否满足本单位业务处理的要求，明确企业业务处理要求并了解软件功能能否满足这些要求是企业选择会计软件时首先需要考虑的问题。

② 软件的灵活性、开放性与可扩展性。会计信息化是一个动态的发展过程，必须考虑由于信息技术的飞速发展所引起的商业活动方式的变化对企业经营管理方式提出的要求，包括机构变革和业务流程重组。同时，随着经营活动范围的扩大和方式的多样化，会产生许多新的市场机会，而企业抓住这些机会的必要条件之一就是要进一步调整、增强和完善信息管理系统的功能。这就要求软件系统的设置具有一定的灵活性，以便调整软件操作规程和适应新的业务处理流程的变化。而且，软件在与其他信息系统进行数据交换及进行二次开发方面的功能对于适应企业不断变化的管理工作也是非常重要的。

③ 选择稳定的开发商和服务商。软件开发商的技术实力和发展前景也是企业在选择会计软件时应该考虑的一个重要方面。如果软件开发商的技术实力有限或根本没有稳定的开发队伍，则今后软件版本的升级和软件功能的改进都将存在问题，对用户的后续服务支持将无从保证。此外，某一软件的售后服务体系是否健全、服务水平高低及服务态度如何也会影响到软件能否顺利投入使用，以及软件在运行过程中出现问题后能否得到及时解决。需要特别注意的是，最好选用在企业所在城市或地区设有售后服务部门的软件开发商的产品，这是软件长期稳定运行的一个重要保障。

3. 组织系统实施

通用软件系统功能强大、模块齐全，几乎涉及企业的各个部门和所有的功能节点；软件系统参数多且设置灵活，业务流程控制复杂；系统内不仅要实现数据共享，还要对数据的一致性与安全性进行严格控制，整个系统内的数据关联关系复杂；对应用人员的素质和协作能力要求高；通用软件系统的功能要与企业具体的管理需求相对接。因此，软件系统实施是一项非常专业的工作。

从企业购置软件到软件能正常运转起来，其间有大量的工作要做。系统实施就是在企业信息化建设过程中，由相关人员组成特定项目组，通过企业调研、业务分析、流程梳理、数据准备人员培训、系统配置与测试、试运行、方案调整等一系列工作，将通用管理软件与企业具体业务及管理需求相对接，完成管理软件的客户化工作，帮助企业实现科学管理、降低成本、提高效率。在双方组成的实施团队中，实施顾问的作用是指导、辅导和培训，实施的主体是企业自身的财务及业务人员。实施过程也是知识转移的过程。

4. 建立管理体系

任何形式的软件信息系统都只是企业管理提升的一种工具。经过艰难的项目实施实现系统上线只是第 1 步，要充分发挥信息系统的效益，还有大量的日常运行与管理工作要做。首先就是要建立一系列与之相匹配的管理制度，包括会计信息化环境下的组织与岗位职责、系统运行维护管理制度、软硬件管理制度、会计档案管理制度及各种内部控制制度。

思考题

1. 会计信息化与会计电算化是一回事吗?
2. 会计信息化系统与手工会计系统的区别有哪些?
3. 国家发布的关于会计信息化的相关法规、制度有哪些?
4. 企业实现会计信息化的基本步骤是什么?
5. 企业需要制定哪些会计信息化管理制度?

项目 2

系统管理

知识目标

通过本项目的学习，要求学生了解用友 U8 系统管理的作用及主要功能；掌握企业账套的含义及建账过程；学会账套的输出和引入；能区分系统管理员和账套主管的工作性质及在系统管理中的权限。

2.1 功能概述

系统管理在用友 U8 中是一个特殊的子系统。如同盖高楼大厦要先打地基一样，系统管理用于对整个用友 U8 的公共任务进行统一管理，用友 U8 的其他任何子系统的独立运行都必须以此为基础。

系统管理子系统安装在企业的数据服务器上，其具体功能包括以下几个方面。

2.1.1 账套管理

账套是一组相互关联的数据。每一个独立核算的企业都有一套完整的账簿体系，把这样一套完整的账簿体系建立在计算机系统中就是一个账套。每一个企业也可以为其每一个独立核算的下级单位建立一个核算账套。换句话说，用友 U8 可以为多个企业或企业内多个独立核算的部门分别立账，且各账套数据之间相互独立、互不影响，从而使资源得到充分利用。系统最多允许建立 999 个企业账套。

账套管理功能一般包括建立账套、修改账套、删除账套、引入/输出账套等。

2.1.2 账套库管理

账套库和账套是两个不同的概念。账套是账套库的上一级，是由一个或多个账套库组成的。一个账套对应一个经营实体或核算单位，账套中的某个账套库对应这个经营实体的某年度区间内的业务数据。例如，华普电气建立"630 账套"并于 2019 年启用，然后在 2020 年初建 2020 年的账套库，则"630 华普电气"账套中有两个账套库，即"630 华普电气 2019

年"和"630 华普电气 2020 年";如果连续使用也可以不建新库,直接输入 2020 年数据,则"630 华普电气"账套中就只有一个账套库,即"630 华普电气 2019—2020 年"。

设置账套和账套库两层结构的好处是:第一,便于企业的管理,如进行账套的上报、跨年度区间的数据管理结构调整等;第二,方便数据备份的输出和引入;第三,减少数据的负担,提高应用效率。

账套库管理包括账套库的建立、引入、输出、账套库初始化和清空账套库数据。

2.1.3 权限管理

为了保证系统及数据的安全,系统管理提供了权限管理功能。通过限定用户的权限,一方面可以避免与业务无关的人员进入系统;另一方面可以对用友 U8 所包含的各个子系统的操作进行协调,以保证各负其责、流程顺畅。

用户及权限管理包括设置角色、用户及为用户分配功能权限。

2.1.4 系统安全管理

对企业来说,系统运行安全、数据存储安全是非常重要的。在用友 U8 的系统管理子系统中提供了 3 种安全保障机制:第一,在系统管理子系统的界面,可以监控整个系统的运行情况,随时清除系统运行过程中的异常任务和单据锁定;第二,可以设置备份计划让系统自动进行数据备份——在账套管理和账套库管理中可以随时进行人工备份;第三,可以管理上机日志——上机日志对系统的所有操作都进行了详细记录,为快速定位问题发生的原因提供了线索。

2.2 教学重点、难点

学习本章内容时,注意理解和掌握以下几个问题。

2.2.1 理解企业建账

用友 U8 安装完成之后,只是在计算机中安装了一套可以用来管理企业业务的软件,其中没有任何数据。无论企业原来是用手工记账,还是使用其他软件进行财务核算,都需要把既有的数据建立或转移到新系统中。

在用友 U8 中建立企业的基本信息、核算方法、编码规则等称之为建账。其本质是在数据库管理系统中为企业创建一个新的数据库,用于存储和管理企业的各种业务数据。

为了引导大家快速掌握企业建账的工作流程,把企业建账过程总结为 5 步,如图 2.1 所示。

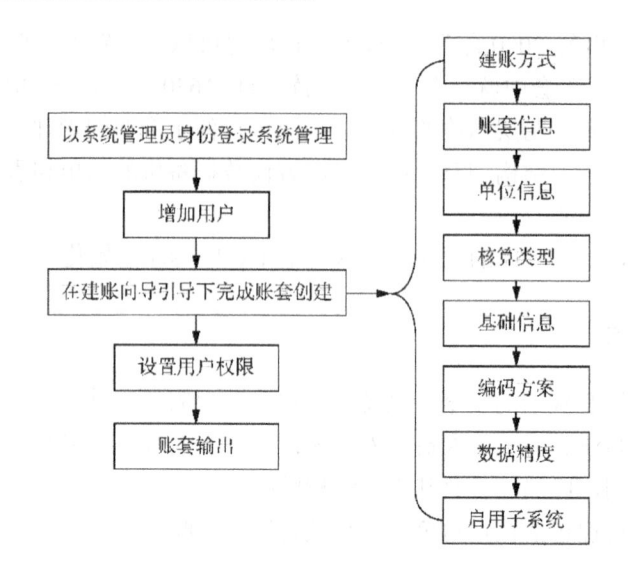

图 2.1　企业建账的工作流程

2.2.2　系统管理员与账套主管

鉴于系统管理子系统在用友 U8 中的重要地位，因此对于系统管理子系统的使用，用友 U8 予以严格控制。系统仅允许以两种身份注册进入系统管理子系统：一种是以系统管理员的身份；另一种是以账套主管的身份。系统管理员和账套主管无论是工作职责还是在用友 U8 中的权限都是不同的。

1. 系统管理员

在信息化企业中，需要设置系统管理员岗位。系统管理员主要负责信息系统的安全，具体包括数据存储安全、系统使用安全和系统运行安全。对应的具体工作包括监控系统日常运行、网络及系统维护、防范安全风险、数据备份、系统用户权限管理等内容。系统管理员的工作性质偏技术，不参与企业实际业务处理工作。

在用友 U8 中，系统管理员默认名称为 admin，不区分大小写、不能修改，其初始密码为空。

2. 账套主管

账套主管是企业中某业务领域的业务主管，如财务主管。他要根据企业发展需要及业务现状，确定企业会计核算的规则、用友 U8 各个子系统参数的设置，组织企业业务处理按规范流程运行。账套主管是用友 U8 中权限最高的用户，拥有所有子系统的操作权限。

3. 系统管理员和账套主管在用友 U8 中的权限

系统管理员和账套主管的工作性质不同，在用友 U8 中拥有的权限也就不同。两者的权限对比如表 2.1 所示。

表 2.1　系统管理员和账套主管权限对比

用友 U8 中的子系统	功能细分	系统管理员	账套主管
系统管理	账套——建立、引入、输出	√	
	账套——修改		√
	账套库		√
	权限——角色、用户	√	
	权限——权限	√	√
	视图	√	
企业应用平台	所有业务子系统		√

需要特别强调的是，虽然两者都有为用户赋权的权限，但在权限范围上有很大差别。系统管理员可以为用友 U8 所有账套中的任何用户赋予任何级别的权限；而账套主管只能对其所登录的账套的用户赋予权限，并且不能赋予某用户账套主管权限。

实验一　系 统 管 理

实验目的

① 理解会计信息系统中企业账的存在形式。
② 掌握会计信息系统中企业账的建立过程。
③ 理解操作员及权限的含义和设置方法。

实验内容

① 增加操作员。
② 建立企业账套，启用总账管理子系统。
③ 设置操作员权限。
④ 账套主管将自己的口令设置为1。
⑤ 输出/引入账套数据。

实验要求

① 以系统管理员（admin）的身份完成增加操作员、企业建账、系统启用、设置操作员权限、输出/引入账套的工作。
② 以账套主管的身份更改个人登录口令。

实验资料

1. 企业相关信息

① 北京华普电气有限公司（简称华普电气）属于工业企业，从事配电箱、户表箱、机

柜等相关产品的生产及销售；位于北京亦庄工业区前进路 8 号；法人代表魏振东；企业纳税登记号 91110105913762125A；采用《2007 新会计准则》进行会计核算，记账本位币为人民币；于 2020 年 1 月开始利用用友 U8 进行会计核算和企业日常业务处理。

② 企业只有几个主要供应商，但存货和客户很多，需要分类管理；有外币业务；业务流程均使用标准流程。

③ 编码规则是：科目编码级次为 4222；客户分类、存货分类编码级次均为 222；部门、结算方式编码级次均为 12；收发类别编码级次为 111。

④ 建账完成后启用总账管理子系统，启用日期为"2020-01-01"。

2. 企业内部岗位分工及在用友 U8 中应赋予的权限（见表 2.2）

表 2.2 企业内部岗位分工及在用友 U8 中应赋予的权限

编 号	姓 名	所属角色	工作职责	用友 U8 中的权限
01	张文佳	账套主管	负责系统日常运行管理、财务分析	账套主管
02	王贺雯		负责总账、报表、工资、固定资产、往来管理、材料核算	总账管理、应收款管理、应付款管理、固定资产管理、UFO 报表
03	任小慧		对收付款凭证进行核对、签字，管理现金日记账、银行日记账、资金日报和银行对账	出纳签字、查询凭证、出纳
04	孙怀庆		负责企业采购业务	采购管理
05	蒋群		负责企业销售业务	销售管理
06	郭涛		负责管理材料收发、产品出入库	库存管理

说明：所有操作员的口令均为空。

3. 操作员自行更改密码

账套主管张文佳将个人登录口令设置为 1；查看账套主管在系统管理中的权限。

4. 输出及引入账套数据

将账套数据输出到"系统管理"文件夹，再通过引入账套验证输出是否成功。

实验指导

1. 以系统管理员的身份登录系统管理子系统

操作步骤

步骤 1　选择"开始"|"程序"|"用友 U8 V10.1"|"系统服务"|"系统管理"命令，打开"用友 U8[系统管理]"窗口。

步骤 2　选择"系统"|"注册"命令，打开"登录"对话框。

步骤 3　在"登录到"文本框中需要给定用友 U8 应用服务器的名称或 IP 地址，在"操

项目 2　系统管理

作员"文本框中显示用友 U8 默认的系统管理员 admin，系统默认管理员密码为空，如图 2.2 所示。

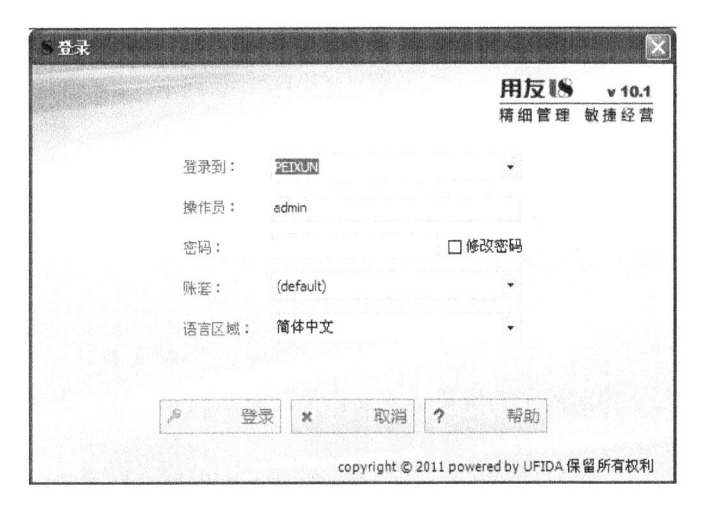

图 2.2　以系统管理员身份登录系统管理

步骤 4　单击"登录"按钮，进入系统管理子系统。系统管理子系统界面最下行的状态栏中显示当前操作员为"[admin]"。

> **注意**
>
> 　　用友 U8 默认的系统管理员为 admin，不区分大小写字母；其初始密码为空，可以修改。例如，设置系统管理员密码为 u8super 的方法是：在"登录"对话框中选中"修改密码"复选框，单击"登录"按钮，打开"设置操作员密码"对话框；在"新密码"和"确认新密码"文本框中均输入 u8super；最后单击"确定"按钮返回系统管理子系统界面。
> 　　由于系统管理员的密码无法被其他操作员撤销，一定要牢记设置的系统管理员密码，否则无法以系统管理员的身份进入系统管理，也就无法进行账套数据的输出和引入。
> 　　考虑到实际教学环境，建议不要设置系统管理员密码。

> **注意**
>
> 　　系统管理员是系统的超级管理员，主要职能是管理企业的核算账套、管理系统的操作人员，以保证系统的正常运行。因为系统管理员职权的特殊性，涉及系统的安全运行，所以建议企业的系统管理员第 1 次登录系统时，为自己设置管理员密码，以避免他人冒用管理员的名义进入系统进行非法操作。即使是在平时工作时间，系统管理员如果有事需要暂时离开，也建议选择"系统"|"注销"命令，注销管理员身份，待返回后再重新登录系统管理子系统。

2. 增加用户

操作步骤

步骤1　以系统管理员的身份登录系统管理子系统，选择"权限"|"用户"命令，打开"用户管理"对话框。

> **注意**
>
> 只有系统管理员才有权限增加角色和用户；"用户管理"对话框中已存在的4位用户是用友U8预置的；系统管理员用户admin不可删除。

步骤2　单击"增加"按钮，打开"操作员详细情况"对话框。

步骤3　按表2.2中所提示的资料输入操作员信息。例如，输入账套主管01张文佳的相关信息，如图2.3所示。

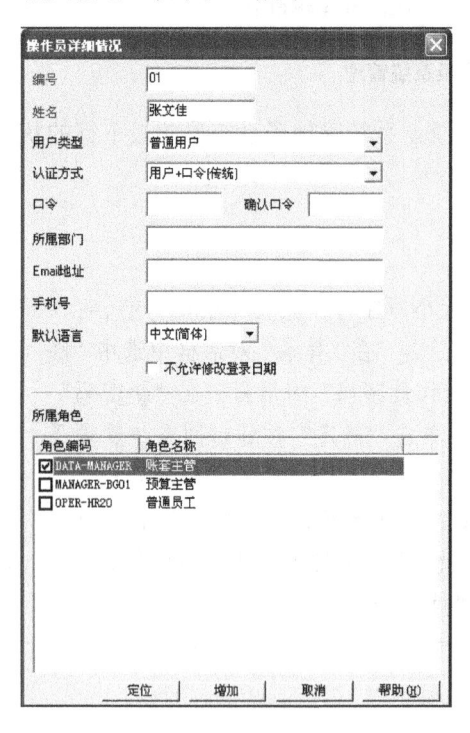

图2.3　增加用户

① 编号。操作员编号在用友U8中必须唯一，即使是不同的账套，操作员编号也不能重复。本例输入01。

② 姓名。在"姓名"文本框中准确输入该操作员的中文全名。操作员登录用友U8进行业务操作时，此处的姓名将会显示在业务单据上，以明确经济责任。本例输入"张文佳"。

③ 用户类型。"用户类型"下拉列表框中有普通用户和管理员用户两个选项：普通用户是指登录系统进行各种业务操作的人；管理员用户的性质与admin相同，他们只能登录"系统管理"子系统进行操作，不能接触企业业务。本例选择"普通用户"。

④ 认证方式。"认证方式"下拉列表框中提供用户+口令（传统）、动态密码、CA认证、域身份验证4种认证选项。"用户+口令（传统）"是用友U8默认的操作员身份认证方式，即通过"系统管理"子系统中的"操作员管理"对话框来设置操作员的安全信息。本例采用系统默认。

⑤ 口令。设置用户口令时，为保密起见，输入的口令字在屏幕上以"*"号显示。本例不设置口令。

⑥ 所属角色。系统预置了账套主管、预算主管、普通员工3种角色。可以选择"权限"|"角色"命令增加新的角色。本例选择所属角色"账套主管"。

步骤4　每增加一个操作员完成后，单击"增加"按钮增加下一位操作员。全部完成后，单击"取消"按钮返回。

项目 2　系统管理

> **注意**
> ①"操作员详细情况"对话框中字体为蓝色的是必输项，其他是任选项。这一规则适用于用友 U8 的所有界面。
> ②如果定义了操作员所属角色，则不能删除，必须先取消操作员角色才能进行删除。
> ③对于从未在系统中进行过业务操作的操作员，可以通过删除功能将其从系统中删除。
> ④对已使用但调离本企业的操作员可以通过修改功能注销当前操作员。被注销的操作员此后不允许再次登录本系统，只有重新设置了启用当前操作员才能再次登录。

3. 建立账套

操作步骤

步骤 1　以系统管理员的身份登录"系统管理"子系统，选择"账套"|"建立"命令，打开"创建账套——建账方式"对话框。选中"新建空白账套"单选按钮，单击"下一步"按钮，进行账套信息设置。

步骤 2　设置账套信息。

① 已存账套。系统将已存在的账套以下拉列表框的形式显示，用户只能查看，不能输入或修改，目的是避免重复建账。

② 账套号。账套号是该企业账套的唯一标识。此项必须输入，且不得与已经存在的账套号重复。可以输入 001 至 999 之间的 3 个字符，本例输入账套号 630。

③ 账套名称。账套名称可以是核算单位的简称。此项必须输入，进入系统后将显示在正在使用的子系统的界面上。本例输入"华普电气"。

④ 账套语言。系统默认选中"简体中文"选项。从系统提供的选项中可以看出，用友 U8 还支持繁体中文和英文作为账套语言。

⑤ 账套路径。账套路径用来确定新建账套将要被放置的位置。系统默认的路径为 C:\U8SOFT\Admin，可以人工更改，也可以单击 … 按钮进行参照选择输入。

⑥ 启用会计期。启用会计期是指开始使用用友 U8 进行业务处理的初始日期。此项必须输入。系统默认为计算机的系统日期，本例更改为"2020 年 1 月"。系统自动将自然月份作为会计核算期间。

⑦ 是否集团账套。本例不选择。

⑧ 建立专家财务评估数据库。本例不选择。

输入完成后，如图 2.4 所示。单击"下一步"按钮，打开"创建账套——单位信息"对话框。

步骤 3　输入单位信息。

① 单位名称。在"单位名称"文本框中必须输入企业的全称。企业全称在正式发票中使用，其余情况全部使用企业简称。本例输入"北京华普电气有限公司"。

17

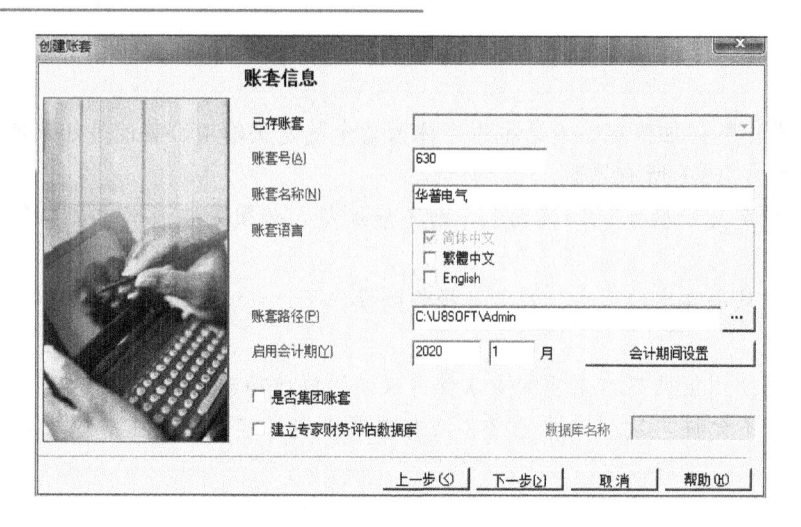

图 2.4　创建账套——账套信息

② 单位简称。单位的简称最好输入。本例输入"华普电气"。

③ 其他栏目都属于任选项，参照所给资料输入即可。

输入完成后，如图 2.5 所示。单击"下一步"按钮，打开"账套信息——核算类型"对话框。

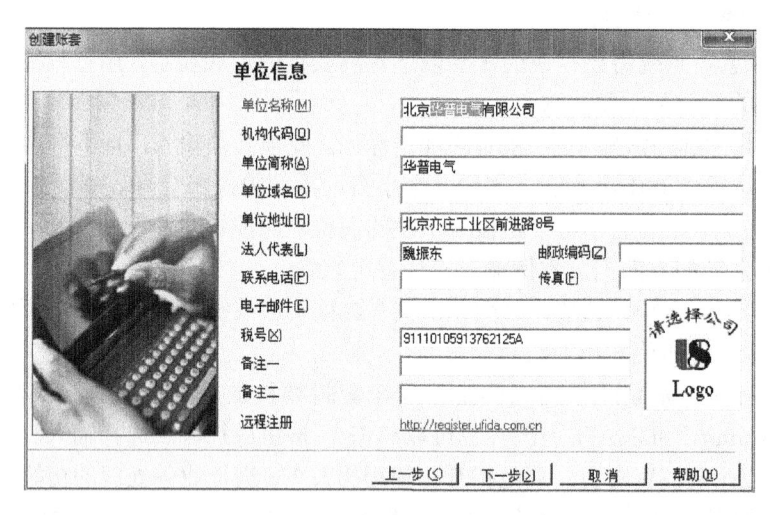

图 2.5　创建账套——单位信息

步骤 4　设置核算类型。

① 本币代码。必须输入本币代码，本例采用系统默认值 RMB。

② 本币名称。必须输入本币名称，本例采用系统默认值"人民币"。

③ 企业类型。系统提供了工业、商业、医药流通 3 种类型。如果选择"工业"，则系统不能处理受托代销业务；如果选择"商业"，则系统不能处理产成品入库、材料领用出库业务。本例采用系统默认"工业"。

④ 行业性质。用户必须从下拉列表框中选择输入，系统将按照所选择的行业性质预置科目。本例采用系统默认的"2007 年新会计制度科目"。

⑤ 账套主管。从下拉列表框中选择输入"[01]张文佳"。

⑥ 按行业性质预置科目。如果希望系统预置所属行业的标准一级科目，则选中该复选框。本例选中此复选框。

输入完成后，如图 2.6 所示。单击"下一步"按钮，打开"创建账套——基础信息"对话框。

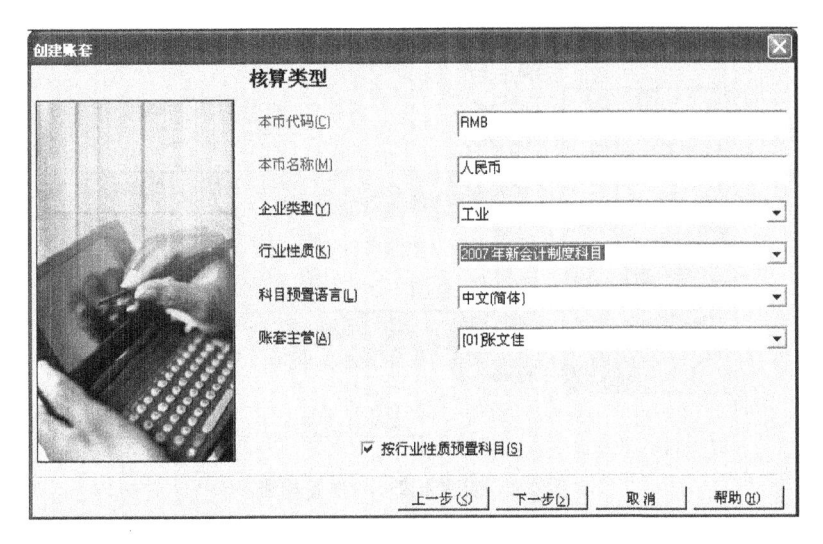

图 2.6 创建账套——核算类型

步骤 5 设置基础信息。

如果单位的存货、客户、供应商相对较多，则可以对它们进行分类核算；如果此时不能确定是否进行分类核算，则可以在建账完成后由账套主管使用修改账套功能重新设置。

按照本例要求，选中"存货是否分类""客户是否分类""有无外币核算"3 个复选框，如图 2.7 所示。单击"下一步"按钮，打开"创建账套——准备建账"对话框。

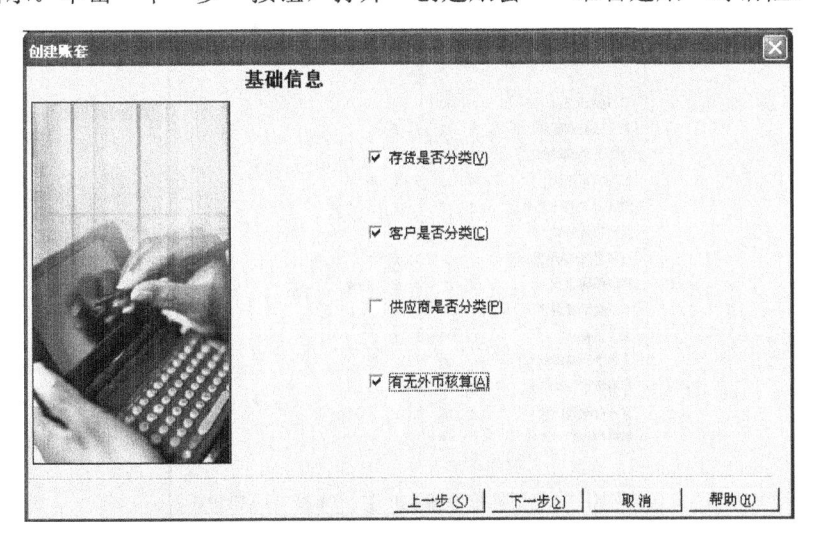

图 2.7 创建账套——基础信息

会计信息化实训（用友 U8 V10.1）

步骤 6　准备建账。

单击"完成"按钮，系统弹出"可以创建账套了么？"信息提示框，如图 2.8 所示。单击"是"按钮，系统依次进行初始化环境、创建新账套库、更新账套库、配置账套信息等工作，由于需要一段时间才能完成，所以要耐心等待。完成以上工作后，打开"编码方案"对话框。

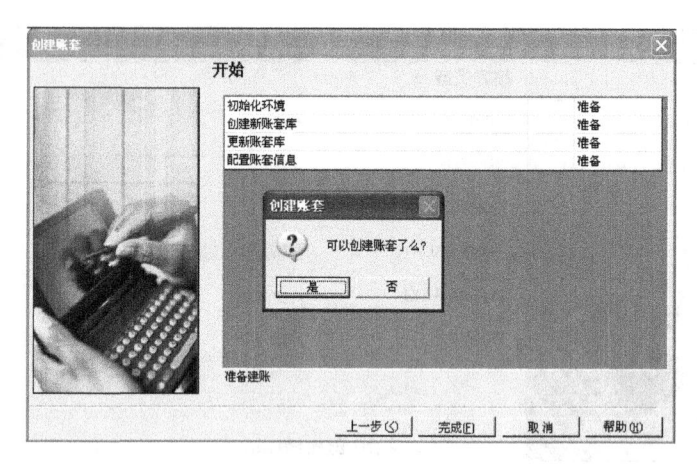

图 2.8　创建账套——准备建账

步骤 7　设置分类编码方案。

为了便于对经济业务数据进行分级核算、统计和管理，系统要求预先设置某些基础档案的编码规则，即规定各种编码的级次及各级的长度。

按资料所给内容修改系统默认值，如图 2.9 所示。单击"确定"按钮，再单击"取消"按钮，打开"数据精度"对话框。

图 2.9　编码方案

项目 2 系统管理

> **注意**
>
> 科目编码级次中的第 1 级科目编码长度根据建账时所选行业性质自动确定。此处显示为灰色,不能修改,只能设定第 1 级之后的科目编码长度。删除编码级次时从末级开始删除。

步骤 8 设置数据精度定义。

数据精度涉及核算精度问题。涉及购销存业务环节时,会输入一些原始单据,如发票、出入库单等,需要填写数量及单价,而数据精度定义是确定有关数量及单价的小数位数的。本例采用系统默认。单击"确定"按钮,系统显示"正在更新单据模板,请稍等。"提示信息。

步骤 9 完成建账。

完成单据模板更新后,系统弹出建账成功的信息提示框,如图 2.10 所示。单击"是"按钮,打开"系统启用"对话框。

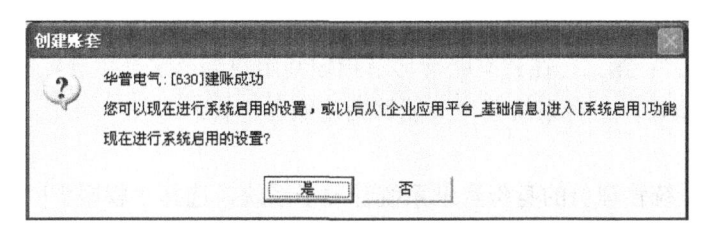

图 2.10 建账成功信息提示

> **注意**
>
> 建账完成后,编码方案、数据精度、系统启用项目可以由账套主管在企业应用平台的"基础设置"|"基本信息"中进行修改。

步骤 10 设置系统启用。

系统启用是指子系统的开启,子系统只有经过启用才能进行相应的业务处理。在"系统启用"对话框中,选中要启用的系统名称前的复选框,系统弹出"日历"对话框。选择总账管理子系统的启用日期为 2020 年 1 月 1 日,如图 2.11 所示。单击"确定"按钮,系统弹出"确实要启用当前系统吗?"信息提示框。单击"是"按钮,系统弹出"请进入企业应用平台进行业务操作!"信息提示框。单击"确定"按钮完成。

> **注意**
>
> 各子系统的启用会计期间必须晚于或与账套的启用期间相同。

如果在建账完成后再启用子系统,则需要以账套主管的身份登录用友 U8,选择"基础设置"|"基本信息"|"系统启用"命令,进行系统启用设置。

21

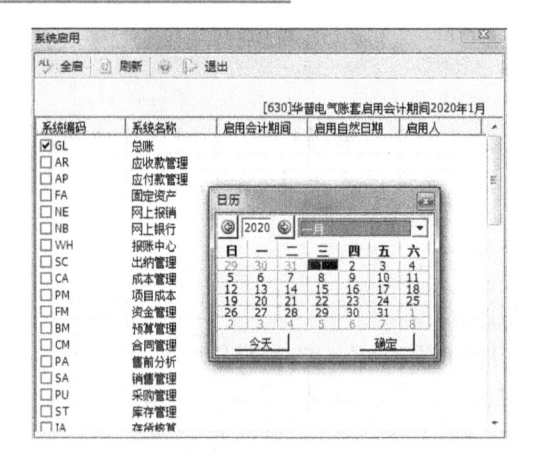

会计信息化实训（用友 U8 V10.1）

图 2.11　系统管理员建账完成后启用总账管理子系统

4. 用户权限设置

（1）指定/取消账套主管

可以在 3 个环节中确定用户的账套主管身份：第一，在增加用户环节，指定用户所属角色为"账套主管"；第二，在建立账套环节指定某用户为该账套主管；第三，在权限设置环节的操作如下所述。只有系统管理员能够指定账套主管。

操作步骤

步骤 1　以系统管理员的身份登录系统管理子系统，选择"权限"|"权限"命令，打开"操作员权限"对话框。

步骤 2　从对话框右上方的"账套"下拉列表框中选择"[630]华普电气"。

步骤 3　在操作员列表中选择"02 王贺雯"，选中"账套主管"复选框，系统弹出提示"设置普通用户：[02]账套主管权限吗？"信息提示框，如图 2.12 所示。

步骤 4　单击"是"按钮，用户 02 王贺雯就拥有了账套主管权限。

步骤 5　取消用户 02 王贺雯的账套主管权限。

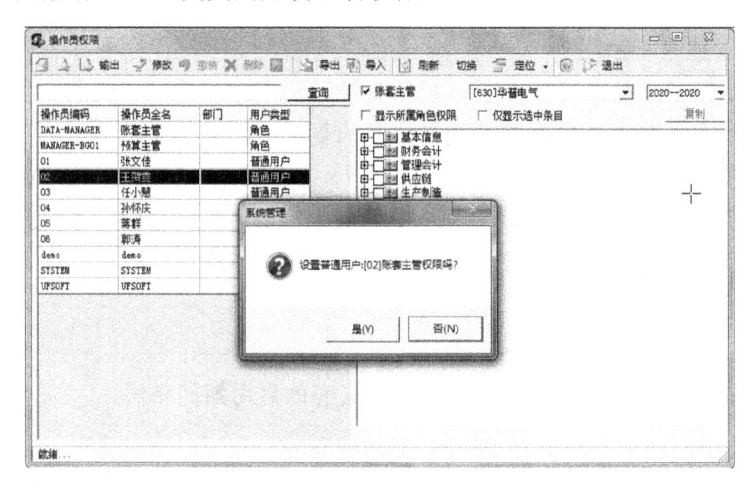

图 2.12　指定账套主管

注意

① 一个账套可以设定多个账套主管。
② 账套主管自动拥有该账套的所有操作权限。

(2) 给操作员赋权

系统管理员和账套主管都可以给操作员赋权，但两者在权限上有区别。系统管理员可以给系统中任何操作员赋予账套主管或其他权限；账套主管只能给自己所管辖的账套的操作权赋权，而且不能赋予账套主管权限。

操作步骤

步骤1　在"操作员权限"对话框中，选择"[630]华普电气"账套，再从操作员列表中选择"03 任小慧"，然后单击"修改"按钮。

步骤2　单击"财务会计"前的"+"图标，再单击"总账"前的"+"图标，展开"总账"，选中"出纳"复选框；展开"总账"|"凭证"，选中"出纳签字"和"查询凭证"复选框，如图2.13所示。然后单击"保存"按钮。

步骤3　同理，为其他操作员赋权。

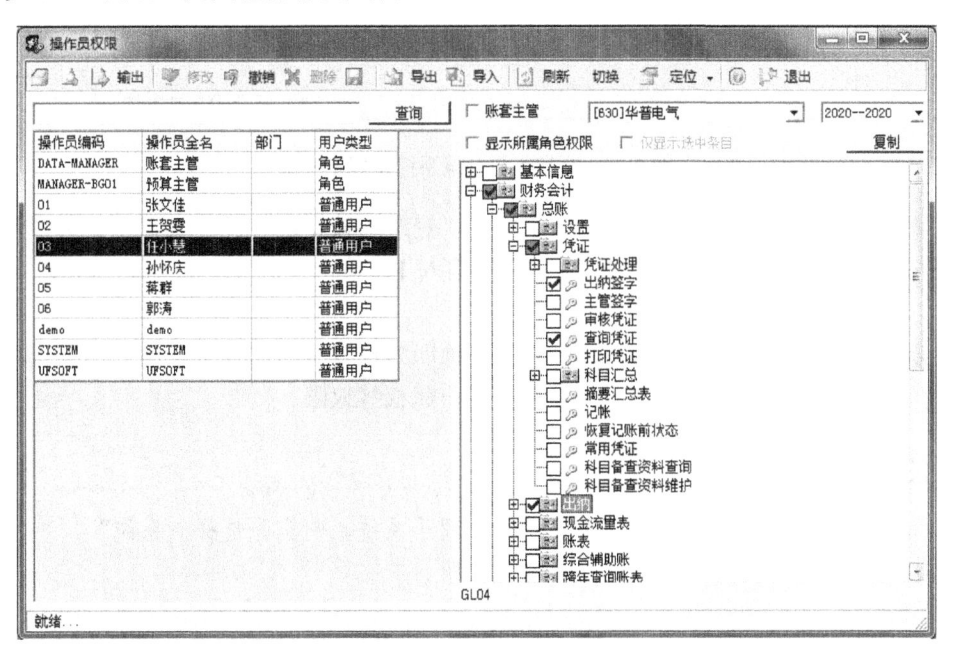

图 2.13　为出纳任小慧赋权

5. 操作员自行更改密码

系统管理员在增加操作员时，可以为操作员设置密码，则这时设置的密码无私密性，系统管理员和操作员都知晓这一密码。在信息化系统中，密码是识别操作员身份的证明，因此任何一个操作员在首次登录系统时都应该立即更新个人密码，以保护个人信息的安全。

不仅如此，还应该每隔一段时间就对个人密码进行更新。

账套主管是用友 U8 中权限最大的操作员。下面以张文佳为例将其个人密码设置为 1。

操作步骤

步骤 1　在"用友 U8[系统管理]"窗口中，选择"系统"|"注册"命令，打开"登录"对话框。

步骤 2　输入各项信息，如图 2.14 所示。

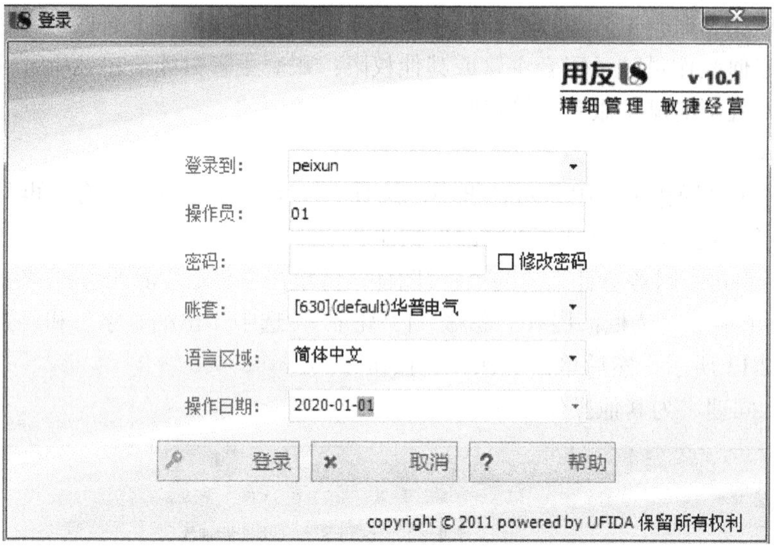

图 2.14　账套主管登录系统管理子系统

步骤 3　选中"修改密码"复选框，单击"登录"按钮，打开"设置操作员密码"对话框。在"新密码"和"确认新密码"中均输入 1，单击"确定"按钮进入系统管理子系统。

步骤 4　系统管理界面显示为黑色的菜单项即为账套主管的权限范围。由此可见，账套主管有修改账套、账套库管理、为本账套用户赋权等权限。

> **注意**
>
> 如果此时系统管理员已经登录了系统管理子系统，则应先选择"系统"|"注销"命令注销当前操作员，再由账套主管重新注册。

6. 账套输出

为了保护计算机内数据的安全，企业应定期进行数据备份。用友 U8 中提供了自动备份和人工备份两种方式，此处介绍人工账套输出。只有系统管理员有权限进行账套输出。

假设将本教程所有实验存储于"E:\实验账套"文件夹中，则首先要在"E:\"中建立"实验账套"文件夹，再在该文件夹中分别建立"系统管理""基础设置"等子文件夹，用于存放本教程中的各实验结果。下面将本账套输出至"E:\实验账套\系统管理"中。

项目 2　系统管理

操作步骤

步骤 1　以系统管理员的身份登录系统管理子系统，选择"账套"|"输出"命令，打开"账套输出"对话框。

步骤 2　从"账套号"下拉列表中选择要输出的账套，在"输出文件位置"选择"E:\实验账套\系统管理"，如图 2.15 所示。

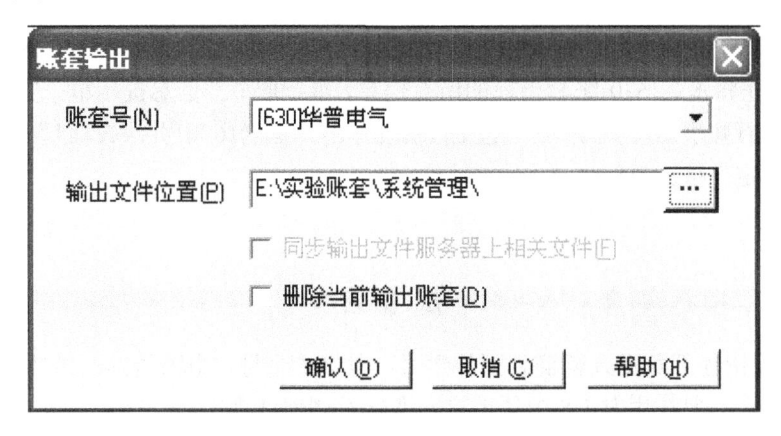

图 2.15　账套输出

步骤 3　单击"确认"按钮，系统整理企业账套数据库，然后系统弹出"输出成功！"信息提示框。单击"确定"按钮。

步骤 4　账套输出之后在指定路径下形成两个文件：UFDATA.BAK 和 UfErpAct.Lst。这两个文件不能直接打开,只有通过系统管理子系统中的账套引入功能引入到用友 U8 中，才能正常查询。

注意

① 只有系统管理员有权限进行账套的输出和引入。

② 如果要删除当前账套，须在"账套输出"对话框中选中"删除当前输出账套"复选框。系统会先按常规程序备份数据，然后弹出删除确认提示，确认后最终删除当前账套。

注意

如果学校的计算机装有还原卡，则每次实验之后需要进行账套输出，并且需要把账套文件备份到一个没有还原设置的硬盘上，或者备份之后再复制到自己的 U 盘中。这样做的目的是能够保留本次实验结果，以作为下次实验的基础数据。如果自己有专用计算机且并未安装还原卡，就不必每次实验完都进行账套备份了。

7. 账套引入

操作步骤

步骤1 以系统管理员的身份登录"系统管理"子系统，选择"账套"|"引入"命令，打开"请选择账套备份文件"对话框。

步骤2 在路径中选择要引入的账套数据备份文件 UfErpAct.Lst，单击"确定"按钮。系统要求选择账套引入的目录，确定后，如果当前系统内已经有该账套数据存在，则系统弹出"此项操作将覆盖[630]账套当前的所有信息，继续吗？"信息提示框。从中单击"是"按钮，系统进行账套数据的引入。完成后系统弹出"账套[630]引入成功！"信息提示框，从中单击"确定"按钮返回。

思考题

1. 企业派销售部负责人蒋群到国外学习、考察3个月，由销售部江黎暂时代理销售部管理工作。是否需要在用友U8中体现这一变化？如何体现？

2. 如果企业建立核算账套时并无外币业务，而随着市场的快速拓展，企业开始有外币核算业务，则如何修改账套信息以体现这一变化？

3. 系统是否允许增加两个姓名完全相同的操作员？

4. 谁可以进行系统启用的设置？

5. 如果预先在用友 U8 中建立出纳角色并为该角色赋权，新增用户"03 任小慧"时指定其为出纳角色是否就自动拥有了出纳的权限？

6. 如何删除已经建立的系统账套？

7. 账套备份后形成什么文件？

8. 可以由系统自动进行账套输出吗？

项目 3 基础设置

知识目标

通过本项目的学习，要求学生了解基础设置的作用和主要内容；理解各项基础档案的意义；能够根据企业的实际情况整理并输入各项基础档案，包括机构设置、财务信息设置、往来单位设置等。

3.1 功能概述

基础设置的作用是为系统的日常运行做好基础准备工作，主要包括用友 U8 各子系统公用的基本信息、基础档案、单据设置等。

3.1.1 基本信息

在"基本信息"中不仅可以对企业建账过程中设定的编码方案和数据精度进行修改，还可以由账套主管进行用友 U8 子系统的启用设置。

3.1.2 基础档案

每个企业选购的是用友 U8 中不同的子系统，这些子系统共享基础档案信息。基础档案是用友 U8 日常业务处理必需的基础资料，是系统运行的基石。企业在启用新账套之始，应根据本单位的实际情况及业务需求进行基础档案的整理工作，并将其正确地输入系统中。

设置基础档案的前提是先确定基础档案的分类编码方案。基础档案的设置必须要遵循分类编码方案中所设置的级次及各级编码长度的规定。按照基础档案的用途不同，系统将基础档案划分为机构人员、客商信息、存货、财务、收付结算等类。

由于企业基础数据之间存在前后承接关系（如必须在设置客户分类的基础上再设置客户档案），因此基础档案的设置应遵从一定的顺序。

3.1.3 单据设置

单据是企业经济业务发生的证明，如代表货物发出的销售发货单、代表材料入库的采购入库单、购销业务中的专用发票等。单据设置包括单据格式设置、单据编号设置和单据打印控制。

不同企业各项业务处理中使用的单据可能存在细微的差别，用友 U8 中预置了常用的单据模板，允许用户对各单据类型的多个显示模板和多个打印模板进行设置，以满足企业个性化的单据格式需求。单据编号是单据的标识，用友 U8 默认单据采取流水编号。如果企业根据业务需要有特定的编号规则，可以设置为手工编号方式。

3.2 教学重点、难点

系统的业务处理是建立在基础数据之上的，基础数据设置的正确性、完整性直接影响到系统运行的效率和质量。下面对几项涉及财务处理的重要基础档案进行强调和说明。

3.2.1 会计科目

企业最终的会计信息是以财务报表形式体现的。在会计信息化系统中，财务报表的数据来自账簿，账簿中的数据来自凭证，凭证是记录各项业务的载体，企业对经济业务的确认和记录是由会计科目表示的。因此，会计科目的设置决定了整个会计信息化系统的效率和质量。

会计科目的设置包括增加、删除和修改会计科目体系，设置会计科目辅助核算标志，指定会计科目等内容。

1. 辅助核算

辅助核算是用友 U8 的特色优势之一。它充分利用会计信息系统数据共享、数出一门的特点，将企业原来通过明细科目来核算和管理的往来单位、个人、部门等改用辅助核算来管理，大大减少了明细科目的数量，提供了比手工环境下更为丰富的查询和管理功能。

举例来说，企业非常重视应收账款管理，希望每月能提供客户账龄情况，以便对应收账款进行催收。如果企业客户数量为 66 个，那么在手工环境下，需要将这 66 个客户设置为应收账款科目的明细科目，如下所示。

1122 应收账款
    112201 A 企业
    112202 B 企业
    ……

当业务发生时，将应收记入某客户，如下所示。

借：112201 应收账款——A 企业
　　贷：6001 主营业务收入
　　　　22210105 销项税额

按客户分析账龄时，需要制作如表 3.1 所示的财务报表。

表 3.1　按客户分析账龄

客　户	30 天	60 天	90 天	180 天
A 企业				
B 企业				
…				

总之，为了加强客户应收账款管理，企业需要在"应收账款"科目下设置 66 个明细科目才能在业务发生时精准记录。在制作账龄分析表时，需要查询 66 个客户的应收账款明细账并分类统计到报表中。

利用用友 U8 提供的科目辅助核算功能，以上问题可轻而易举地得到解决。

首先从科目设置角度，只须为"应收账款"科目选择客户往来辅助核算，其下不再设置任何明细科目。

在业务发生时，只要在填制凭证时使用了"1122 应收账款"科目，当系统自动检测到该科目设置了客户往来辅助核时，就会打开"辅助项"对话框，要求记录到客户。

账龄分析更为简单，系统提供了客户往来辅助账，可直接查询客户往来明细、进行应收账龄分析等。

2．指定会计科目

指定会计科目是指定出纳的专管科目。在指定会计科目以后，出纳就可以对现金和银行凭证执行签字，能够对现金和银行日记账进行管理了。如果不指定会计科目，就不能以出纳的身份进行出纳签字，也就不能查询现金日记账和银行日记账。

3.2.2　项目核算

项目核算是用友 U8 提供的辅助核算之一，也是应用较为灵活的一种辅助核算，通常用于按对象核算收入和成本这类问题。设置项目时要理解项目大类、项目分类、项目目录、核算科目的具体含义。

实验二　基础档案设置

实验目的

① 理解基础档案的作用。
② 掌握基础档案的输入方法。

实验内容

设置机构人员、客商信息、财务、收付结算等基础档案。

实验要求

① 引入"系统管理"账套数据。
② 以 01 张文佳的身份进行基础档案设置。

实验资料

1. 机构设置

(1) 部门档案（见表 3.2）

表 3.2 部门档案

部门编码	部门名称	负责人
1	总经办	
2	财务部	张文佳
3	采购部	
4	销售部	
5	生产部	
501	金工车间	
502	喷漆车间	

(2) 人员类别（见表 3.3）

表 3.3 人员类别

人员类别编码	人员类别名称
1011	企业管理人员
1012	销售人员
1013	车间管理人员
1014	生产人员

(3) 人员档案（见表 3.4）

表 3.4 人员档案

人员编码	人员姓名	性　别	人员类别	行政部门	是否业务员	是否操作员
101	魏振东	男	企业管理人员	总经办	是	是
201	张文佳	女	企业管理人员	财务部	是	否
202	王贺雯	女	企业管理人员	财务部	是	否
203	任小慧	女	企业管理人员	财务部	是	否
301	孙怀庆	男	企业管理人员	采购部	是	否
401	蒋群	男	销售人员	销售部	是	否
501	郭涛	男	车间管理人员	金工车间	是	否
502	严鹏	男	生产工人	金工车间	否	否
511	马东	男	车间管理人员	喷漆车间	是	否

2. 客商信息

(1) 客户分类 (见表 3.5)

表 3.5　客户分类

客户分类编码	客户分类名称
01	北方
02	南方

(2) 客户档案 (见表 3.6)

表 3.6　客户档案

客户编号	客户名称	客户简称	所属分类码	税　号	开户银行	账　号
001	银川信和源商贸有限公司	信和源	01	910635543850924935A	工行银川分行	11015892349
002	山东德胜绿化有限公司	德胜绿化	01	910534298391011412B	工行山东分行	11100032341
003	福建元光电力有限公司	元光电力	02	91059724324234211 32	工行福建分行	11210499852

说明：以上客户分管部门均为"销售部"，专管业务员均为"蒋群"。

(3) 供应商档案 (见表 3.7)

表 3.7　供应商档案

供应商编号	供应商名称	供应商简称	所属分类码	税　号	开户银行	账　号	税率/%
001	北京华阳物资公司	华阳	00	911101085348753441	工行北京分行	10543982199	13
002	河北九辉五金批发部	九辉	00	9103113543722553A	工行河北分行	43828943234	13

说明：以上供应商分管部门均为"采购部"，专管业务员均为"孙怀庆"。

3. 财务

(1) 外币设置

本企业采用固定汇率核算外币，外币只涉及美元一种，美元币符假定为USD，2020年1月初汇率为6.65。

(2) 会计科目

根据本企业常用会计科目，在系统预置的一级科目基础上，需要增加的明细科目和需要增加辅助核算属性的科目如表3.8所示。

表 3.8　会计科目

科目编号及名称	辅助核算	方向	外币种类	备注
1001 库存现金	日记账	借		修改
1002 银行存款	日记账、银行账	借		修改
100201 人民币户	日记账、银行账	借		新增
100202 美元户	日记账、银行账	借	美元	新增
1121 应收票据	客户往来	借		修改
1122 应收账款	客户往来	借		修改
1123 预付账款	供应商往来	借		修改
1221 其他应收款		借		
122101 备用金	部门核算	借		新增
122102 应收个人款	个人往来	借		新增
1403 原材料		借		
140301 主要材料		借		新增
140302 辅助材料		借		新增
140303 外购半成品		借		新增
1405 库存商品	项目核算	借		修改
1901 待处理财产损溢		借		
190101 待处理流动资产损溢		借		新增
190102 待处理固定资产损溢		借		新增
2201 应付票据	供应商往来	贷		修改
2202 应付账款		贷		
220201 应付材料款	供应商往来	贷		新增
220202 暂估应付款		贷		新增
2203 预收账款	客户往来	贷		修改
2211 应付职工薪酬		贷		
221101 应付工资		贷		新增
221102 应付福利费		贷		新增
2221 应交税费		贷		
222101 应交增值税		贷		新增
22210101 进项税额		贷		新增
22210103 转出未交增值税		贷		新增
22210105 销项税额		贷		新增
222102 未交增值税		贷		新增
2241 其他应付款		贷		
224101 职工教育经费		贷		新增
224102 工会经费		贷		新增
224103 养老保险		贷		新增
224104 医疗保险		贷		新增
224105 失业保险		贷		新增

(续表)

科目编号及名称	辅助核算	方向	外币种类	备注
224106 住房公积金		贷		新增
4104 利润分配		贷		
410415 未分配利润		贷		新增
5001 生产成本		借		
500101 材料费	项目核算	借		新增
500102 人工费		借		新增
500103 制造费用		借		新增
5101 制造费用		借		
510101 工资及福利		借		新增
510102 折旧费		借		新增
510103 水电费	部门核算	借		新增
6001 主营业务收入	项目核算	贷		修改
6401 主营业务成本	项目核算	借		修改
6601 销售费用		借		
660101 工资		借		新增
660102 福利费		借		新增
660103 差旅费		借		新增
660104 折旧费		借		新增
660105 招待费		借		新增
6602 管理费用		借		
660201 工资	部门核算	借		新增
660202 福利费	部门核算	借		新增
660203 差旅费	部门核算	借		新增
660204 折旧费	部门核算	借		新增
660205 招待费	部门核算	借		新增
660206 维修费	部门核算	借		新增
660207 工会经费	部门核算	借		新增
660208 职工教育经费	部门核算	借		新增
660210 其他		借		新增
6603 财务费用		借		
660301 利息支出		借		新增
660302 手续费		借		新增

说明：

　① 增加表中"备注"栏标注为"增加"的明细科目。

　② 修改表中"备注"栏标注为"修改"的科目。

　③ 指定现金总账科目为"1001 库存现金"；银行总账科目为"1002 银行存款"。

(3) 凭证类别（见表 3.9）

表 3.9 凭证类别

凭证分类	限制类型	限制科目
收款凭证	借方必有	1001,1002
付款凭证	贷方必有	1001,1002
转账凭证	凭证必无	1001,1002

(4) 项目目录

建立项目大类

项目大类：产品（普通项目）

项目分类：1 配电箱、2 户表箱和 3 机柜

核算科目：500101 材料费、1405 库存商品、6001 主营业务收入、6401 主营业务成本

项目目录如表 3.10 所示。

表 3.10 项目目录

项目编码	项目名称	所属分类
01	高压柜	3
02	低压柜	3
03	单元箱	2

4. 收付结算

设置结算方式，如表 3.11 所示。

表 3.11 结算方式

结算方式编码	结算方式名称	票据管理
1	现金结算	否
2	支票结算	否
201	现金支票	是
202	转账支票	是
3	电汇	否
4	商业汇票	否
401	商业承兑汇票	否
402	银行承兑汇票	否

实验指导

1. 以账套主管身份登录企业应用平台

操作步骤

步骤 1 选择"开始"|"程序"|"用友 U8 V10.1"|"企业应用平台"命令，打开"登录"对话框。

项目3 基础设置

步骤2 输入操作员为01或"张文佳"、密码为1,在"账套"下拉列表框中选择"[630]（default）华普电气",更改操作日期为"2020-01-01",如图3.1所示。单击"登录"按钮,打开UFIDA U8窗口。

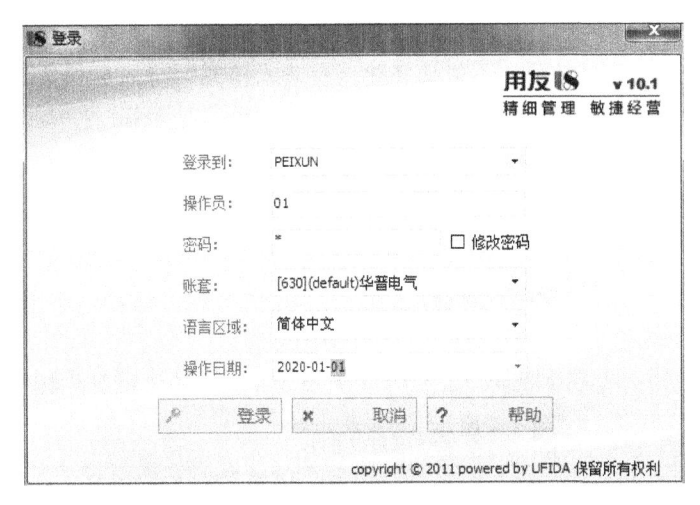

图3.1 以账套主管的身份登录企业应用平台

2. 设置机构人员

（1）设置部门档案

操作步骤

步骤1 在企业应用平台的"基础设置"中,选择"基础档案"|"机构人员"|"部门档案"选项,打开"部门档案"对话框。

步骤2 单击"增加"按钮,输入部门编码、部门名称信息,然后单击"保存"按钮,如图3.2所示。

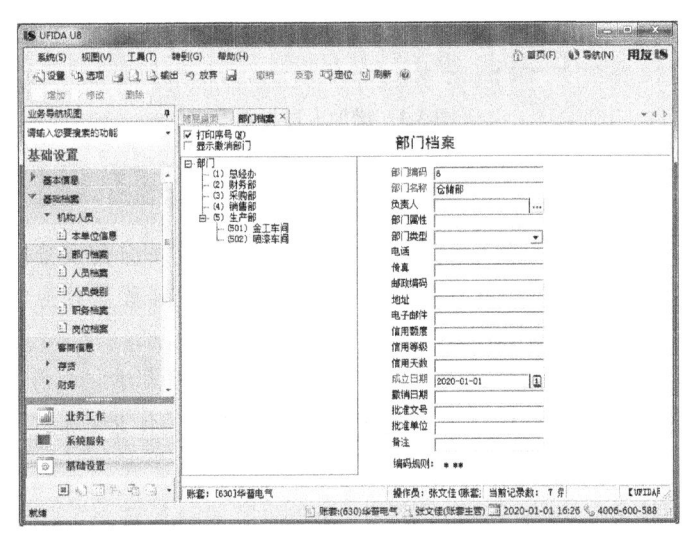

图3.2 部门档案

会计信息化实训（用友 U8 V10.1）

> **注意**
>
> ①"部门档案"对话框下方显示的"* **"表示在编码方案中设定部门编码为2级：第1级1位，第2级2位。输入部门编码时需要遵守该规则。
>
> ②在未建立职员档案前，不能选择输入负责人信息。待职员档案建立完成后，可以返回"部门档案"对话框通过修改功能补充输入负责人信息。

（2）设置人员类别

操作步骤

步骤1　选择"基础档案"|"机构人员"|"人员类别"选项，打开"人员类别"对话框。

步骤2　在左边列表框中选择"正式工"人员类别，单击"增加"按钮，按资料在"正式工"下增加人员类别，如图3.3所示。

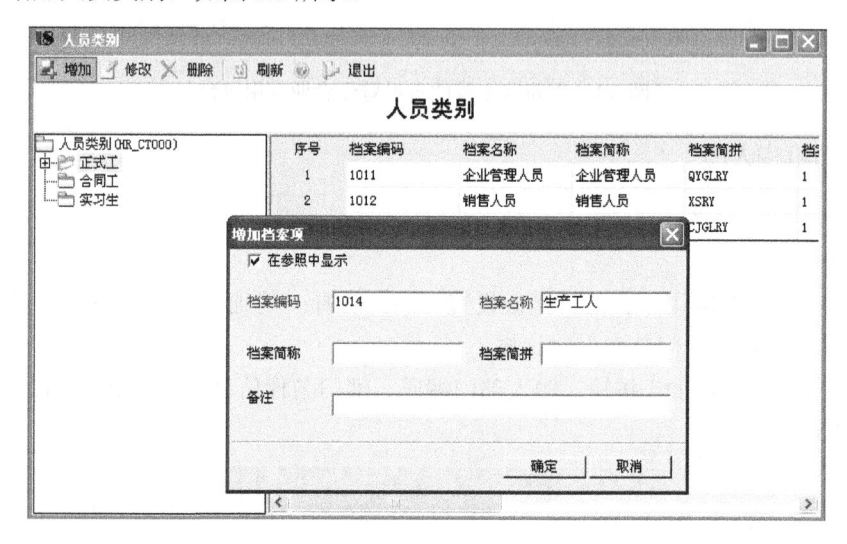

图3.3　增加人员类别

> **注意**
>
> ①人员类别与工资费用的分配、分摊有关，工资费用的分配及分摊是薪资管理子系统的一项重要功能。人员类别设置是为工资分摊生成凭证设置相应的入账科目做准备的，所以可以按不同的入账科目需要设置不同的人员类别。
>
> ②人员类别是人员档案中的必选项目，需要在人员档案建立之前设置。
>
> ③人员类别名称可以修改，但已使用的人员类别名称不能删除。

（3）设置人员档案

企业所有的员工都需要在这里进行建档。

项目 3 基础设置

操作步骤

步骤 1　选择"基础档案"|"机构人员"|"人员档案"选项，打开"人员档案——人员列表"对话框。

步骤 2　单击左侧列表框中"部门分类"下的"总经办"。

步骤 3　单击"增加"按钮，在"人员档案"对话框（见图 3.4），按实验资料输入人员信息。

对"人员档案"对话框的主要选项说明如下。

① 人员编码。人员编码必须输入且必须唯一，而且一旦保存，就不能修改。

② 人员姓名。人员姓名必须输入。可以接受两个职工姓名相同的情况，且可以随时修改。

③ 行政部门。行政部门要参照部门档案选择末级部门。

④ 是否操作员。设置该人员是否可操作用友 U8。有两种可能：一种是在系统管理中已经将该人员设置为用户，则此处无须再选中该复选框；另一种情况是该人员没有在系统管理中被设置为用户，那么此处可以选中该复选框，则系统将该人员追加在用户列表中，人员编码自动作为用户编码和用户密码，所属角色为普通员工。

⑤ 是否业务员。如果该员工需要在其他档案或业务单据中的"业务员"项目中被参照，需要选中该复选框。

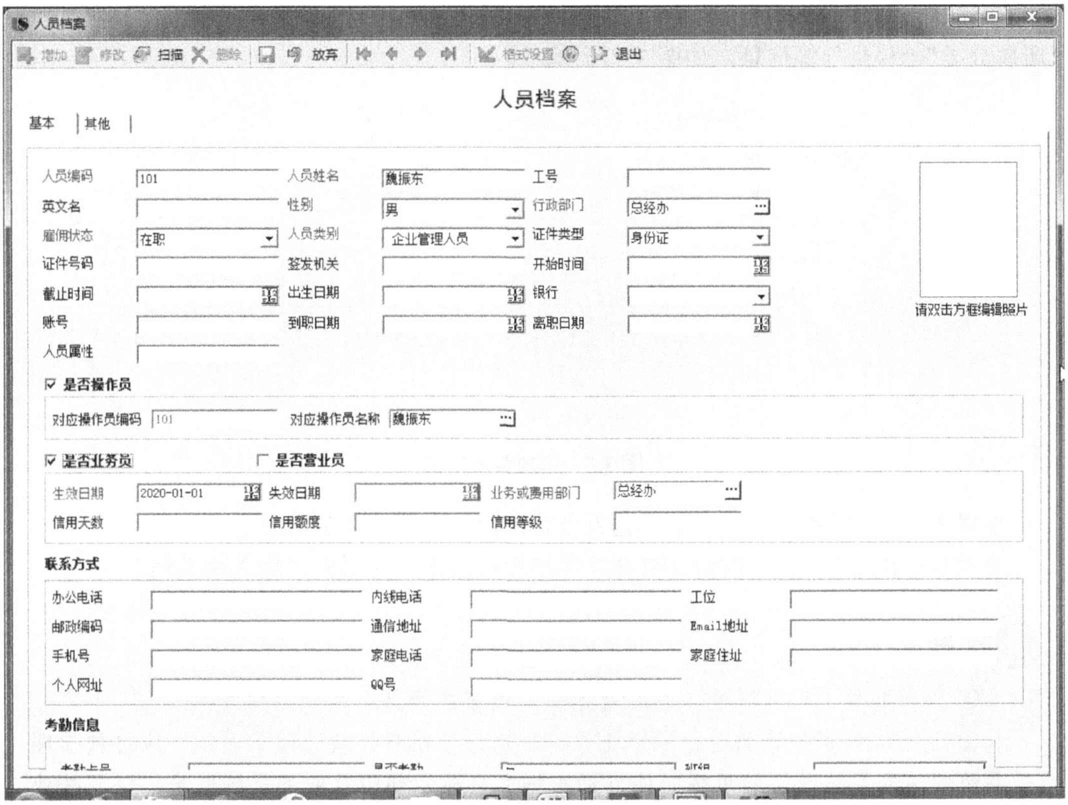

图 3.4　增加人员档案

会计信息化实训（用友U8 V10.1）

> **注意**
> ① 选中用户魏振东的"是否操作员"复选框，保存后在系统管理中查看其是否出现在用户列表中。
> ② 人员档案建立完成后，可重新进入部门档案设置，通过修改功能增加负责人信息。

3. 设置客商信息

（1）设置客户分类

（2）设置客户档案

操作步骤

步骤1 选择"基础档案"|"客商信息"|"客户档案"选项，打开"客户档案"对话框。左边列表框中显示了已经设置的客户分类，单击鼠标选中某一客户分类，右边列表框中即可显示该分类下所有的客户列表。

步骤2 单击"增加"按钮，打开"增加客户档案"对话框。对话框中共包括4个选项卡，即"基本""联系""信用""其他"，用于对客户不同的属性分别归类记录。

步骤3 在"基本"选项卡中，按实验资料输入"客户编码""客户名称""客户简称""所属分类""税号"等信息，如图3.5所示。

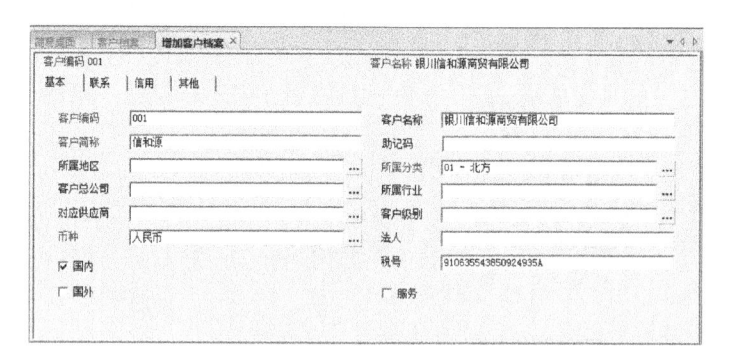

图3.5 增加客户档案

步骤4 在"联系"选项卡中，输入分管部门和专管业务员信息。

步骤5 单击"银行"按钮，打开"客户银行档案"对话框，输入相关信息。

> **注意**
> ① 如果此处不输入税号，以后就无法向该客户开具增值税专用发票。
> ② 之所以设置分管部门、专管业务员，是为了在应收款管理子系统、应付款管理子系统中填制发票等原始单据时能自动根据客户显示部门及业务员的信息，以便按业务员进行业绩统计和考核。

项目 3 基础设置

(3) 设置供应商档案

在"00 无分类"下建立供应商档案。操作步骤略。

4. 设置财务

(1) 设置外币

操作步骤

步骤 1　选择"基础档案"|"财务"|"外币设置"选项,打开"外币设置"窗口。

步骤 2　输入币符为 USD、币名为"美元",其他项目采用默认值,然后单击"确认"按钮。

步骤 3　输入 2020.01 月份的记账汇率为 6.65,然后按回车键确认,如图 3.6 所示。

步骤 4　单击"退出"按钮,完成外币设置。

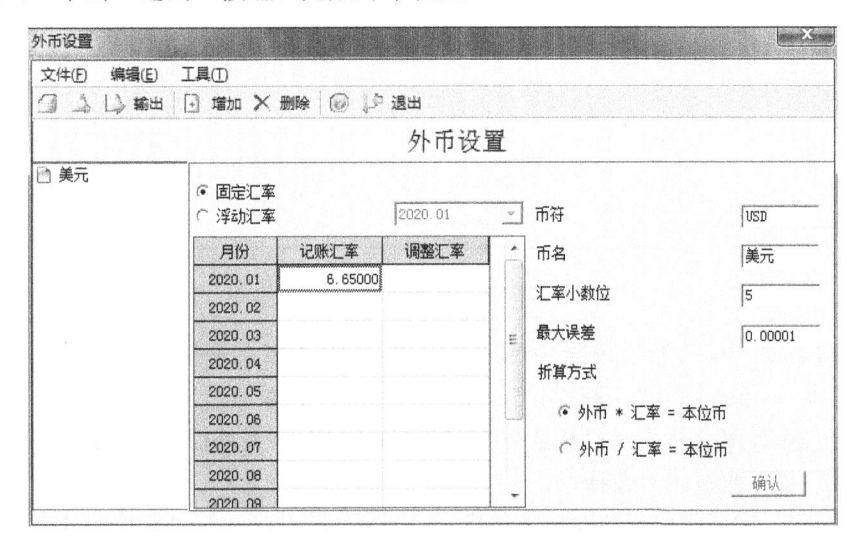

图 3.6　设置外币

> **注意**
>
> 使用固定汇率的用户,在填制每月的凭证前应预先在此输入本月的记账汇率;使用浮动汇率的用户,在填制该日的凭证前,应预先在此输入当日的记账汇率。

(2) 增加会计科目

操作步骤

步骤 1　选择"基础档案"|"财务"|"会计科目"选项,打开"会计科目"窗口。

步骤 2　单击"增加"按钮,打开"新增会计科目"对话框,如图 3.7 所示。

对"新增会计科目"对话框的主要选项说明如下。

① 科目编码。科目编码要符合编码方案中关于会计科目编码的设定,且各级科目编码必须唯一。

② 科目名称。科目的中文名称必须输入。

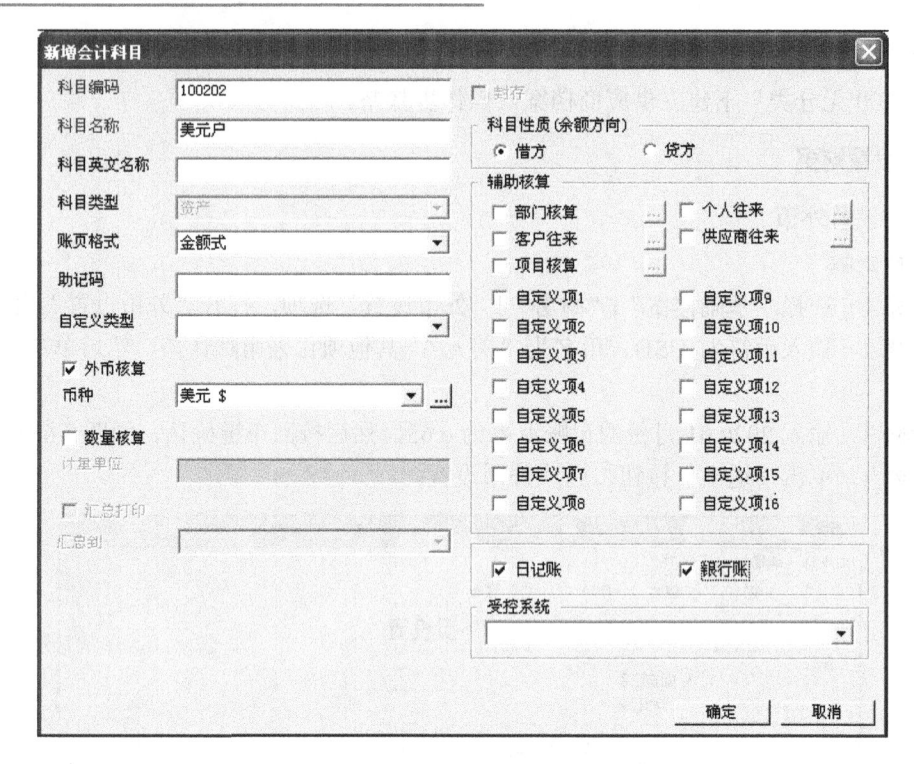

会计信息化实训（用友 U8 V10.1）

图 3.7　增加会计科目

③ 科目类型。科目类型按照科目编码的第 1 位数字由系统自动判断：1——资产、2——负债、3——共同、4——权益、5——成本、6——损益。

④ 账页格式。账页格式定义科目在查询及打印时格式。系统提供金额式、外币金额式、数量金额式、外币数量式供选择。

⑤ 助记码。助记码用于帮助记忆科目。

⑥ 外币核算。选中该选复选框，代表该科目核算外币，必须从"币种"下拉列表中选择外币种类。

⑦ 数量核算。选中该选复选框，代表该科目核算数量，需要人工输入数量计量单位。

⑧ 科目性质。科目性质是指科目的余额方向。只能为一级科目设置余额方向，下级科目的余额方向与上级科目保持一致。

⑨ 辅助核算。辅助核算用于对该科目设置是否有部门核算、客户往来、供应商往来、个人核算和项目核算。

⑩ 日记账。日记账用于设置是否需要对该科目记日记账。库存现金科目需要选中该复选框；其他科目如果有必要，也可以设置序时登记日记账。

⑪ 银行账。银行账用于设置是否需要对该科目进行对账管理。银行存款科目需要选中"日记账"和"银行账"复选框。

⑫ "汇总打印"和封存为灰色，在修改科目状态下可选。

步骤 3　按实验资料表 3.8 输入"备注"栏标注为"新增"的会计科目，然后单击"确定"按钮保存。

注意

① 如果企业在建账时选中了"按行业性质预置科目"复选框,那么一级科目已经根据企业建账时选择的行业性质自动装入。

② 增加科目时,需要先增加上级科目,再增加下级科目。

(3) 修改会计科目

系统预置的会计科目中没有指定会计科目的辅助核算内容,如现金科目未设置日记账核算、应收账款科目未设置客户往来核算,因此需要对实验资料中标注了辅助核算的科目进行修改,以补充会计科目的辅助核算内容。

操作步骤

步骤1 在"会计科目"窗口中,选择"库存现金"科目,单击"修改"按钮,打开"会计科目_修改"对话框。

步骤2 单击"修改"按钮,选中"日记账"复选框,如图3.8所示。然后单击"确定"按钮。

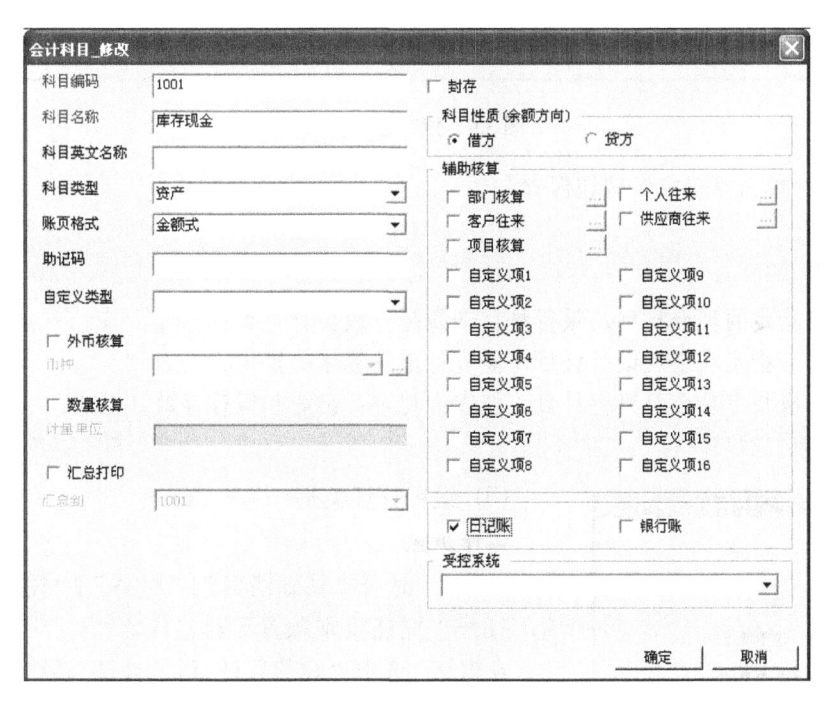

图3.8 修改会计科目

步骤3 对表3.8"备注"栏中所有标注为"修改"的科目进行修改。

(4) 指定会计科目

操作步骤

步骤1 在"会计科目"窗口中,选择"编辑"|"指定科目"命令,打开"指定科目"对话框。

会计信息化实训（用友 U8 V10.1）

步骤 2　选中"现金科目"单选按钮，从"待选科目"列表框中选择"1001 库存现金"科目。单击">"按钮，将"1001 库存现金"科目添加到"已选科目"列表框中。

步骤 3　同理，将"1002 银行存款"科目设置为银行科目，如图 3.9 所示。

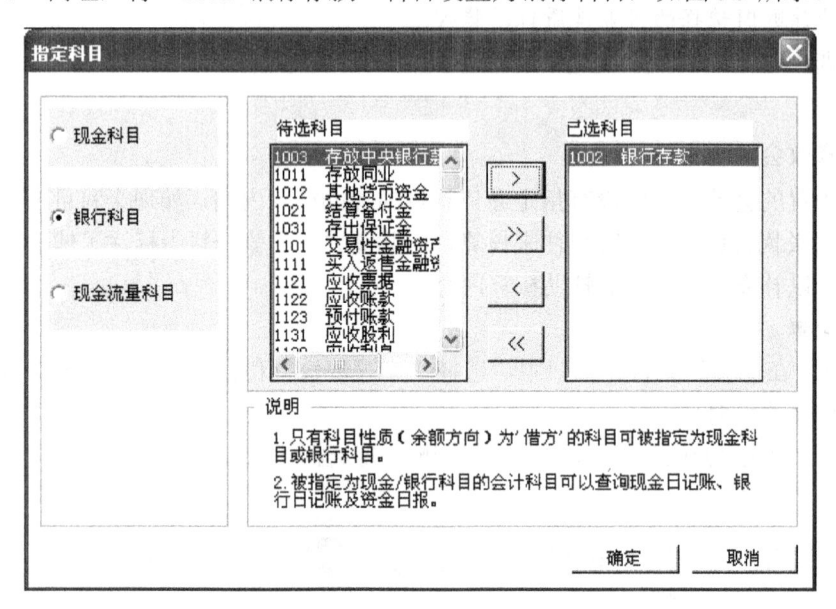

图 3.9　指定会计科目

步骤 4　单击"确定"按钮保存。

> **注意**
> ① 被指定的现金科目及银行科目必须是一级会计科目。
> ② 只有指定现金及银行科目才能进行出纳签字的操作。
> ③ 只有指定现金及银行科目才能查询现金日记账和银行存款日记账。

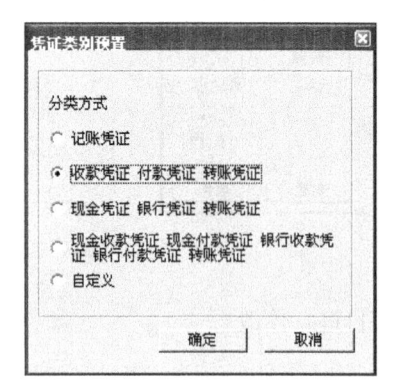

图 3.10　预置凭证类别

（5）设置凭证类别

操作步骤

步骤 1　选择"基础档案"|"财务"|"凭证类别"选项，打开"凭证类别预置"对话框。

步骤 2　选中"收款凭证 付款凭证 转账凭证"单选按钮，如图 3.10 所示。

步骤 3　单击"确定"按钮，打开"凭证类别"窗口。

步骤 4　单击"修改"按钮，双击"限制类型"，出现下拉列表，选择"借方必有"，然后选择或输入限制科目为"1001,1002"，如图 3.11 所示。

项目 3 　基础设置

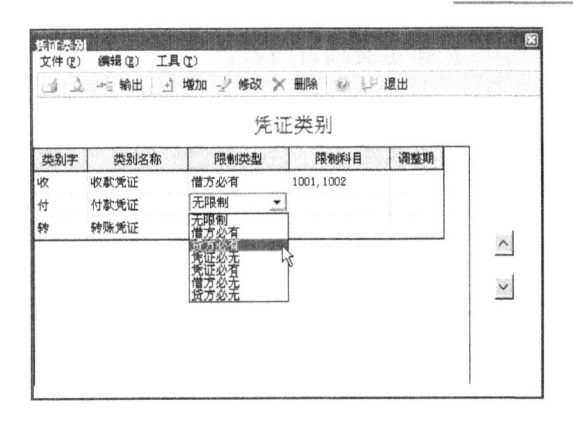

图 3.11 　设置凭证类别

> **注意**
>
> ① 已使用的凭证类别不能删除，也不能修改类别字。
>
> ② 如果收款凭证的限制类型为借方必有"1001,1002"，则在填制凭证时系统要求收款凭证的借方一级科目至少有一个是1001或1002，否则系统会判断该张凭证不属于收款凭证类别，不允许保存。付款凭证及转账凭证也应满足相应的要求。
>
> ③ 如果直接输入科目编码，则编码间的标点符号应为英文状态下的标点符号，否则系统会提示科目编码有错误。

步骤 5 　同样，设置其他限制类型和限制科目。

(6) 设置项目目录

操作步骤

步骤 1 　选择"基础档案"|"财务"|"项目目录"选项，打开"项目档案"对话框。

步骤 2 　单击"增加"按钮，打开"项目大类定义_增加"对话框。

步骤 3 　输入新项目大类名称为"产品"，选择新增项目大类的属性为"普通项目"，如图 3.12 所示。

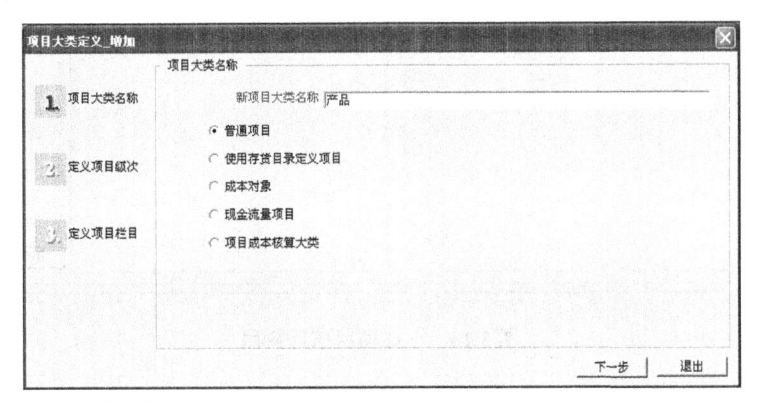

图 3.12 　新增项目大类名称

43

步骤 4　单击"下一步"按钮定义项目级次。设定项目级次为一级 1 位，如图 3.13 所示。

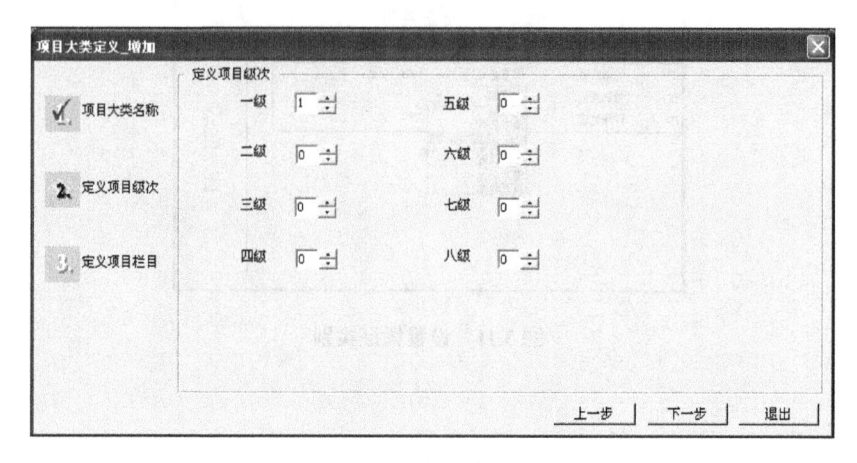

图 3.13　定义项目级次

步骤 5　单击"下一步"按钮定义项目栏目，取系统默认，不做修改。

步骤 6　单击"完成"按钮，返回"项目档案"窗口。

步骤 7　从"项目大类"下拉列表框中选择"产品"选项，在"核算科目"选项卡中单击》按钮，将全部待选科目选择为按产品项目大类核算的科目，如图 3.14 所示。然后单击"确定"按钮保存。

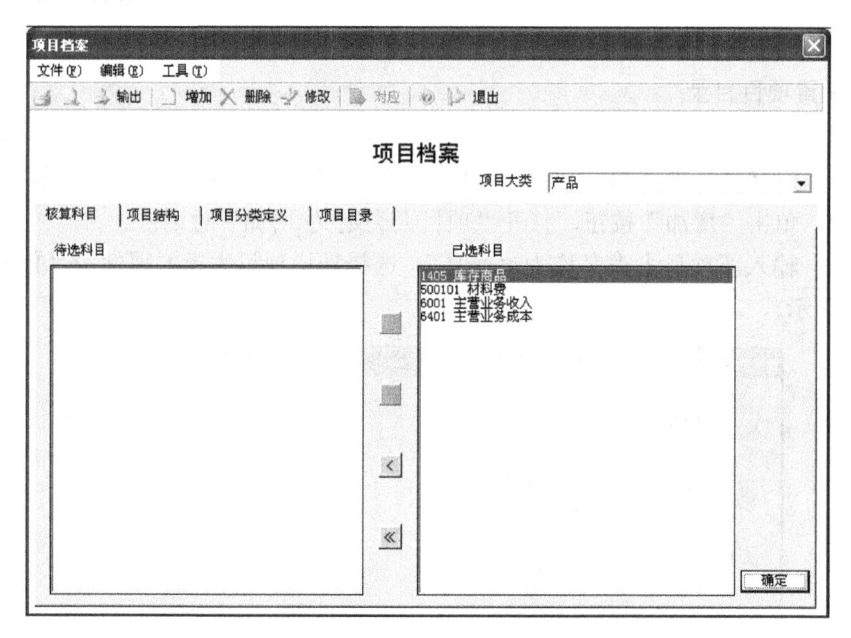

图 3.14　选择项目核算科目

步骤 8　在"项目分类定义"选项卡输入分类编码为 1、分类名称为"配电箱"，单击"确定"按钮。同理，输入其他项目，如图 3.15 所示。

项目 3 基础设置

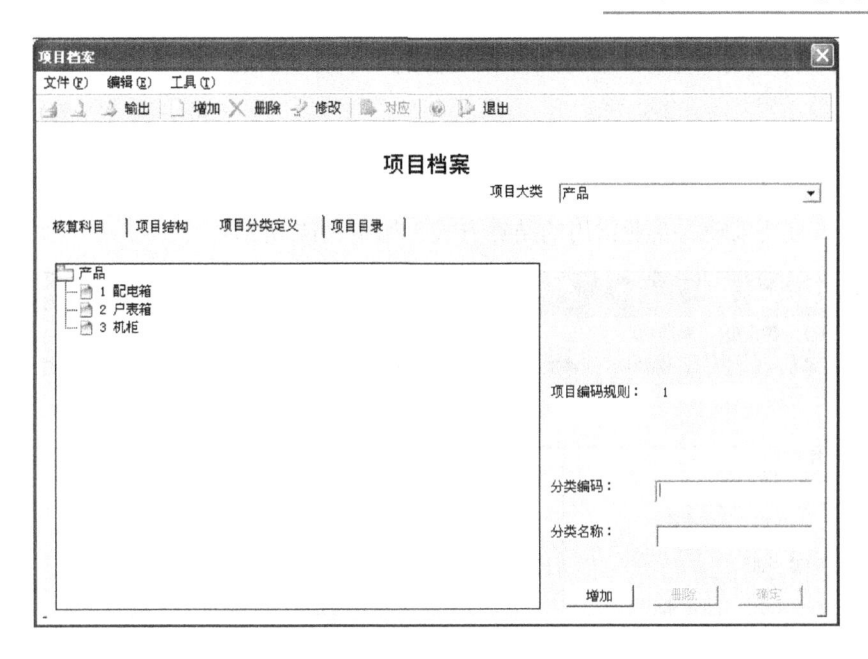

图 3.15 项目分类定义

步骤 9 单击"项目目录"选项卡,再单击"维护"按钮,打开"项目目录维护"对话框。

步骤 10 单击"增加"按钮,输入项目"01 高压柜"等项目,如图 3.16 所示。

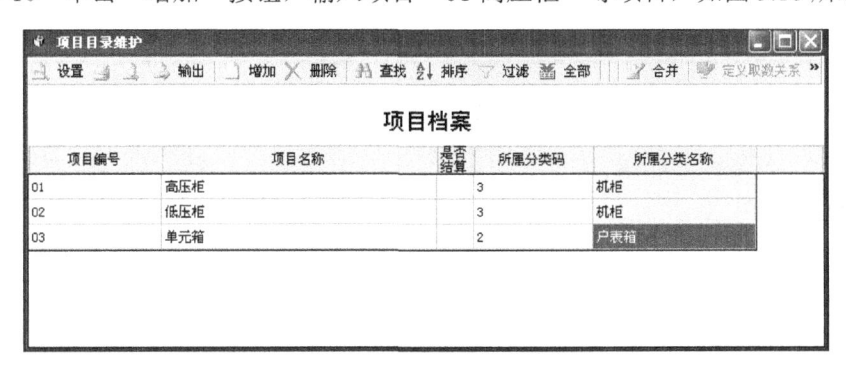

图 3.16 项目目录维护

注意

① 一个项目大类可以指定多个会计科目,一个会计科目只能属于一个项目大类。
② 在每年年初应将已结算或不用的项目删除。结算后的项目将不能再使用。

5. 设置收付结算

收付结算下包括本单位开户银行、付款条件、结算方式等多种基础信息。但目前未启用应收款管理子系统和应付款管理子系统,因此只能进行结算方式的设置。

45

收付结算方式用来建立和管理用户在经营活动中所涉及的结算方式。它与财务结算方式一致。

操作步骤

步骤 1　选择"基础档案"|"收付结算"|"结算方式"选项，打开"结算方式"窗口。

步骤 2　按要求输入企业常用的结算方式，如图 3.17 所示。

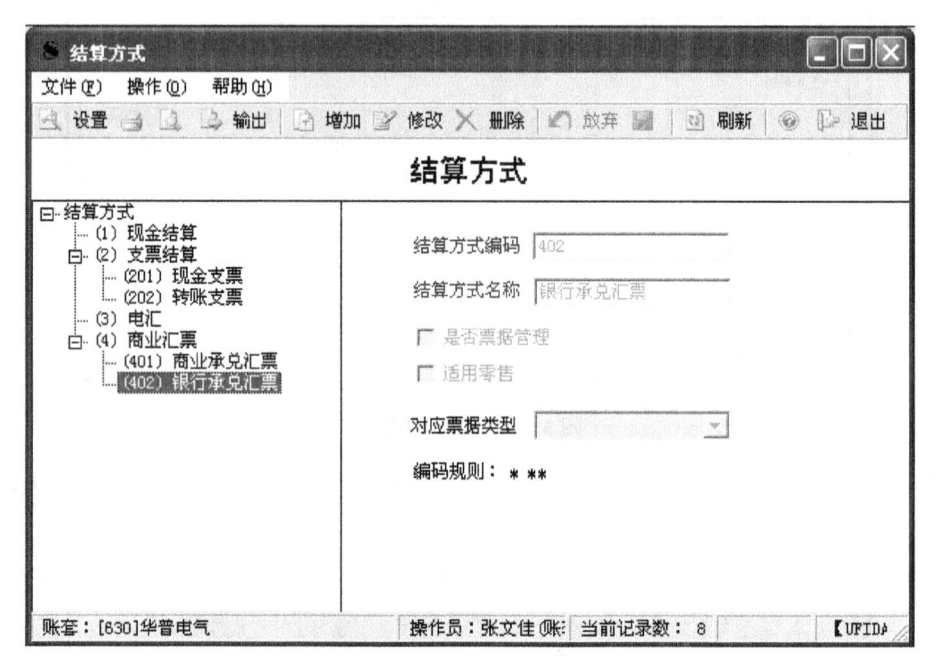

图 3.17　结算方式定义

注意

① 企业在对外进行收付结算时，需要指定结算方式。

② 在银企对账时，结算方式也是系统自动对账的一个重要参数。

③ 设置了"票据管理"标记的结算方式在填制凭证环节中出现时系统会对未进行支票登记的票据提示进行登记。

6. 账套备份

全部完成后，将账套输出至"基础设置"文件夹中。

思考题

1. 在图 3.2"部门档案"对话框右侧的列表框底部显示的"编码规则：***"是何含义？如果需要修改部门档案的编码规则，应如何处理？

2. 操作员、业务员、人员档案三者有什么关系？

3. "会计科目"对话框中的"封存"是什么含义？如何选择？
4. 是否只能对"库存现金"科目和"银行存款"科目选择"日记账"复选框？
5. 辅助账类应该设置在上级科目上还是末级科目上？还是上级科目和末级科目都要设置？有什么区别？
6. 举例说明辅助核算各适用于哪些科目。
7. 选择不同的凭证类别对会计业务处理的结果是否有影响？
8. 对建筑施工单位、旅游、工业企业、学校来说，如何活用"项目"来管理业务？
9. 结算方式设置中的"票据管理"是何含义？
10. 为什么要指定会计科目？

项目 4 总账管理

知识目标

通过本项目的学习，要求学生了解总账管理子系统的功能，理解科目辅助核算的意义、选项的作用，掌握总账管理子系统的业务处理流程；学会根据企业实际情况设置总账管理子系统选项，进行日常业务处理及期末处理。

4.1 功能概述

总账管理子系统的任务就是利用建立的会计科目体系输入和处理各种记账凭证，完成审核、记账、结账，以及对账工作，输出各种总账、明细账、日记账和各种辅助账。

总账管理子系统按照处理流程主要分为初始设置、凭证管理、账簿管理、辅助核算管理和月末处理等。

4.1.1 初始设置

在实际工作中，需要由使用者根据本企业的具体需要建立会计核算的基础应用环境，将通用的总账管理子系统变成适合本企业核算需要的专用系统。初始设置的主要工作包括设置选项、设置基础档案、设定明细账权限和输入期初余额等。

4.1.2 凭证管理

凭证是总账管理子系统数据的唯一来源，凭证输入正确，才能保证账簿的正确性，因此用友 U8 提供了严密的制单控制，以保证填制凭证的正确性。凭证管理的主要工作内容包括凭证的输入、审核、记账、查询、打印，以及出纳签字、常用凭证定义等。用友 U8 提供了资金赤字控制、支票控制、预算控制、外币折算误差控制及查看最新余额等功能，以加强对发生业务的及时管理和控制。

4.1.3 账簿管理

总账管理子系统强大的查询功能能够实现总账、明细账、日记账、凭证的立体式联查，并可查询包含未记账凭证的最新数据，可随时提供总账、余额表、明细账、日记账等标准账表的查询。

4.1.4 辅助核算管理

总账管理子系统除了提供总账、明细账、日记账等传统会计账簿以外，还提供了丰富的辅助核算管理，包括个人往来核算、部门核算、客户往来、供应商往来和项目核算。辅助核算信息是对主体账簿的补充和完善，能极大地丰富会计核算的信息，拓宽会计管理的视野，从而强化企业的会计管理。

4.1.5 月末处理

总账管理子系统提供了灵活的自定义转账功能，各种取数公式可满足各类业务的转账工作，能自动完成月末分摊、计提、对应转账、销售成本、汇兑损益、期间损益结转等业务，并进行试算平衡、对账、结账，生成月末工作报告。

4.2 教学重点、难点

4.2.1 总账管理子系统初始化

为了适应不同行业、不同企业的管理需要，通用型管理软件一般在系统内预设了大量的选项，选项的不同组合决定了企业应用系统的方式和流程。因此，理解各选项的意义，科学地设置选项对系统应用的影响至关重要。

设置完选项后就需要输入期初数据了，年初建账和年中建账的企业需要准备的期初数据不同。年初建账，只须整理会计科目的年初余额就可以了；年中某月建账，除了整理会计科目的月初余额以外，还需要整理出各科目自年初至建账月份前一个月份的累计借、贷方发生额。例如，企业在4月份建账，就需要整理1月1日的年初余额和1月至3月份的累计借、贷方发生额。设置了辅助核算的科目还要准备辅助账的期初数据。

4.2.2 日常业务处理

1. 凭证管理

凭证管理包括填制凭证、审核凭证、记账、修改凭证、作废/整理凭证、删除凭证、冲销凭证、出纳签字等功能。不同功能针对的操作对象不同，如修改凭证功能只能针对未记账凭证、记账功能只能针对已审核凭证。

如果凭证上所用到的明细科目设置有辅助核算，那么在输入凭证时必须同时记录辅助核算的内容。

2. 账簿管理

账簿分为基本会计核算账簿和辅助核算账簿。

① 基本会计核算账簿包括总账、余额表、明细账、序时账、多栏账、日记账等。其中，多栏账必须先定义，才能查询。

② 辅助核算账簿包括客户往来辅助账、供应商往来辅助账、个人往来辅助账、部门辅助账和项目辅助账等。辅助账管理必须事先在科目中定义辅助核算标志。

3. 出纳管理

出纳管理是总账管理子系统为出纳人员提供的一套管理工具，主要包括现金日记账和银行存款日记账的管理、支票登记簿的管理，以及银行对账功能，并可对银行长期未达账提供审计报告。

4.2.3 期末业务处理

在每个会计期末，会计人员都需要完成一些特定的工作，主要包括期末转账处理、试算平衡、对账、结账等。

1. 自动转账

在会计业务中，许多会计事项每月有规律地重复出现。例如，每月提取折旧费、按月上缴税金、按月发工资、月底结转费用到损益账户等。这些凭证的摘要、借贷方科目各月基本相同，金额的来源或计算方法也基本不变。因此，可以把这类凭证的摘要、借贷方科目、金额的来源或计算方法预先进行定义，这样用户在使用生成转账凭证功能时，计算机就会根据预先定义的金额来源或者计算方法自动取数或计算来填制相应的金额，从而生成相应的转账凭证。这个过程叫作自动转账，这样的凭证称为自动转账凭证。通过自动转账，可以避免每月重复填制类似的转账凭证，并提高转账的效率和准确性。

自动转账需要事先进行转账定义。转账定义是指把凭证的摘要、会计科目、借贷方向，以及金额的计算公式预先设置成凭证模板——称为自动转账分录，待需要转账时调用相应的自动转账分录生成凭证。生成的凭证是未经审核、记账的。系统提供了 5 种类型的转账定义，其中自定义转账应用最为广泛和灵活。

归纳整理自定义转账能处理哪些类型的业务、理解凭证各项数据的来源及如何利用金额计算公式表述是自定义转账最核心的内容。此外，某些自动转账凭证之间有逻辑关系，因此要注意生成凭证的先后顺序。

2. 结账

在每月月末，需要计算各账簿的本期发生额和期末余额，并结转到下一个会计期间，称之为结账。结账会终止本期工作，每月只能进行一次，因此需要了解结账的工作要求和工作程序。

实验三　总账管理子系统初始化设置

实验目的

掌握用友 U8 总账管理子系统初始化设置的相关内容；理解总账管理子系统初始化设置的意义；掌握总账管理子系统初始化设置的具体内容和操作方法。

实验内容

① 总账管理子系统选项设置。
② 输入期初余额。

实验要求

① 引入"基础设置"账套数据。
② 以 01 张文佳的身份进行总账初始设置。

实验资料

1. 总账选项（见表 4.1）

表 4.1　总账选项

选项卡	选项设置
凭证	制单序时控制 支票控制 赤字控制：资金及往来科目；赤字控制方式：提示 可以使用应收、应付、存货受控科目 取消选中"现金流量科目必录现金流量项目"复选框 凭证编号方式采用系统编号
账簿	账簿打印位数按软件的标准设定 明细账打印按年排页
凭证打印	打印凭证的制单、出纳、审核、记账等人员姓名
预算控制	超出预算允许保存
权限	出纳凭证必须经由出纳签字 允许修改、作废他人填制的凭证 可查询他人凭证
会计日历	会计日历为 1 月 1 日至 12 月 31 日 数量小数位和单价小数位设为 2 位
其他	外币核算采用固定汇率 部门、个人、项目按编码方式排序

2. 期初余额

(1) 总账管理子系统期初余额明细（见表 4.2）

表 4.2　期初余额　　　　　　　　　　　　　　　　　　　　　元

科目编码	科目名称	方向	余　额	备　注
1001	库存现金	借	29 861.55	
100201	工行人民币户	借	5 955 973.84	
1122	应收账款	借	147 352	应收账款期初余额明细见表 4.3
122102	应收个人款	借	5 000	其他应收款——应收个人款期初余额明细见表 4.4
140301	原材料——主要材料	借	40 705	
140302	原材料——辅助材料	借	5 570	
140303	原材料——外购半成品	借	10 100	
1405	库存商品	借	1 454 925	库存商品期初余额明细见表 4.5
1601	固定资产	借	995 764	
1602	累计折旧	贷	558 162.6	
2001	短期借款	贷	368 000	
220201	应付账款——应付材料款	贷	47 121	应付账款——应付材料款期初余额明细见表 4.6
220202	应付账款——暂估应付款	贷	8 200	
222102	应交税金——未交增值税	贷	26 323	
2501	长期借款	贷	400 000	
4001	实收资本	贷	5 000 000	
4002	资本公积	贷	1 765 000	
4101	盈余公积	贷	346 506	
410415	利润分配——未分配利润	贷	114 507.79	

(2) 应收账款期初余额明细（见表 4.3）

表 4.3　应收账款期初余额明细

会计科目：1122，应收账款　余额：借 147 352 元　　　　　　　　　　　　　　　元

日　期	凭证号	客　户	业务员	摘　要	方　向	金　额
2019-11-12	转-168	信和源	蒋群	货款	借	31 640
2019-12-06	转-45	德胜绿化	蒋群	货款	借	115 712

(3) 其他应收款——应收个人款期初余额明细（见表 4.4）

表 4.4　其他应收款——应收个人款期初余额明细

会计科目：122102，其他应收款——应收个人款　余额：借 5 000 元　　　　　　　元

日　期	凭证号	部　门	个　人	摘　要	方　向	金　额
2019-12-14	付-236	总经办	魏振东	出差借款	借	5 000

(4) 库存商品期初余额明细 (见表 4.5)

表 4.5 库存商品期初余额明细

会计科目：1405，库存商品　　余额：借 1 454 925 元　　　　　　　　　　　　　　元

项 目	金 额
高压柜	763 800
低压柜	583 000
单元箱	108 125

(5) 应付账款——应付材料款期初余额明细 (见表 4.6)

表 4.6 应付账款——应付材料款期初余额明细

会计科目：220201，应付账款——应付材料款　　余额：贷 47 121 元　　　　　　　元

日　期	凭证号	供应商	业务员	摘　要	方　向	金　额
2019-12-17	转-167	华阳	孙怀庆	期初	贷	47 121

实验指导

1. 设置总账管理子系统选项

操作步骤

步骤 1　在企业应用平台的"业务工作"中，选择"财务会计"|"总账"|"设置"|"选项"选项，打开"选项"对话框。

步骤 2　单击"编辑"按钮，进入修改状态。

步骤 3　单击"凭证"选项卡，按照实验资料的要求进行相应的设置，如图 4.1 所示。

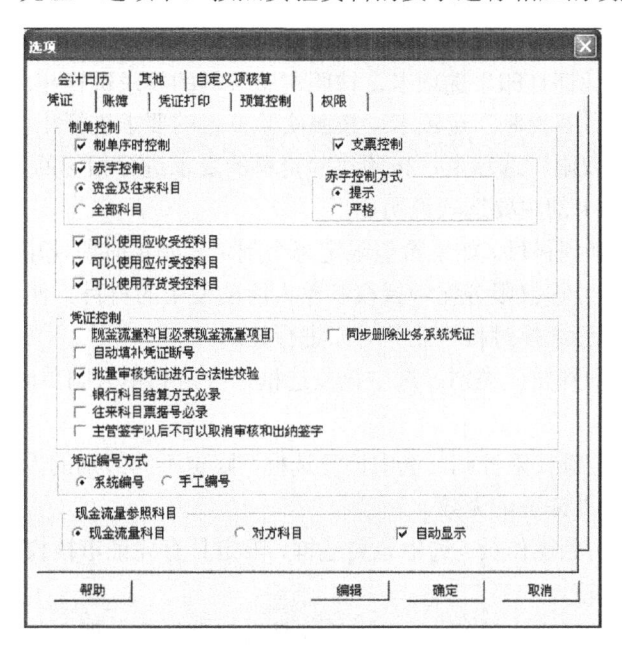

图 4.1 "凭证"选项卡

对"凭证"选项卡的主要选项说明如下。

① 制单序时控制。选中该复选框，制单时凭证编号按日期顺序从小到大排列。

② 支票控制。选中该复选框，当制单时使用了标注为银行账的科目时，如果结算方式设置了票据管理，那么输入的支票号如果在支票登记簿中存在，系统就提供支票报销，否则就提供支票登记。

③ 赤字控制。选中该复选框，制单时如果资金及往来科目的最新余额出现负数，则系统会及时予以提示。

④ 可以使用应收受控科目。应收系统的受控科目是指只能在应收款管理子系统制单时使用的科目。在企业启用应收款管理子系统的前提下，与应收票据、应收账款、预收账款科目相关的业务在应收款管理子系统生成，在总账管理子系统中不再填制这类业务凭证，因此保持此复选框为不选中状态。目前，为了全面学习总账管理子系统功能，暂不启用应收款管理子系统，因此涉及客户往来管理的业务需要在总账管理子系统中处理，需要选中该复选框，否则在总账管理子系统中不能使用这些科目制单。

> **注意**
>
> 选中"可以使用应收受控科目"复选框时，系统弹出"受控科目被其他系统使用时，会造成应收系统与总账对账不平"信息提示框。单击"确定"按钮返回即可。

⑤ 现金流量科目必录现金流量项目。在会计科目中指定了现金流量科目的前提下，选中该复选框。在填制凭证时使用了现金流量科目，就必须输入现金流所属的现金流量项目，否则凭证不能保存。

⑥ 凭证编号方式。系统提供自动编号和手工编号两种凭证编号方式。选中"系统编号"单选按钮，系统按照凭证类别按月顺序编号。

步骤4　单击"账簿"选项卡，按照实验资料的要求进行相应的设置。

步骤5　单击"凭证打印"选项卡，按照实验资料的要求进行相应的设置。

步骤6　单击"预算控制"选项卡，按照实验资料的要求进行相应的设置。

步骤7　单击"权限"选项卡，按照实验资料的要求进行相应的设置，如图4.2所示。

对"权限"选项卡的主要选项说明如下。

① 制单权限控制到科目。如果希望限定每个制单人制单时所使用的会计科目，则选中该复选框。然后再在数据权限分配中授权制单人所能使用的科目。使用该功能的前提是在数据权限控制设置中已选择对科目业务对象进行控制。

② 制单权限控制到凭证类别。选中该复选框，限定制单人制单时可使用的凭证类别。其他原理同上。

③ 操作员进行金额权限控制。选中该复选框，限定不同级别的人员制单时的金额。此复选框对机制凭证和外来凭证无效。

④ 凭证审核控制到操作员。选中该复选框，限定具有凭证审核权限的人只能对某些制单人填制的凭证行审核。

⑤ 出纳凭证必须经由出纳签字。出纳凭证是指包含指定为现金科目或银行存款科目的凭证。如果企业需要关注涉及现金收付的业务，则可以选中该复选框。

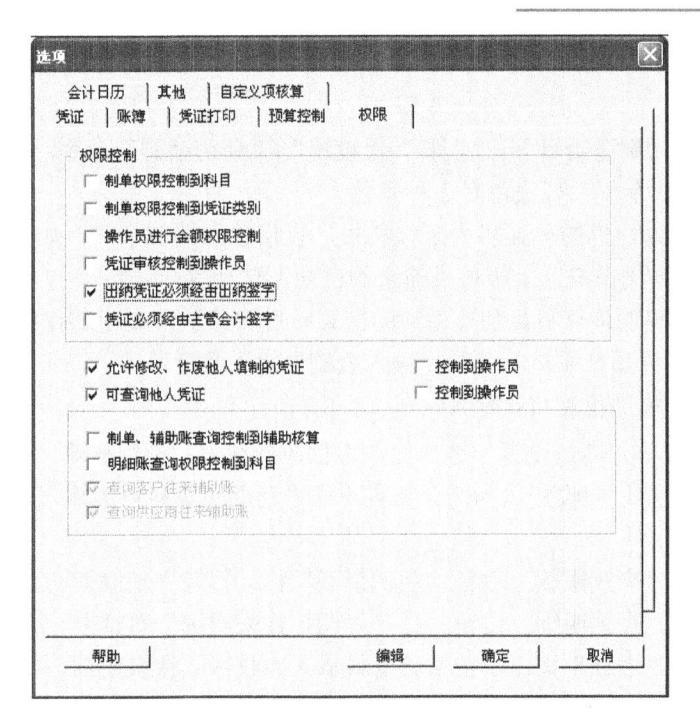

图 4.2 "权限"选项卡

⑥ 凭证必须经由主管会计签字。选中该复选框，所有凭证必须由主管会计签字。

⑦ 允许修改、作废他人填制的凭证。审核人员在审核凭证的过程中发现凭证有误，是否可以对凭证进行作废和修改取决于该复选框是否为选中状态。选中"控制到操作员"复选框，可以细化到允许修改、作废哪些制单人填制的凭证。

⑧ 可查询他人凭证。选中该复选框，可以查看他人填制的凭证。选中"控制到操作员"复选框，可以细化到可以查看哪些制单人填制的凭证。

⑨ 制单、辅助账查询控制到辅助核算。选中该复选框，限定制单或辅助账查询时能查看到哪些辅助核算类型。

⑩ 明细账查询权限控制到科目。选中该复选框，限定有账簿查询权限的人可以查看哪些科目的明细账。

步骤 8　单击"会计日历"选项卡，按照实验资料的要求进行相应的设置。

在"会计日历"选项卡中，可以查看企业建账时的部分信息，包括账套名称、单位名称、账套路径、行业性质、科目级长等。此处的会计日历只能查看，不能修改。

步骤 9　单击"其他"选项卡，按照实验资料的要求进行相应的设置。如果企业有外币业务，那么采用固定汇率核算还是采用浮动汇率核算在此处进行选择。

步骤 10　设置完成后，单击"确定"按钮返回。

2．输入期初余额

华普电气于 2020 年 1 月 1 日建账，因此只须输入各会计科目的期初余额和辅助账期初余额即可，无须输入会计科目的累计借贷方发生额。

(1) 无辅助核算的科目余额输入

操作步骤

步骤 1　选择"财务会计"|"总账"|"设置"|"期初余额"命令，打开"期初余额录入"对话框。"期初余额"列底色有 3 种颜色。

步骤 2　底色为白色的单元格为末级科目，直接输入期初余额，如库存现金科目、银行存款/中行存款/人民币户，上级科目的余额自动汇总计算。

步骤 3　数量辅助核算科目和外币辅助核算科目均显示为 2 行：第 1 行输入金额，第 2 行输入数量余额或外币余额，且必须先输入金额再输入数量。

(2) 客户往来辅助核算科目输入

底色为黄色的单元格是设置了客户往来、供应商往来、部门核算、个人往来、项目核算核算的科目。这里以应收账款为例介绍客户往来辅助核算科目的输入。

操作步骤

步骤 1　双击"应收账款"科目"期初余额"栏，打开"辅助期初余额"对话框。

步骤 2　单击"往来明细"按钮，打开"期初往来明细"对话框。

步骤 3　单击"增行"按钮，按实验资料输入应收账款往来明细，如图 4.3 所示。

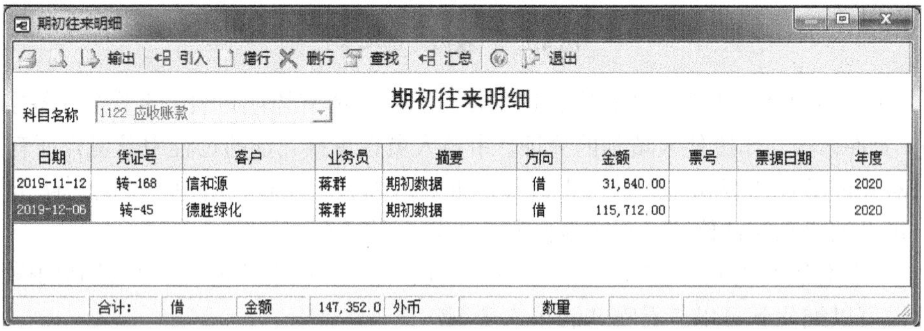

图 4.3　期初往来明细

步骤 4　单击"汇总"按钮，系统自动汇总并弹出"完成了往来明细到辅助期初表的汇总！"信息提示框。单击"确定"按钮。

步骤 5　单击"退出"按钮，返回"辅助期初余额"对话框，如图 4.4 所示。

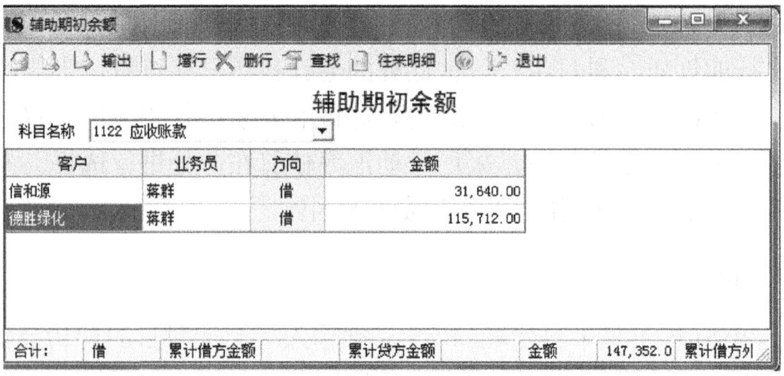

图 4.4　辅助期初余额

步骤 6　单击"退出"按钮，返回期初余额输入界面，应收账款科目余额已自动生成。同理，输入其他应收款科目、应付账款科目期初余额。

(3) 项目核算科目期初余额输入

项目辅助核算期初余额输入与其他辅助核算不同，以库存商品为例介绍如下。

操作步骤

步骤 1　双击"库存商品"科目的"期初余额"栏，打开"辅助期初余额"对话框。

步骤 2　单击"增行"按钮，按项目输入期初余额，如图 4.5 所示。

步骤 3　单击"退出"按钮，返回"期初余额"对话框，库存商品科目余额已自动生成。

图 4.5　"项目核算"科目期初余额输入

3. 试算平衡

步骤 1　输入完所有科目余额后，单击"试算"按钮，打开"期初试算平衡表"对话框，如图 4.6 所示。

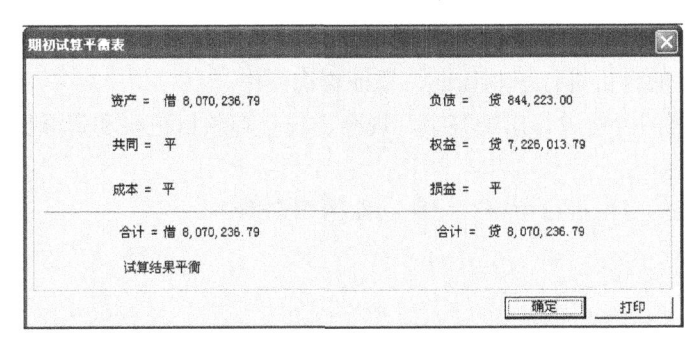

图 4.6　期初试算平衡表

步骤 2　如果期初余额不平衡，则修改期初余额；如果期初余额试算平衡，则单击"确定"按钮。

> **注意**
> ① 系统只能对期初余额的平衡关系进行试算，而不能对年初余额进行试算。
> ② 如果期初余额不平衡，可以填制凭证、审核凭证，但是不允许记账。
> ③ 凭证记账后，期初余额变为只读、浏览状态，不能再修改。

4. 账套备份

全部完成后，将账套输出至"总账初始化"文件夹中。

实验四　总账管理子系统日常业务处理

实验目的

掌握用友 U8 总账管理子系统日常业务处理的相关内容；熟悉总账管理子系统日常业务处理的各种操作；掌握凭证管理和账簿管理的具体内容与操作方法。

实验内容

① 凭证管理。填制凭证、出纳签字、审核凭证、凭证记账的操作方法。
② 账簿管理。总账、科目明细账、多栏账、辅助账的查询方法。
③ 出纳管理。现金、银行存款日记账和资金日报表的查询。

实验要求

① 引入"总账初始化"账套数据。
② 业务处理。

以 02 王贺雯的身份进行填制凭证、凭证查询操作。

以 03 任小慧的身份进行出纳签字，现金、银行存款日记账和资金日报表的查询，支票登记操作。

以 01 张文佳的身份进行审核、记账、账簿查询操作。

实验资料

1. 填制凭证

(1) 2020 年 1 月经济业务

① 2 日，销售部蒋群报销招待费 1 200 元。用现金支付。（餐饮发票 1 张）
　　借：销售费用——招待费（660105）　　　　　　　　　　　　　　1 200
　　　　贷：库存现金（1001）　　　　　　　　　　　　　　　　　　　　1 200

② 4日，缴纳增值税26 323元。以转账支票支付，票号为1701。
借：应交税费——未交增值税（222102）　　　　　　　　　26 323
　　贷：银行存款——人民币户（100201）　　　　　　　　　　　　26 323

③ 6日，收到外商投资80 000美元。汇率为1:6.65。（转账支票1771）
借：银行存款——美元户（100202）　　　　　　　　　　532 000
　　贷：实收资本（4001）　　　　　　　　　　　　　　　　　　532 000

④ 8日，收到德胜绿化公司银行承兑汇票一张，金额115 712元，用以偿还前欠货款。
借：应收票据（1121）　　　　　　　　　　　　　　　　115 712
　　贷：应收账款（1122）　　　　　　　　　　　　　　　　　　115 712

⑤ 10日，采购部孙怀庆从北京华阳物资公司购入插座100个，无税单价22元，货款、税款暂欠。已验收入库。（适用税率13%）
借：原材料——主要材料（140301）　　　　　　　　　　2 200
　　应交税金——应交增值税——进项税额（22210101）　　　286
　　贷：应付账款——应付材料款（220201）　　　　　　　　　　2 486

⑥ 12日，缴纳水电费840元。其中，管理部门200元、金工车间380元、喷漆车间260元。以现金支付。
借：管理费用——其他（660210）　　　　　　　　　　　200
　　制造费用——水电费（510103）——金工车间　　　　　380
　　制造费用——水电费（510103）——喷漆车间　　　　　260
　　贷：库存现金（1001）　　　　　　　　　　　　　　　　　　840

⑦ 14日，销售部蒋群出差广交会，借差旅费5 000元。
借：其他应收款——应收个人款（122102）　　　　　　　5 000
　　贷：库存现金（1001）　　　　　　　　　　　　　　　　　　5 000

⑧ 16日，喷漆车间领用10个接触器，单价410元，用于生产高压柜。
借：生产成本——材料费（500101）　　　　　　　　　　4 100
　　贷：原材料——主要材料（140301）　　　　　　　　　　　　4 100

⑨ 18日，总经办魏振东领用转账支票，支付总经办维修费8 000元，支票号1702。
借：管理费用——维修费（660206）　　　　　　　　　　8 000
　　贷：银行存款——人民币户（100201）　　　　　　　　　　　8 000

（2）修改凭证

① 经查，1月2日蒋群报销招待费1 220元，误输入为1 200元。
② 经查，1月10日采购部系从供应商"九辉"购入的插座。

（3）删除凭证

经查，1月2日蒋群报销的业务招待费属个人消费行为，不允许报销。现金已追缴，业务上不再反映，将该凭证删除。

2. 出纳签字

由出纳任小慧对所有涉及现金和银行科目的凭证签字。

3. 审核凭证

由账套主管张文佳对凭证进行审核。

4. 记账

① 由账套主管张文佳对凭证进行记账。
② 由账套主管张文佳测试系统提供的取消记账功能，然后重新记账。

5. 冲销凭证

冲销收-0001号凭证。

6. 查询凭证

查询现金支出在5 000元以上的凭证。

7. 账表查询

① 查询2020年1月余额表并联查应收账款专项资料。
② 查询"原材料——主要材料"科目的明细账，并联查凭证。
③ 定义并查询管理费用多栏账。
④ 查询部门辅助账。查询2020年1月总经办、财务部、采购部本期支出情况。
⑤ 查询个人往来辅助账。查询魏振东个人往来催款单。
⑥ 查询客户往来辅助账，进行客户往来账龄分析。
⑦ 查询项目账。查询"高压柜"项目明细账，进行"产品"项目大类的统计分析。

8. 出纳管理

① 查询现金日记账。
② 查询2020年1月12日资金日报表。
③ 支票登记簿。1月20日，采购部孙怀庆借转账支票一张采购门轴。票号为1703，预计金额为3 000元。

9. 账套输出

实验指导

1. 填制凭证

（1）增加凭证

业务1　无辅助核算的一般业务

操作步骤

步骤1　在企业应用平台的"业务工作"中，选择"财务会计"|"总账"|"凭证"|"填制凭证"选项，打开"填制凭证"对话框。

步骤2　单击"增加"按钮或按F5键，系统自动增加一张空白收款凭证。单击右侧的

项目4　总账管理

（参照）按钮，选择凭证类型"付 付款凭证"，然后按回车键，凭证号0001自动产生。

步骤3　输入制单日期为"2020.01.02"。按照制单序时控制要求，制单日期不能早于上一张同类别凭证的制单日期，且不能晚于系统日期。

步骤4　输入附单据数为1。附单据数是指该记账凭证所附原始单据的张数。

步骤5　在"摘要"栏直接输入摘要"报销招待费"，选择科目名称为660105，输入借方金额为1 200，然后按回车键。摘要自动带到下一行，输入贷方科目1001，光标位于贷方时，按"="键将借贷方差额1 200取到当前位置，如图4.7所示。

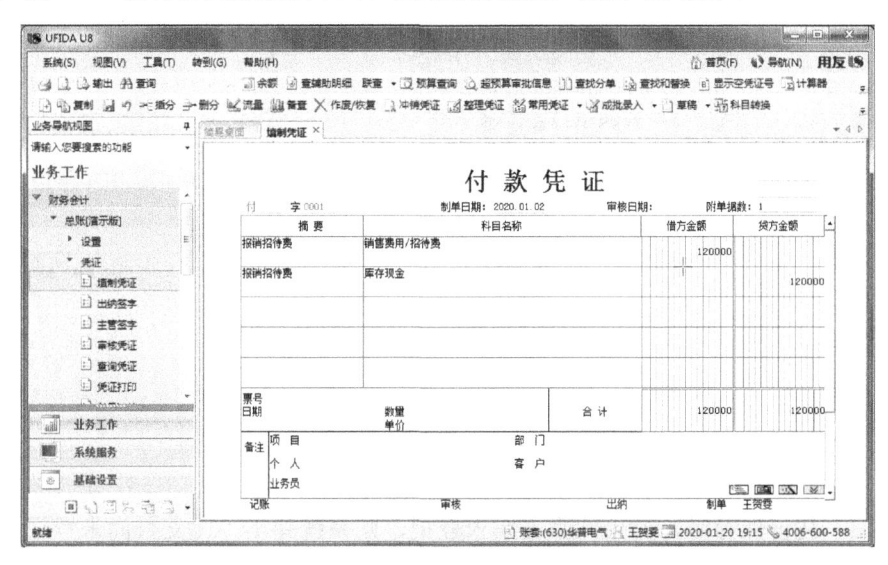

图4.7　第1笔业务——无辅助核算

步骤6　单击"保存"按钮，系统弹出"凭证已成功保存！"信息提示框。然后单击"确定"按钮。

注意

① 选择了系统编号方式，凭证编号按凭证类别按月顺序编号。
② 凭证一旦保存，其凭证类别、凭证编号就不能修改。
③ 正文中不同分录行的摘要可以相同也可以不同，但不能为空。每行摘要将随相应的会计科目在明细账、日记账中出现。
④ 科目编码必须是末级的科目编码。
⑤ 金额不能为0，红字以"-"号表示。
⑥ 可按"="键取当前凭证借贷方金额的差额到当前光标位置。
⑦ 单击 （增加）按钮可在保存凭证的同时增加一张新凭证。

业务2　辅助核算——银行账

操作步骤

步骤1　在总账填制凭证功能中，增加一张付款凭证。

步骤 2　输入完银行科目 100201 后，弹出"辅助项"对话框。

步骤 3　输入结算方式为 202、票号为 1701，发生日期为"2020-01-04"，如图 4.8 所示。然后单击"确定"按钮。

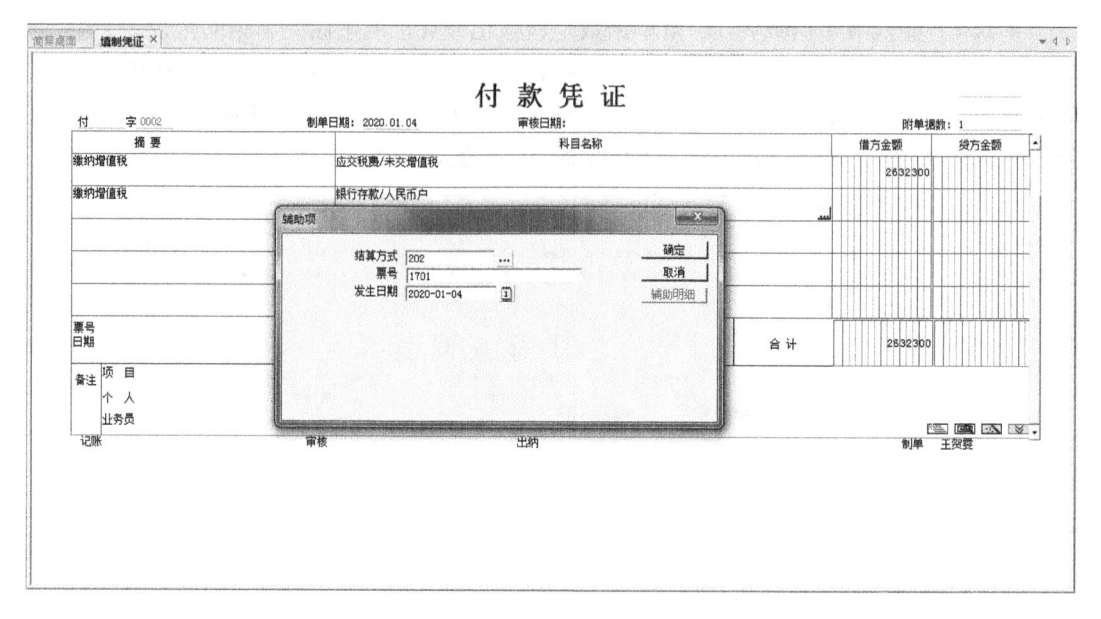

图 4.8　第 2 笔业务——银行账辅助核算

步骤 4　凭证保存时，如果此张支票未登记，则系统弹出"此支票尚未登记，是否登记？"信息提示框。

步骤 5　单击"是"按钮，打开"票号登记"对话框，如图 4.9 所示。

图 4.9　登记支票登记簿

步骤 6　单击"确定"按钮，系统弹出"凭证已成功保存！"信息提示框。然后单击"确定"按钮。

项目 4 总账管理

> **注意**
> ① 100201科目设置了"银行账"辅助核算,填制凭证时需要输入银行账辅助信息。
> ② 当转账支票结算方式设为票据管理,且在总账管理子系统选项设置中选中了"支票控制"复选框时,如果该支票未在支票登记簿中记录,则凭证在保存时系统会提示登记支票登记簿。

业务3 辅助核算——外币

操作步骤

步骤1 在填制凭证的过程中,输入完外币科目100202后,系统自动显示外币汇率6.65;输入外币金额80 000后,系统自动算出并显示本币金额532 000,如图4.10所示。

步骤2 全部输入完后,单击"保存"按钮,保存凭证。

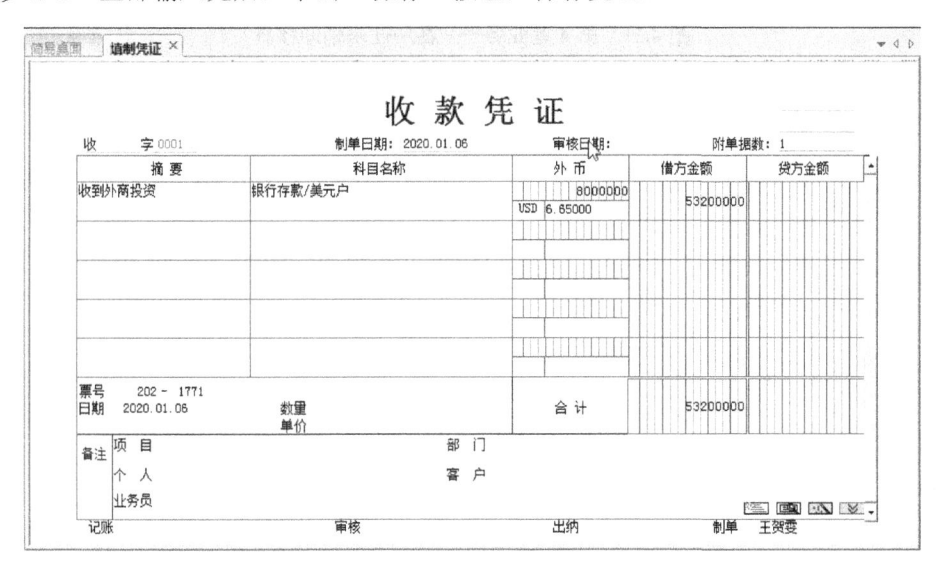

图4.10 第3笔业务——外币辅助核算

> **注意**
> "汇率"栏中的内容是固定的,不能输入或修改。如果使用浮动汇率,"汇率"栏中显示最近一次的汇率,可以直接在"汇率"栏中修改。

业务4 辅助核算——客户往来

操作步骤

步骤1 在填制凭证的过程中,输入完客户往来科目1121后,弹出"辅助项"对话框。

步骤2 选择客户为"德胜绿化",业务员自动带出,如图4.11所示。

步骤3 单击"确定"按钮。

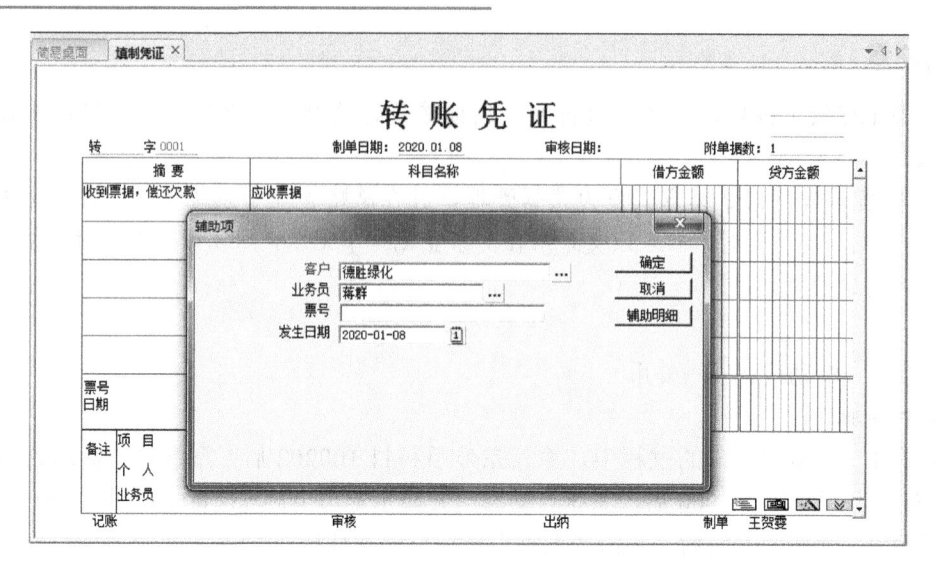

会计信息化实训（用友 U8 V10.1）

图 4.11　第 4 笔业务——客户往来辅助核算

业务 5　辅助核算——供应商往来

操作步骤

步骤 1　在填制凭证的过程中，输入完供应商往来科目 220201 后，弹出"辅助项"对话框。

步骤 2　选择供应商为"华阳"、发生日期为"2020-01-10"，如图 4.12 所示。

步骤 3　单击"确定"按钮。

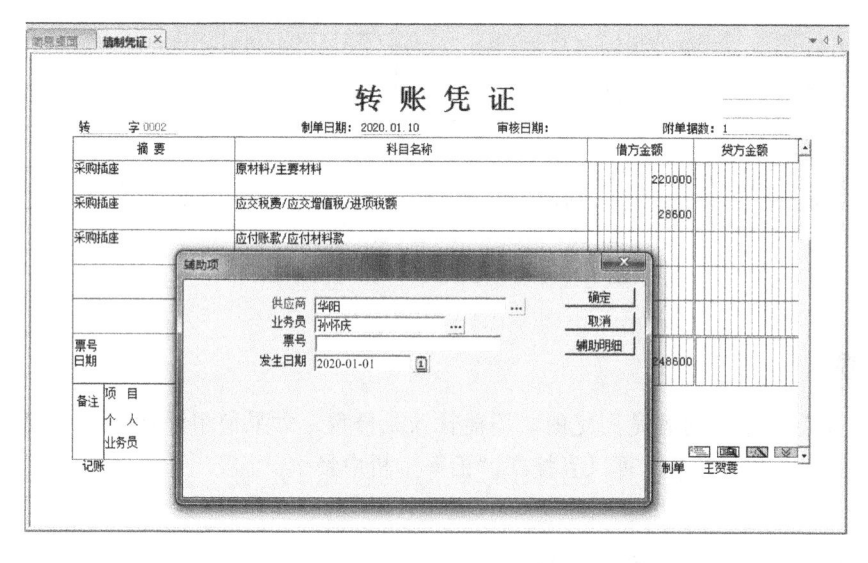

图 4.12　第 5 笔业务——供应商往来辅助核算

业务 6　辅助核算——部门

操作步骤

步骤 1　在填制凭证的过程中，输入完部门核算科目 510103 后，弹出"辅助项"对话框。

步骤 2　选择部门为"金工车间",如图 4.13 所示。然后单击"确认"按钮。

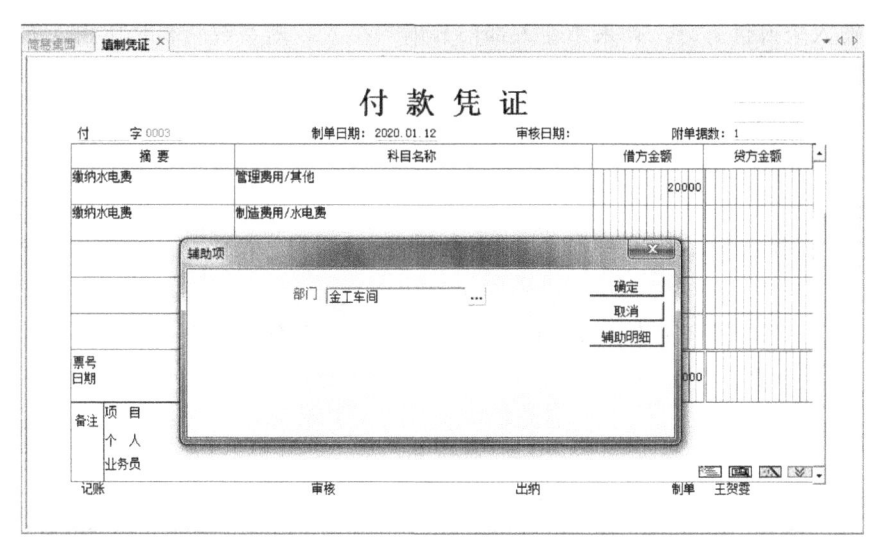

图 4.13　第 6 笔业务——部门辅助核算

业务 7　辅助核算——个人往来

操作步骤

步骤 1　在填制凭证的过程中,输入完个人往来科目 122102 后,弹出"辅助项"对话框。

步骤 2　选择部门为"销售部"、个人为"蒋群"、发生日期为"2020-01-14",如图 4.14 所示。

步骤 3　单击"确定"按钮。

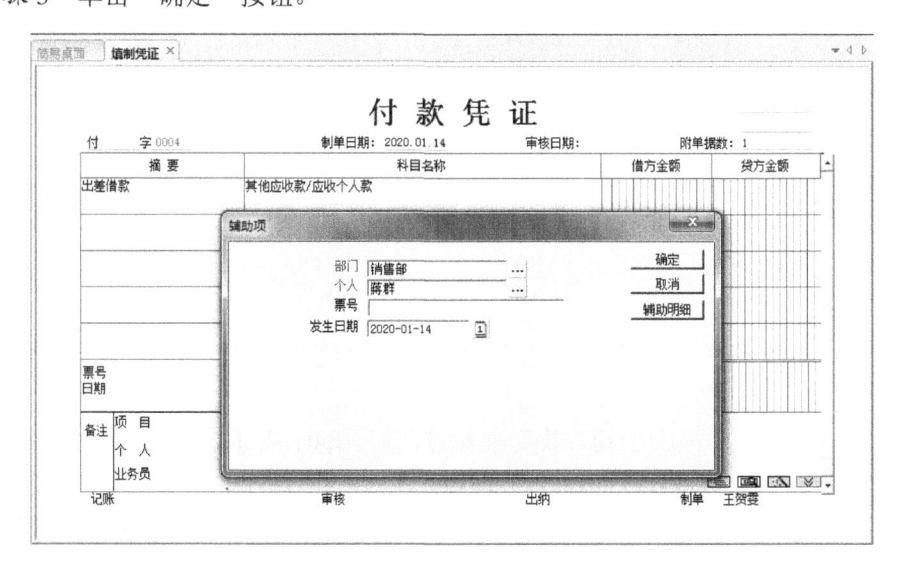

图 4.14　第 7 笔业务——个人往来辅助核算

> **注意**
>
> 在输入个人信息时，如果不输入部门只输入个人，则系统将根据所输入的个人名称自动输入其所属的部门。

业务 8　辅助核算——项目

操作步骤

步骤 1　在填制凭证的过程中，输入完项目核算科目 500101 后，弹出"辅助项"对话框。

步骤 2　选择项目名称为"高压柜"，单击"确定"按钮，如图 4.15 所示。

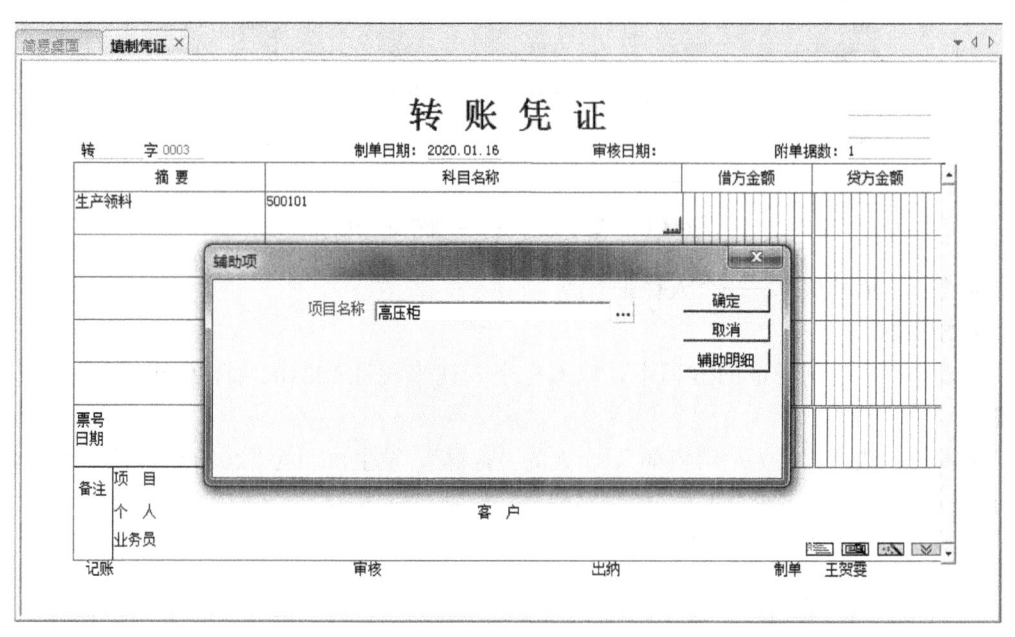

图 4.15　第 8 笔业务凭证——项目辅助核算

业务 9　辅助核算——银行账

请自行完成 1 月 18 日业务凭证填制。

(2) 修改凭证

操作步骤

步骤 1　选择"财务会计"|"总账"|"凭证"|"填制凭证"选项，打开"填制凭证"对话框。

步骤 2　单击 |← ← → →| 按钮，找到要修改的付-0001 凭证。将光标放在要修改的地方——本例为金额，直接修改，然后保存即可。

步骤 3　继续找到转-0002 凭证，选中"应付账款/应付材料款"辅助核算科目行，然后将鼠标指针移动到凭证下方的"备注"栏，待鼠标指针变形为 时双击，弹出"辅助项"对话框。删除已有的"华阳"，重新选择"九辉"。然后保存凭证。

项目4 总账管理

> **注意**
> ① 未经审核的错误凭证可通过填制凭证功能直接修改，但是凭证类别不能修改。
> ② 已审核的凭证或已经出纳签字的凭证需要由原签字人取消审核签字后，再进行修改。
> ③ 如果已采用制单序时控制，则在修改制单日期时，不能在上一张凭证的制单日期之前。
> ④ 如果选中了"不允许修改、作废他人填制的凭证"复选框，则不能修改或作废他人填制的凭证；如果选中了"允许修改、作废他人填制的凭证"复选框，那么最后一个修改该凭证的人就会成为该凭证的制单人。
> ⑤ 如果涉及银行科目的分录已输入支票信息，并对该支票做过报销处理，修改操作将不影响支票登记簿中的内容。
> ⑥ 外部系统传过来的凭证不能在总账管理子系统中进行修改，只能在生成该凭证的系统中进行修改。

(3) 删除凭证

① 作废凭证

操作步骤

步骤1　在"填制凭证"对话框中，先查询到要作废的凭证付-0001。
步骤2　单击 ✕ 作废/恢复 按钮，凭证的左上角显示红色"作废"字样，表示该凭证已作废。

> **注意**
> ① 作废凭证仍保留着凭证内容及编号，只是显示"作废"字样。
> ② 作废凭证既不能修改，也不能审核。
> ③ 在记账时，已作废的凭证应参与记账，否则月末无法结账，但不对作废凭证做数据处理，相当于一张空凭证。
> ④ 查询账簿时，查不到作废凭证的数据。
> ⑤ 如果当前凭证已作废，可再次单击 ✕ 作废/恢复 按钮，取消作废标志，并将当前凭证恢复为有效凭证。

② 整理凭证

操作步骤

步骤1　在"填制凭证"对话框中，单击 整理凭证 按钮，打开"凭证期间选择"对话框。
步骤2　选择要整理的月份，如图4.16所示。
步骤3　单击"确定"按钮，打开"作废凭证表"对话框。
步骤4　单击"全选"按钮或双击要删除的凭证记录行，选择真正要删除的作废凭证，如图4.17所示。

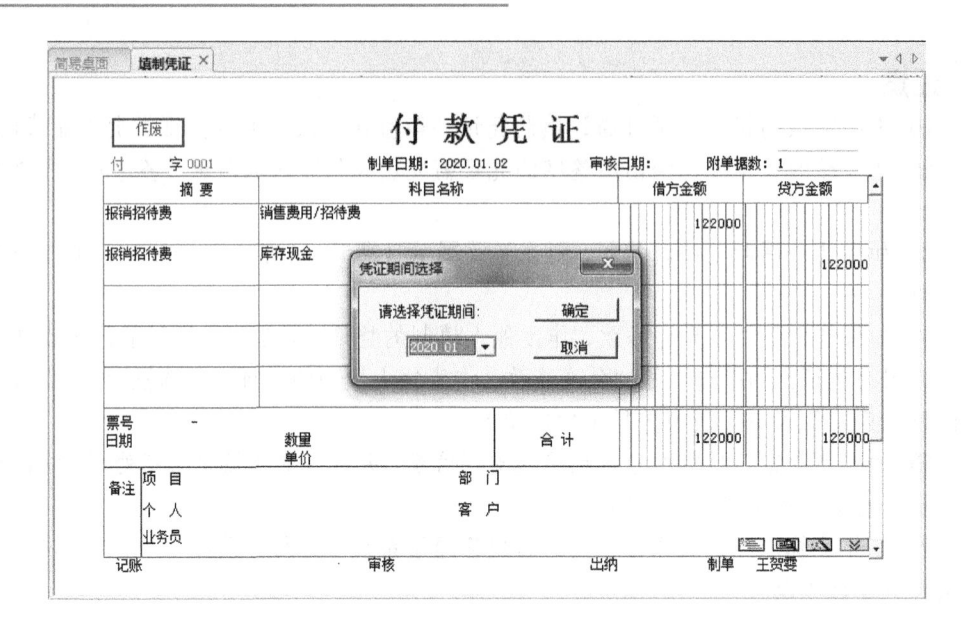

会计信息化实训（用友 U8 V10.1）

图 4.16　选择凭证整理期间

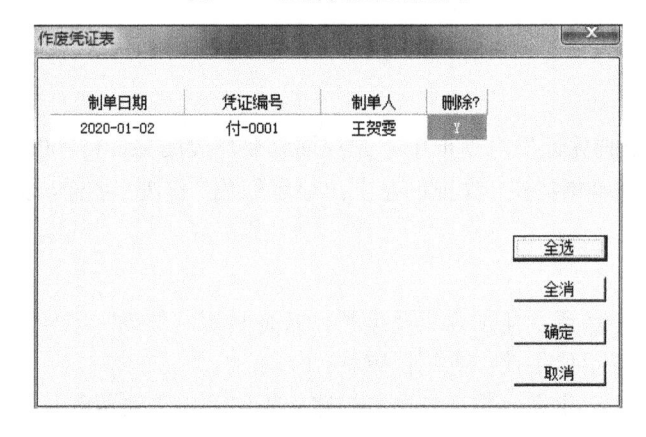

图 4.17　作废凭证表

步骤 5　单击"确定"按钮，系统弹出"是否还需整理凭证断号"信息提示框。单击"是"系统，将这些凭证从数据库中删除并对剩下凭证重新排号。

注意

① 当作废凭证不想保留时，可以通过整理凭证功能将其彻底删除，并对未记账凭证重新编号。

② 只能对未记账凭证做凭证整理。

③ 如果要对已记账凭证做凭证整理，则应先恢复本月月初的记账前状态，再进行凭证整理。

2. 出纳签字

(1) 更换操作员

操作步骤

步骤1　在企业应用平台界面中，单击"重注册"按钮，打开"登录"对话框。

步骤2　以03 任小慧的身份登录总账管理子系统。以出纳身份登录，在总账管理子系统中只能看到"凭证"和"出纳"两个功能组。

> **注意**
> ① 凭证填制人和出纳签字人既可以为不同的人，也可以为同一个人。
> ② 按照会计制度规定，凭证的填制与审核不能是同一个人。
> ③ 在进行出纳签字和审核之前，通常需要先更换操作员。

(2) 出纳签字

操作步骤

步骤1　选择"财务会计"|"总账"|"凭证"|"出纳签字"选项，打开"出纳签字"查询条件对话框。

步骤2　单击"确定"按钮，打开"出纳签字列表"对话框。

步骤3　双击某一要签字的凭证，打开"出纳签字"的签字窗口。

步骤4　单击"签字"按钮，凭证底部的"出纳"处自动签上出纳人姓名。

步骤5　单击➡（下张）按钮，对其他凭证签字，最后单击"退出"按钮。

> **注意**
> ① 出纳签字与审核凭证没有顺序关系，既可以在审核凭证前进行，也可以在审核凭证后进行。
> ② 只有涉及指定为现金科目和银行科目的凭证才需要进行出纳签字。
> ③ 凭证一经签字，就不能被修改、删除，只有取消签字后才可以修改或删除。取消签字只能由出纳自己进行。
> ④ 凭证签字并非审核凭证的必要步骤。如果在设置总账管理子系统选项时，不选中"出纳凭证必须经由出纳签字"复选框，则可以不进行出纳签字。
> ⑤ 可以使用"批处理"|"成批出纳签字"选项对所有凭证进行出纳签字。

3. 审核凭证

操作步骤

步骤1　以01 张文佳的身份重新登录总账管理子系统，选择"财务会计"|"总账"|"凭证"|"审核凭证"选项，打开"凭证审核"查询条件对话框。

步骤2　单击"确定"按钮，打开"凭证审核列表"对话框，如图4.18所示。

会计信息化实训（用友 U8 V10.1）

图 4.18 凭证审核列表

步骤 3 双击要审核的凭证，打开"审核凭证"对话框，如图 4.19 所示。

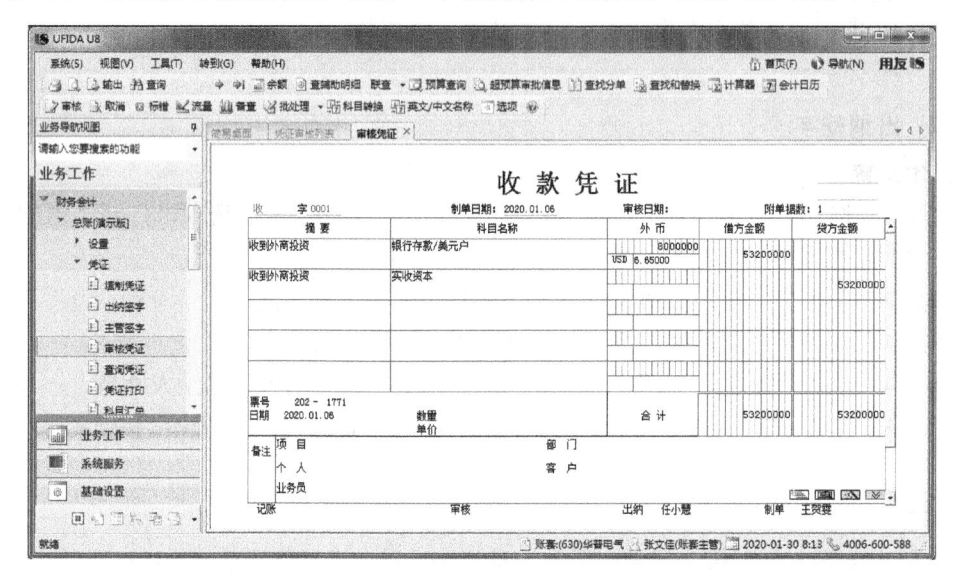

图 4.19 审核凭证

步骤 4 检查要审核的凭证无误后，单击"审核"按钮，凭证底部的"审核"处自动签上审核人姓名并自动翻到下一张凭证。

> **注意**
>
> ① 审核日期必须大于等于制单日期。
> ② 审核中发现凭证错误可以进行标错处理，以方便制单人准确定位错误凭证进行修改。
> ③ 作废凭证不能被审核，也不能被标错。
> ④ 审核人和制单人不能是同一个人；凭证一经审核不能被修改、删除，只有取消审核签字后才可修改或删除；已标记作废的凭证不能被审核，需要先取消作废标记后才能审核。
> ⑤ 可以使用"批处理"|"成批审核凭证"选项对所有凭证进行审核签字。

4. 记账

(1) 凭证记账

操作步骤

步骤1　选择"财务会计"|"总账"|"凭证"|"记账"选项，打开"记账"对话框。

步骤2　选择要进行记账的凭证范围，如在付款凭证的"记账范围"栏中输入"1-3"。本例单击"全选"按钮，选择所有凭证，如图4.20所示。

图4.20　选择本次记账范围

步骤3　单击"记账"按钮，系统进行记账前试算，并显示期初试算平衡表。

步骤4　单击"确定"按钮，系统开始登录有关的总账和明细账、辅助账。登记完后，系统弹出"记账完毕！"信息提示框。

步骤5　单击"确定"按钮，记账完毕。

> **注意**
>
> ① 第一次记账时，如果期初余额试算不平衡，则不能记账。
> ② 如果上月未记账，则本月不能记账。
> ③ 未审核凭证不能记账，记账范围应小于或与已审核范围相同。
> ④ 作废凭证不需要审核，可直接记账。
> ⑤ 记账过程中一旦因断电或其他原因造成中断后，系统将自动调用恢复记账前状态功能恢复数据，然后再重新记账。

(2) 恢复记账

操作步骤

步骤1　选择"财务会计"|"总账"|"期末"|"对账"选项，打开"对账"对话框。

步骤2　按 Ctrl+H 组合键，系统弹出提示信息，如图 4.21 所示。

步骤3　单击"确定"按钮，再单击"退出"按钮，在"凭证"功能组中出现了"恢复记账前状态"选项。

图 4.21　激活恢复记账功能

步骤4　选择"财务会计"|"总账"|"凭证"|"恢复记账前状态"选项，打开"恢复记账前状态"对话框，如图 4.22 所示。

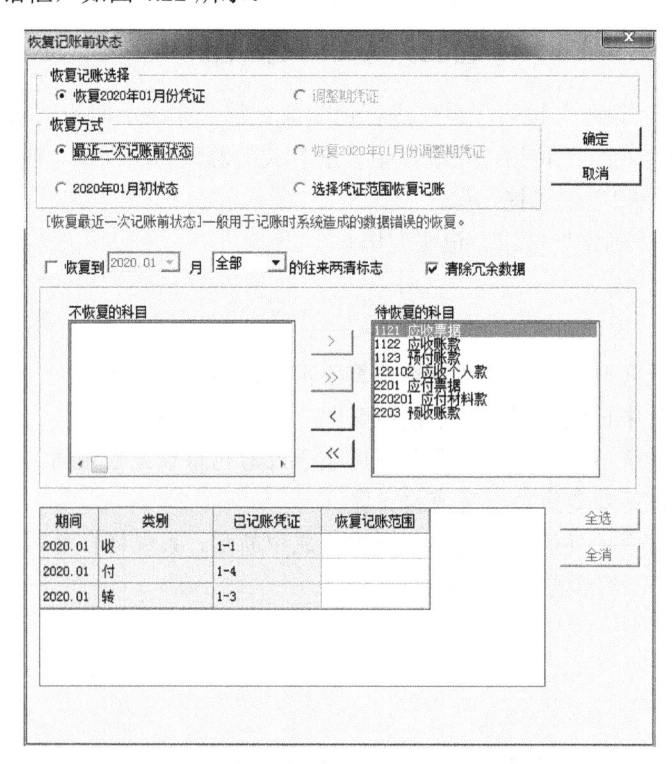

图 4.22　恢复记账前状态

项目4 总账管理

步骤 5 选中"最近一次记账前状态"单选按钮,然后单击"确定"按钮,在系统弹出的"请输入口令"对话框中输入主管口令 1。单击"确定"按钮,稍后系统弹出"恢复记账完毕!"信息提示框。单击"确定"按钮,恢复记账。

步骤 6 恢复记账后,请账套主管重新记账,以便进行之后的操作。

5. 冲销凭证

操作步骤

步骤 1 在"填制凭证"对话框中,单击 冲销凭证 按钮,打开"冲销凭证"对话框。

步骤 2 选择月份、凭证类别,输入凭证号,如图 4.23 所示。

步骤 3 单击"确定"按扭,系统自动生成一张红字冲销凭证,如图 4.24 所示。

图 4.23 设置冲销凭证的信息

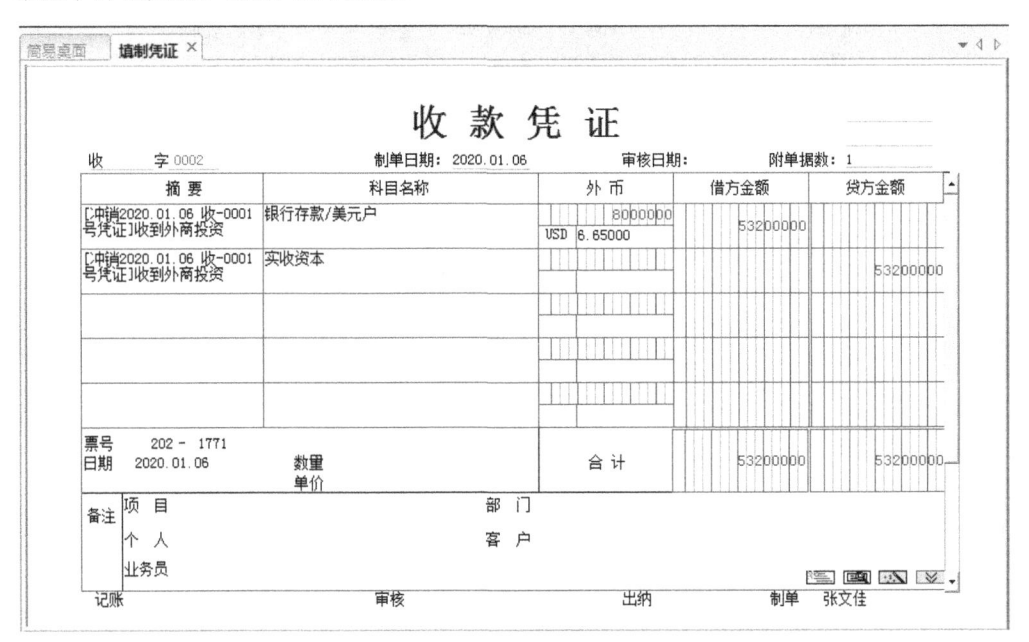

图 4.24 生成红字冲销凭证

步骤 4 单击"放弃"按钮,系统弹出"确实要放弃新增的凭证"信息提示框。单击"是"按钮返回。

> **注意**
>
> ① 通过红字冲销法增加的凭证,应视同正常凭证进行保存和管理。
> ② 红字冲销只能针对已记账凭证进行。
> ③ 红字冲销凭证也可以手工填制。

6. 查询凭证

查询现金支出在 5 000 元以上的凭证。

操作指导

步骤 1　选择"财务会计"|"总账"|"凭证"|"查询凭证"选项，打开"凭证查询"对话框。

步骤 2　单击"辅助条件"按扭，选择科目为 1001、方向为"贷方"，输入金额为 5 000，如图 4.25 所示。

步骤 3　单击"确定"按钮，显示符合条件的凭证列表。

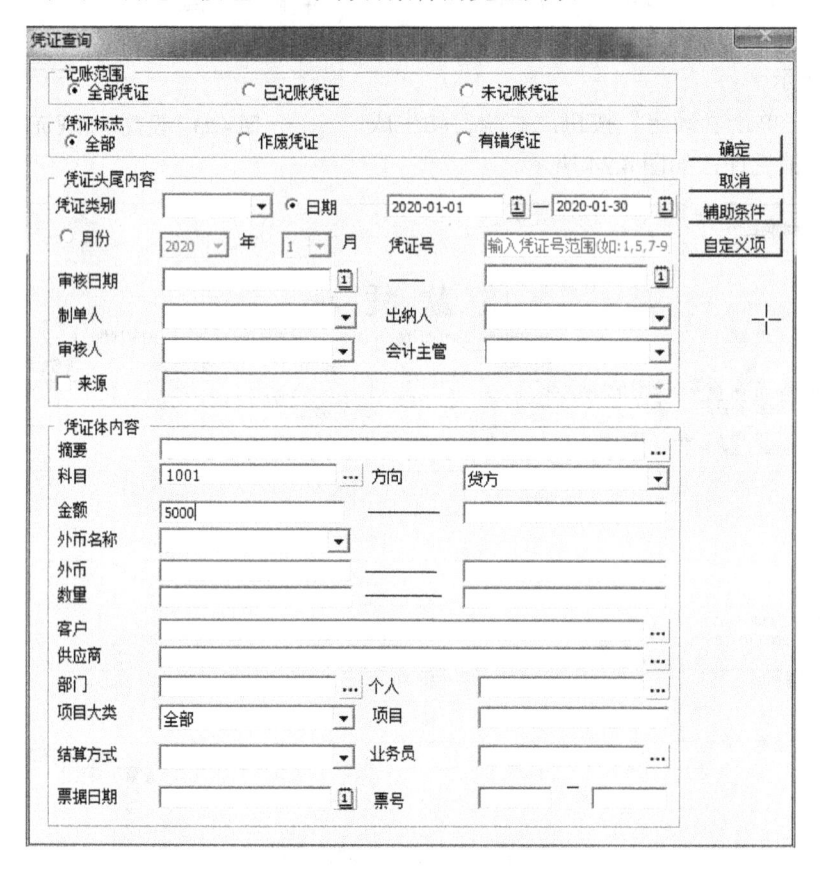

图 4.25　查询凭证

7. 账表查询

(1) 查询 2020 年 1 月余额表并联查应收账款专项资料

操作步骤

步骤 1　选择"财务会计"|"总账"|"账表"|"科目账"|"余额表"选项，打开"发生额及余额表查询条件"对话框。

步骤 2　单击"确定"按钮，打开"发生额及余额表"对话框，如图 4.26 所示。

项目4 总账管理

[发生额及余额表截图]

图4.26 发生额及余额表

步骤3 将光标定位在"1122应收账款",单击"专项"按钮,打开"客户科目余额表"对话框,查看各个客户的期初余额、本期发生和期末余额专项资料,如图4.27所示。

[客户科目余额表截图]

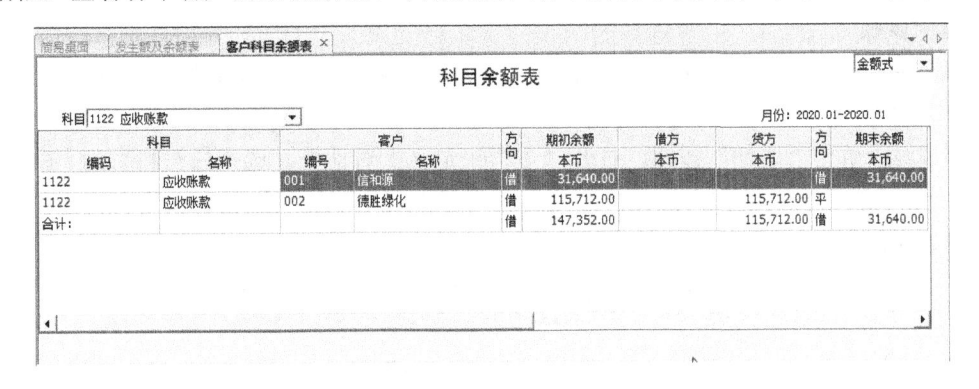

图4.27 应收账款专项资料

步骤4 单击"累计"按钮,可以查看累计借贷方发生额。

(2)查询"原材料/主要材料"明细账并联查凭证

操作步骤

步骤1 选择"财务会计"|"总账"|"账表"|"科目账"|"明细账"选项,打开"明细账查询条件"对话框。

步骤2 选择查询科目为140301-140301,单击"确定"按钮,打开"明细账"对话框,如图4.28所示。

会计信息化实训（用友 U8 V10.1）

图 4.28　明细账

> **注意**
>
> 在手工环境下，凭证未经审核记账，在账簿中查不到相关资料。但在计算机环境下，如果选中了"包含未记账凭证"复选框，则可以查询包含未记账凭证在内的明细账。

步骤 3　将光标定位在转-0003 记录行，单击 凭证 按钮，联查凭证。

（3）查询多栏账

定义并查询管理费用多栏账。

操作步骤

步骤 1　选择"财务会计"|"总账"|"账表"|"科目账"|"多栏账"选项，打开"多栏账"对话框。

步骤 2　单击"增加"按钮，打开"多栏账定义"对话框。选择核算科目为"6602 管理费用"，单击"自动编制"按钮，系统自动将管理费用下的明细科目作为多栏账的栏目，如图 4.29 所示。

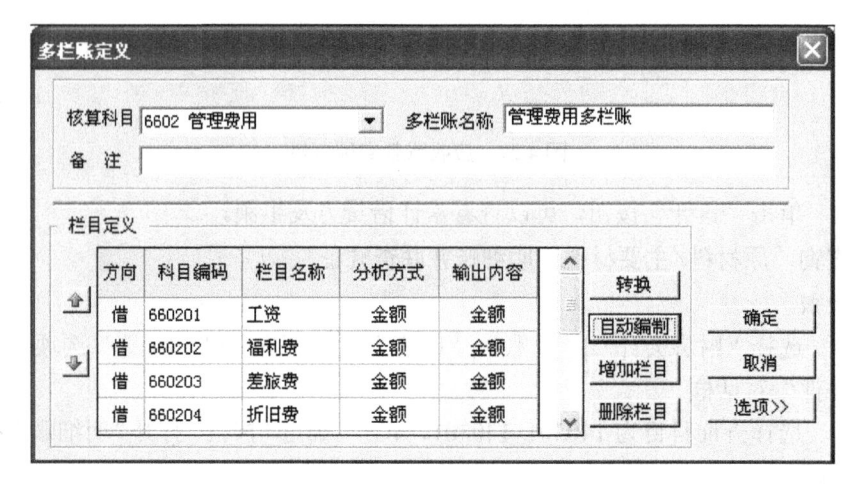

图 4.29　定义管理费用多栏账

项目4 总账管理

步骤3 单击"确定"按钮,完成管理费用多栏账的定义。

步骤4 单击"查询"按钮,打开"多栏账查询"对话框。单击"确定"按钮,显示管理费用多栏账,如图4.30所示。

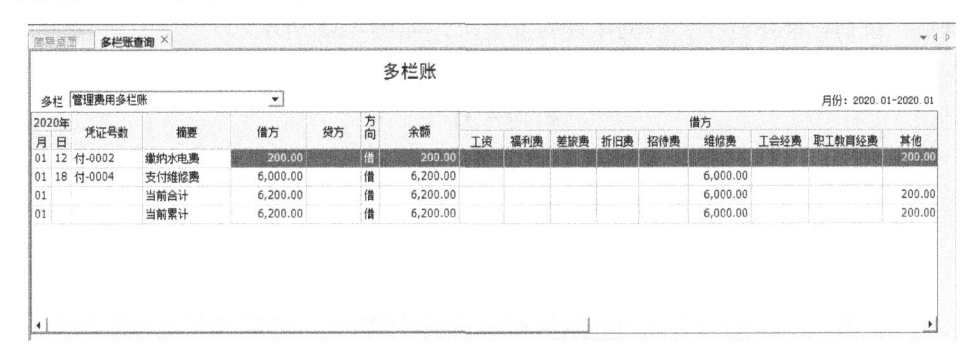

图 4.30 管理费用多栏账

注意

① 多栏账需要先定义再查询,定义是一次性的。
② 普通多栏账由系统将要分析的下级科目自动生成多栏账。
③ 自定义多栏账可以根据管理需要将不同科目或不同级次的科目形成多栏账,栏目内容、分析方向等均可以定义。

(4)查询部门辅助账

查询2020年1月总经办、财务部、采购部本期支出情况。

操作步骤

步骤1 选择"财务会计"|"总账"|"账表"|"部门辅助账"|"部门收支分析"选项,打开"部门收支分析条件"对话框。

步骤2 选择管理费用下的明细科目作为分析科目,单击"下一步"按钮。

步骤3 选择"1 总经办""2 财务部""3 采购部"作为分析部门,如图4.31所示。然后单击"下一步"按钮。

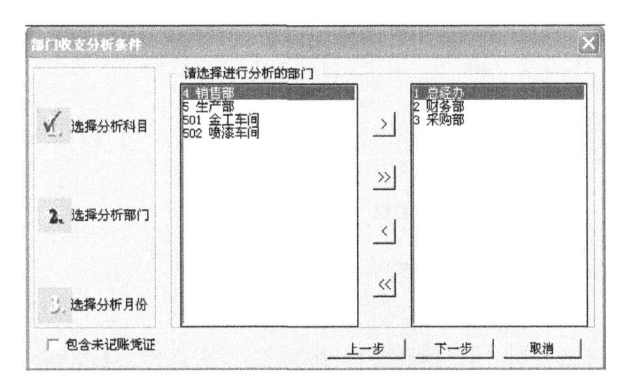

图 4.31 选择分析部门

步骤 4 选择"2020.01"作为分析月份,单击"完成"按钮,系统显示部门收支分析表。

步骤 5 单击"过滤"按钮,打开"过滤条件"对话框。选中"借方"单选按钮,单击"确定"按钮,显示几个部门的本期收支情况,如图 4.32 所示。

图 4.32 部门收支分析

(5) 查询个人往来辅助账

查询销售部蒋群个人往来清理情况。

操作步骤

步骤 1 选择"财务会计"|"总账"|"账表"|"个人往来账"|"个人往来催款单"选项,打开"个人往来催款单条件"对话框。

步骤 2 选择个人为"魏振东",选中左下角的"包含已两清部分"复选框。单击"确定"按钮,打开"个人往来催款单"对话框,如图 4.33 所示。

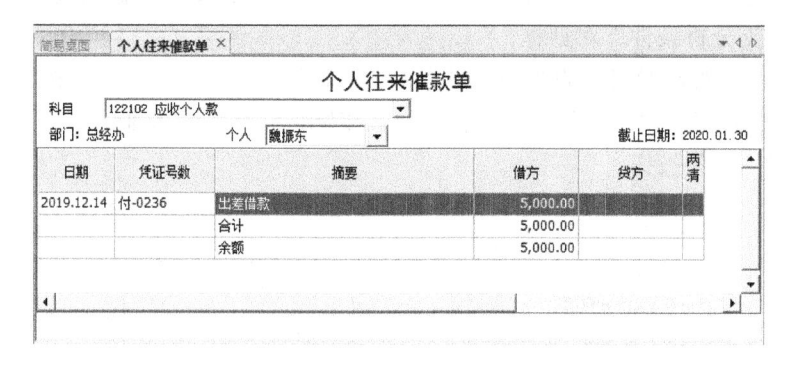

图 4.33 个人往来催款单

(6) 查询客户往来辅助账,进行客户往来账龄分析

操作步骤

步骤 1 选择"财务会计"|"总账"|"账表"|"客户往来辅助账"|"客户往来账龄分析"选项,打开"客户往来账龄"对话框。

步骤 2　选择查询科目为“1122 应收账款”，单击“确定”按钮，显示客户往来账龄分析情况，如图 4.34 所示。

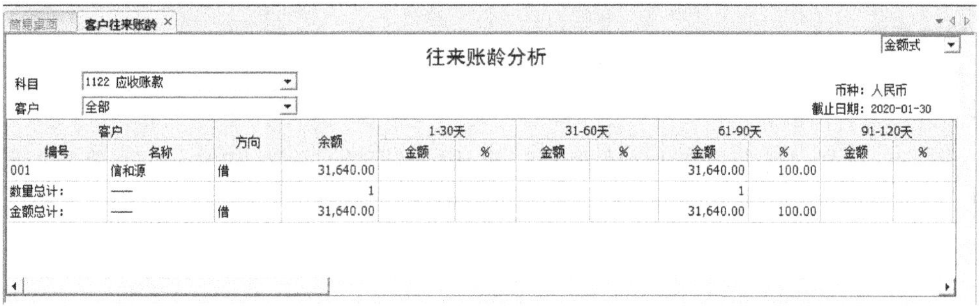

客户		方向	余额	1-30天		31-60天		61-90天		91-120天	
编号	名称			金额	%	金额	%	金额	%	金额	%
001	信和源	借	31,640.00					31,640.00	100.00		
数量总计:	——		1					1			
金额总计:	——	借	31,640.00					31,640.00	100.00		

图 4.34　客户往来账龄分析

（7）查询项目账

查询“高压柜”项目明细账，进行“产品”项目大类的统计分析。

操作步骤

步骤 1　选择“财务会计”|“总账”|“账簿”|“项目辅助账”|“项目统计分析”选项，打开“项目统计条件”对话框。

步骤 2　选择项目大类“产品”下的全部统计项目，然后单击“下一步”按钮。

步骤 3　选择“500101 材料费”科目作为统计科目，然后单击“下一步”按钮。

步骤 4　选择统计月份为“2020.01”，单击“完成”按钮，显示项目统计情况，如图 4.35 所示。

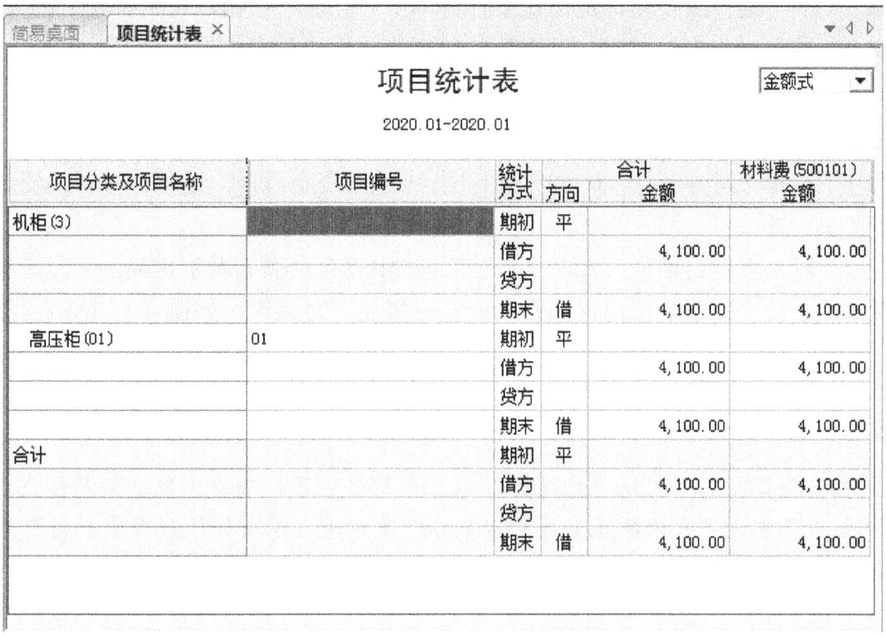

项目分类及项目名称	项目编号	统计方式	合计		材料费(500101)
			方向	金额	金额
机柜(3)		期初	平		
		借方		4,100.00	4,100.00
		贷方			
		期末	借	4,100.00	4,100.00
高压柜(01)	01	期初	平		
		借方		4,100.00	4,100.00
		贷方			
		期末	借	4,100.00	4,100.00
合计		期初	平		
		借方		4,100.00	4,100.00
		贷方			
		期末	借	4,100.00	4,100.00

图 4.35　项目统计表

8. 出纳管理

(1) 查询现金日记账

操作步骤

步骤1　选择"财务会计"|"总账"|"出纳"|"现金日记账"选项，打开"现金日记账查询条件"对话框。

步骤2　选择科目为"1001 库存现金"，默认按月查的月份为"2020.01"。单击"确定"按钮，打开"现金日记账"对话框，如图4.36所示。

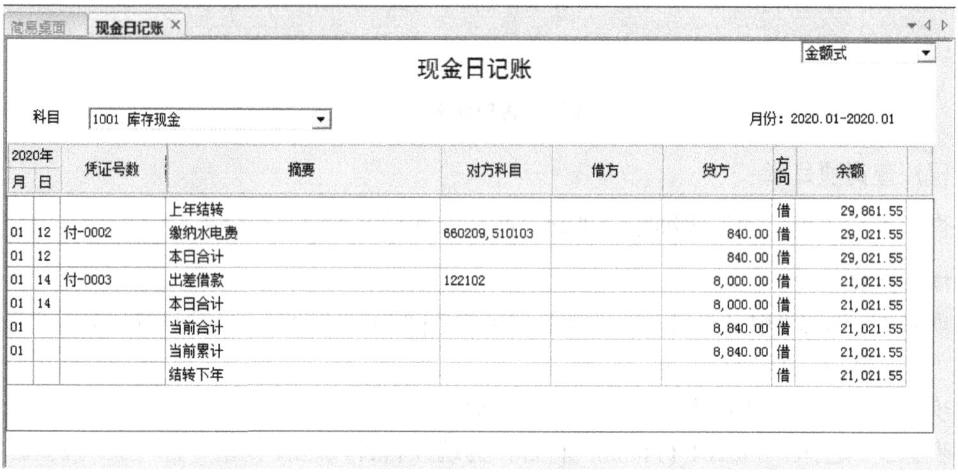

2020年		凭证号数	摘要	对方科目	借方	贷方	方向	余额
月	日							
			上年结转				借	29,861.55
01	12	付-0002	缴纳水电费	660209,510103		840.00	借	29,021.55
01	12		本日合计			840.00	借	29,021.55
01	14	付-0003	出差借款	122102		8,000.00	借	21,021.55
01	14		本日合计			8,000.00	借	21,021.55
01			当前合计			8,840.00	借	21,021.55
01			当前累计			8,840.00	借	21,021.55
			结转下年				借	21,021.55

图4.36　现金日记账

步骤3　双击某行或将光标定位在某行再单击"凭证"按钮，可查看相应的凭证。

步骤4　单击"总账"按钮，可查看此科目的三栏式总账。然后单击"退出"按钮。

(2) 查询资金日报表

操作步骤

步骤1　选择"财务会计"|"总账"|"出纳"|"资金日报"选项，打开"资金日报表查询条件"对话框。

步骤2　输入查询日期为"2020-01-12"，选中"有余额无发生也显示"复选框。

步骤3　单击"确定"按钮，打开"资金日报表"对话框，如图4.37所示。然后单击"退出"按钮。

> **注意**
> ① 在资金日报表中可以查询现金、银行存款科目某日的发生额和余额情况。
> ② 如果选中了"有余额无发生额也显示"复选框，那么即使现金或银行存款科目在查询日没有发生业务也显示。

项目4　总账管理

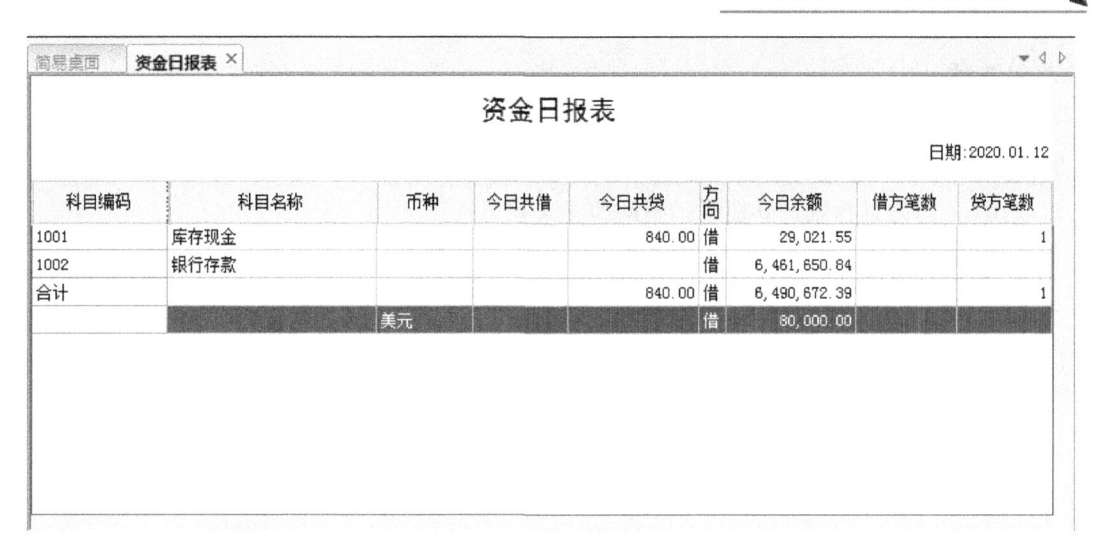

图4.37　资金日报表

(3) 登记支票登记簿

操作步骤

步骤1　选择"财务会计"|"总账"|"出纳"|"支票登记簿"选项,打开"银行科目选择"对话框。

步骤2　选择科目为"人民币户(100201)",单击"确定"按钮,打开"支票登记簿"对话框。

步骤3　单击"增加"按钮。

步骤4　输入领用日期为"2020.01.20"、领用部门为"采购部"、领用人为"孙怀庆"、支票号为1703、预计金额为3 000、用途为"采购门轴",单击"保存"按钮,如图4.38所示。然后单击"退出"按钮。

图4.38　支票登记

> **注意**
>
> ① 只有在总账管理子系统的选项设置中选中了"支票控制"复选框且在结算方式设置中选中"票据管理标志"复选框才能在此选择登记。
> ② 不同的银行账户分别登记不同的支票登记簿。
> ③ 领用日期和支票号必须输入，其他内容既可输入，也可不输入。
> ④ 支票登记簿中报销日期为空时，表示该支票未报销。已报销的支票可成批删除。
> ⑤ 当支票支出后，在填制凭证时输入该支票的结算方式和结算号，系统会自动在支票登记簿中为该支票标注报销日期。

9. 账套输出

全部完成后，将账套输出至"总账日常业务"文件夹。

实验五　总账管理子系统期末处理

实验目的

掌握用友 U8 中总账管理子系统月末处理的相关内容；熟悉总账管理子系统月末处理业务的各种操作；掌握银行对账、自动转账设置与生成、对账和月末结账的操作方法。

实验内容

① 银行对账。
② 自动转账。
③ 对账。
④ 结账。

实验要求

① 引入"总账日常业务"账套数据。
② 业务处理。
以 03 任小慧的身份进行银行对账操作。
以 02 王贺雯的身份进行自动转账操作。
以 01 张文佳的身份进行审核、记账、对账、结账操作。

实验资料

1. 银行对账

（1）银行对账期初

华普电气银行账的启用日期为 2020 年 1 月 1 日；工行人民币户企业日记账调整前余额

为 5 955 973.84 元，银行对账单调整前余额为 5 998 343.84 元；未达账项一笔，系 2019 年 12 月 31 日银行已收企业未收款 42 370 元（结算方式为电汇）。

（2）银行对账单（见表 4.7）

表 4.7 银行对账单 元

日　期	结算方式	票　号	借方金额	贷方金额
2020.1.04	202	1701		26 323
2020.1.18	202	1702		6 000
2020.1.30	3		12 000	

（3）利用自动对账功能进行自动对账，再进行手工对账

（4）余额调节表的查询输出

2. 自动转账定义

（1）自定义结转

① 计提短期借款利息（年利率 8%）

借：财务费用——利息支出（660301）　　　　JG( )取对方科目计算结果
　　贷：应付利息（2231）　　短期借款（2001）科目的贷方期初余额*0.08/12

② 结转制造费用

借：生产成本——制造费用（500103）　　　　CE( )取借贷平衡差额
　　贷：制造费用——水电费（510103）——金工车间　　制造费用期末余额
　　贷：制造费用——水电费（510103）——喷漆车间　　制造费用期末余额

（2）对应结转

结转本年利润至未分配利润。

（3）期间损益结转

设置本年利润科目为 4103，凭证类别为"转账凭证"。

3. 自动转账凭证生成

① 生成自定义凭证并审核、记账。
② 生成期间损益结转凭证并审核、记账。
③ 生成对应结转凭证并审核、记账。

4. 对账

5. 结账

实验指导

1. 银行对账

操作步骤

（1）输入银行对账期初数据

步骤 1　选择"财务会计"|"总账"|"出纳"|"银行对账"|"银行对账期初录入"选

项，打开"银行科目选择"对话框。

步骤 2　选择科目为"人民币户（100201）"，单击"确定"按钮，打开"银行对账期初"对话框。

步骤 3　输入单位日记账的调整前余额为 5 955 973.84、银行对账单的调整前余额为 5 998 343.84。

步骤 4　单击"对账单期初未达项"按钮，打开"银行方期初"对话框。

步骤 5　单击"增加"按钮，输入日期为"2019.12.31"、结算方式为 3、借方金额为 42 370。然后单击"保存"按钮，再单击"退出"按钮返回。

步骤 6　"银行对账期初"对话框中调整后余额平衡，如图 4.39 所示。单击"退出"按钮返回。

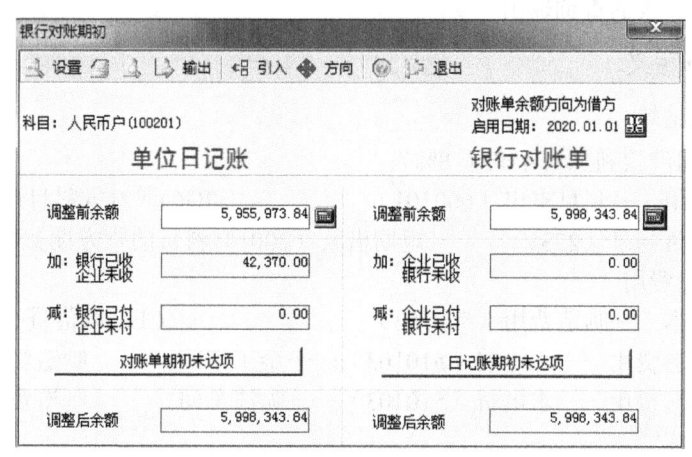

图 4.39　输入银行对账期初数据

> **注意**
>
> ① 第 1 次使用银行对账功能前，系统要求输入日记账及对账单未达账项，在开始使用银行对账之后不再使用。
>
> ② 在输入完单位日记账、银行对账单期初未达账项后，不要随意调整启用日期，尤其是向前调，这样可能会造成启用日期后的期初数不能再参与对账。

（2）输入银行对账单

操作步骤

步骤 1　选择"财务会计"|"总账"|"出纳"|"银行对账"|"银行对账单"选项，打开"银行科目选择"对话框。

步骤 2　选择银行科目为"人民币户（100201）"、月份为"2020.01-2020.01"，单击"确定"按钮，打开"银行对账单"对话框。

步骤 3　单击"增加"按钮，输入银行对账单数据。然后单击"保存"按钮，如图 4.40 所示。

项目4 总账管理

日期	结算方式	票号	借方金额	贷方金额	余额
2020.01.04	202	1701		26,323.00	5,972,020.84
2020.01.18	202	1702		6,000.00	5,966,020.84
2020.01.30	3		12,000.00		5,978,020.84

科目：人民币户(100201)　　　　银行对账单　　　　对账单账面余额：5,978,020.84

图 4.40　输入银行对账单

（3）银行对账

① 自动对账

操作步骤

步骤1　选择"财务会计"|"总账"|"出纳"|"银行对账"|"银行对账"选项，打开"银行科目选择"对话框。

步骤2　选择银行科目为"人民币户（100201）"，月份为"2020.01-2020.01"，单击"确定"按钮，打开"银行对账"对话框。

步骤3　单击"对账"按钮，打开"自动对账"对话框。

步骤4　输入截止日期为"2020-01-31"，默认系统提供的其他对账条件。

步骤5　单击"确定"按钮，显示自动对账结果，如图4.41所示。

科目：100201(人民币户)

单位日记账

票据日期	结算方式	票号	方向	金额	两清	凭证号数	摘要
2020.01.04	202	1701	贷	26,323.00	○	付-0001	缴护
2020.01.18	202	1702	贷	6,000.00	○	付-0004	支付

银行对账单

日期	结算方式	票号	方向	金额	两清	对账序
2020.01.04	202	1701	贷	26,323.00	○	20200
2020.01.18	202	1702	贷	6,000.00	○	20200
2020.01.30	3		借	12,000.00		

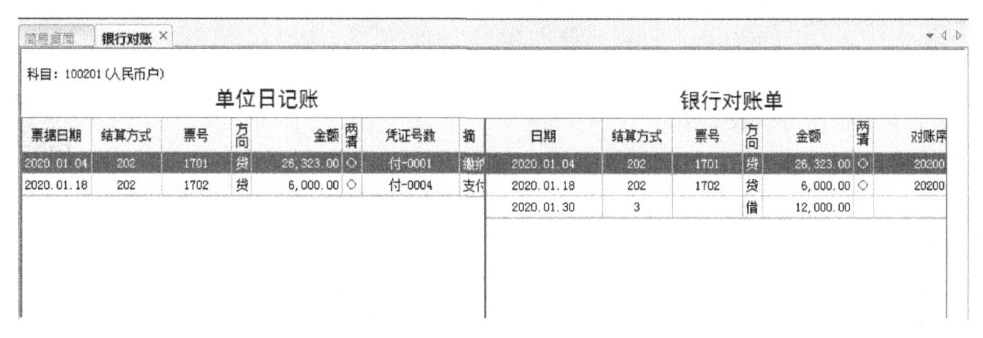

图 4.41　银行对账

注意

① 对账条件中的"方向、金额相同"是必选条件，对账截止日期既可输入，也可不输入。

② 对于已达账项，系统自动在单位日记账和银行对账单双方的"两清"栏打上圆圈标志。

② 手工对账

手工对账是对自动对账的补充。自动对账完成后，可能还有一些特殊的已达账没有对出来，而被视为未达账项。为了保证对账更彻底正确，可以用手工对账进行调整。

操作步骤

步骤 1　在"银行对账"对话框中，对于一些应勾对而未勾对上的账项，可分别双击"两清"栏直接进行手工调整。手工对账的标记为"Y"，以区别于自动对账标记。

步骤 2　对账完毕单击"检查"按钮，检查结果平衡后单击"确定"按钮。

（4）输出余额调节表

操作步骤

步骤 1　选择"财务会计"|"总账"|"出纳"|"银行对账"|"余额调节表查询"选项，打开"银行存款余额调节表"对话框。

步骤 2　选择银行科目为"人民币户（100201）"。

步骤 3　单击"查看"按钮或双击该行，即显示该银行账户的银行存款余额调节表。

> **注意**
>
> ① 银行存款余额调节表应显示账面余额平衡。如果不平衡，则应找出原因。
> ② 银行对账完成之后，如果确定对账结果无误，则可以使用核销银行账功能核销已达账。

2. 自动转账定义

（1）自定义转账设置

① 计提短期借款利息

操作步骤

步骤 1　选择"财务会计"|"总账"|"期末"|"转账定义"|"自定义转账"选项，打开"自动转账设置"对话框。

步骤 2　单击"增加"按钮，打开"转账目录"对话框。

步骤 3　输入转账序号为 0001、转账说明为"计提短期借款利息"，选择凭证类别为"转　转账凭证"，如图 4.42 所示。

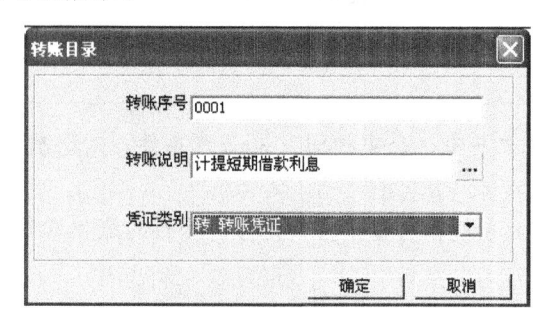

图 4.42　转账目录

步骤 4　单击"确定"按钮,继续定义转账凭证分录信息。

步骤 5　单击"增行"按钮,确定分录的借方信息。选择科目编码为 660301、方向为"借",输入金额公式为"JG( )"。

> **注意**
>
> ① 输入转账计算公式有两种方法:一是直接输入计算公式;二是用引导方式输入公式。
>
> ② JG( )含义为"取对方科目计算结果",其中的"( )"必须为英文符号,否则系统会提示"金额公式不合法:未知函数名"。

步骤 6　单击"增行"按钮。

步骤 7　确定分录的贷方信息。选择科目编码为 2231、方向为"贷";在"金额公式"栏单击"参照"按钮,打开"公式向导"对话框,选择"期初余额 QC( )"。然后单击"下一步"按钮。

步骤 8　选择科目编码为 2001,单击"完成"按钮,返回"金额公式"栏。

步骤 9　继续输入"*0.08/12",如图 4.43 所示。

步骤 10　单击"保存"按钮。

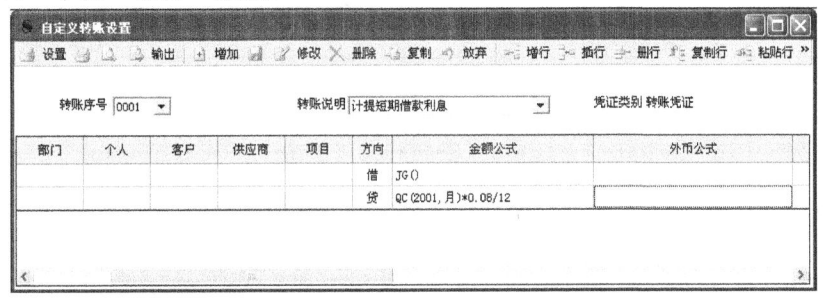

图 4.43　计提短期借款利息自定义转账设置

② 定义结转制造费用凭证

请自行定义,完成后如图 4.44 所示。

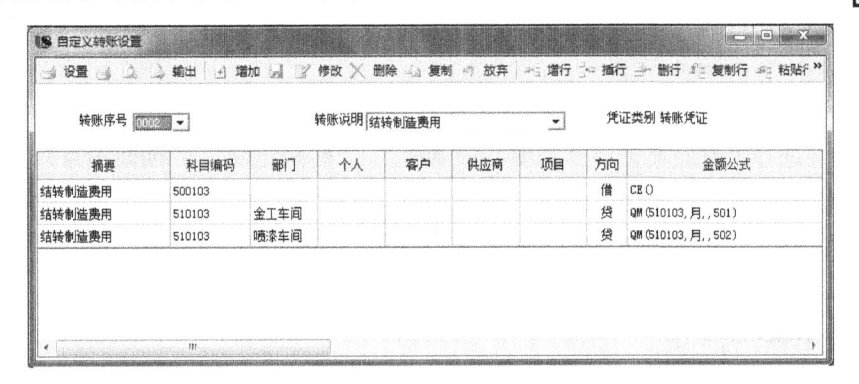

图 4.44　结转制造费用自定义转账设置

(2) 对应结转设置

操作步骤

步骤1　选择"财务会计"|"总账"|"期末"|"转账定义"|"对应结转"选项,打开"对应结转设置"对话框。

步骤2　输入编号为0003,选择凭证类别为"转 转账凭证"、摘要为"本年利润转未分配利润"、转出科目为4103。

步骤3　单击"增行"按钮,输入转入科目为"410415 未分配利润"、结转系数为1,如图4.45所示。

步骤4　单击"保存"按钮,再单击"退出"按钮返回。

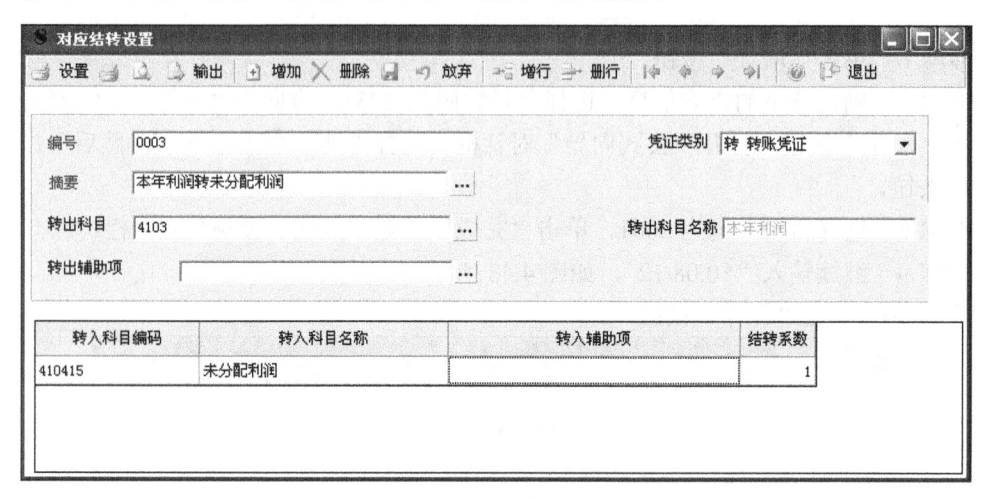

图4.45　对应结转设置

> **注意**
>
> ① 对应结转的两个科目的下级科目结构必须一致,如果有辅助核算,则辅助核算账类也必须一致。
> ② 对应结转只能结转期末余额。

(3) 期间损益结转设置

操作步骤

步骤1　选择"财务会计"|"总账"|"期末"|"转账定义"|"期间损益"选项,打开"期间损益结转设置"对话框。

步骤2　选择凭证类别为"转 转账凭证"、本年利润科目编码为4103,如图4.46所示。

步骤3　单击"确定"按钮,然后关闭返回。

3. 自动转账凭证生成

以02王贺雯的身份登录企业应用平台。

项目 4　总账管理

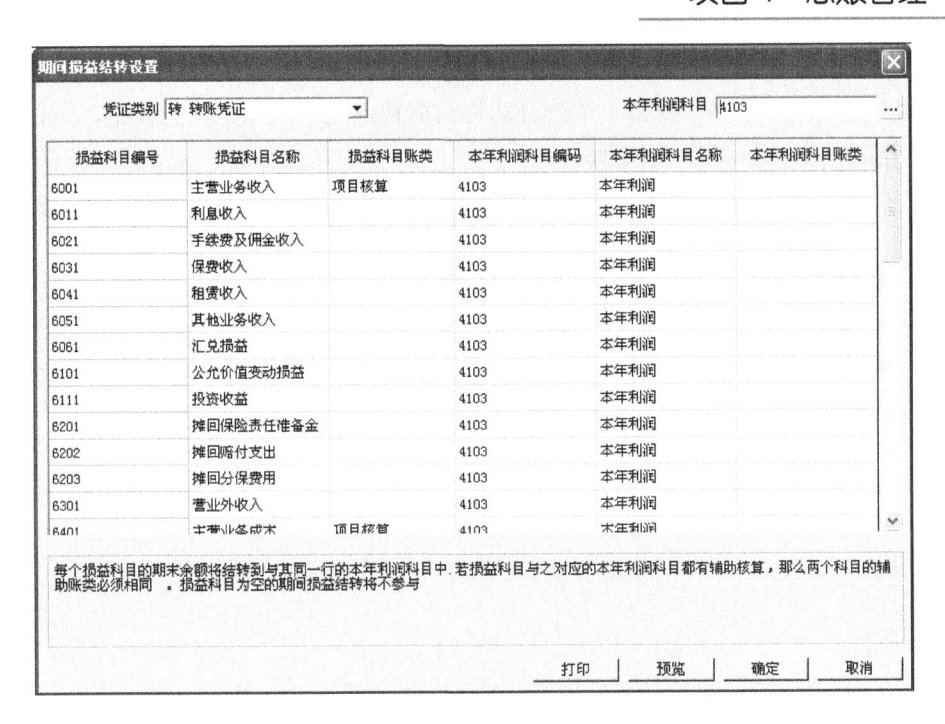

图 4.46　期间损益结转设置

(1) 自定义转账凭证生成

操作步骤

步骤 1　选择"财务会计"|"总账"|"期末"|"转账生成"选项，打开"转账生成"对话框。

步骤 2　选中"自定义转账"单选按钮，单击"全选"按钮，如图 4.47 所示。

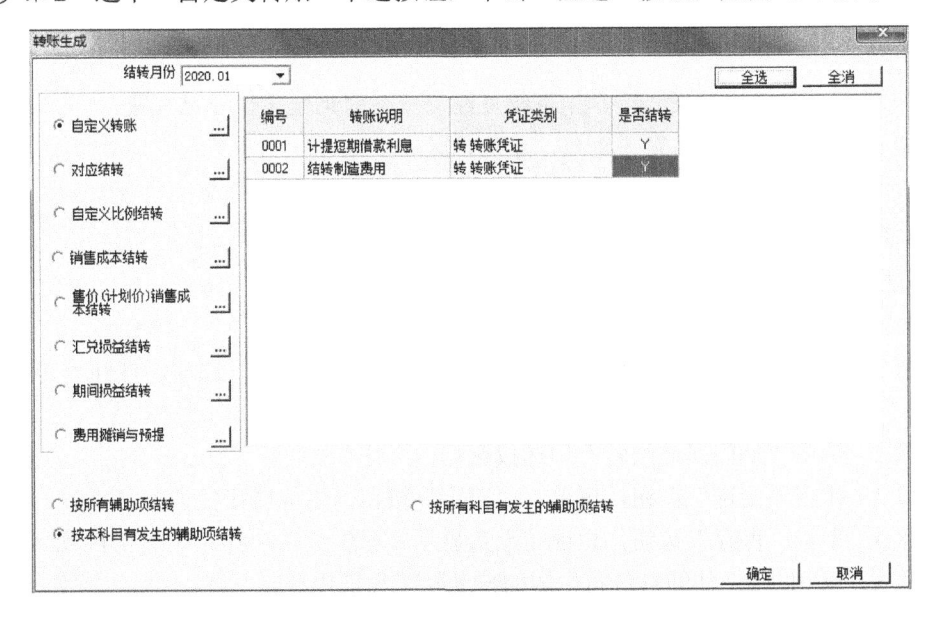

图 4.47　"转账生成"对话框

89

步骤 3　单击"确定"按钮，系统生成转账凭证。

步骤 4　单击"保存"按钮，系统自动将当前凭证追加到未记账凭证中，凭证左上角出现"已生成"标志，如图 4.48 所示。

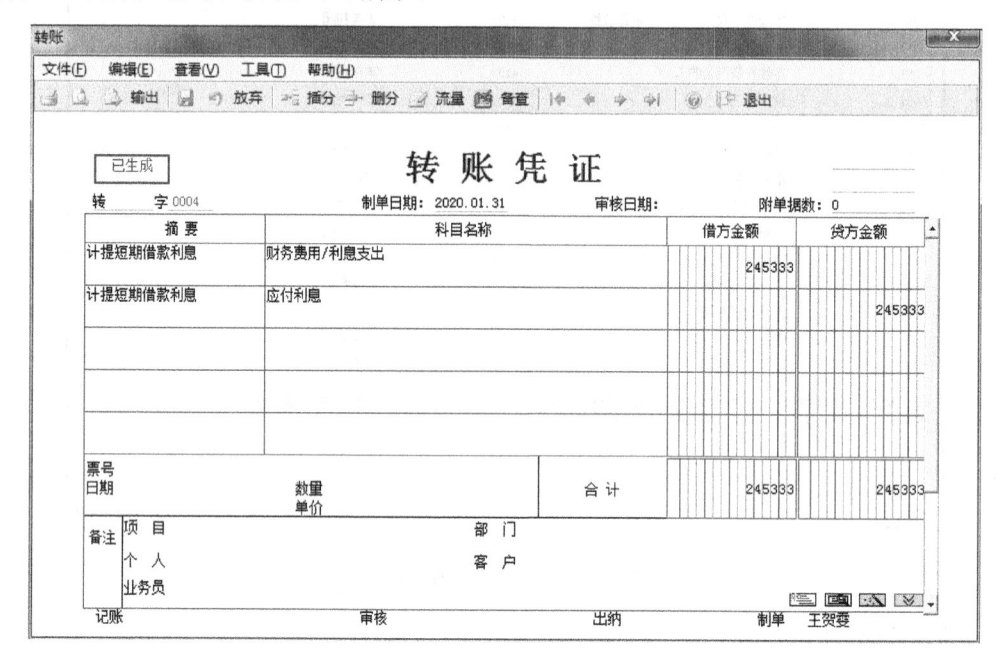

图 4.48　自定义转账凭证生成

步骤 5　单击"下张"按钮，生成结转制造费用自定义转账凭证。

步骤 6　以账套主管 01 张文佳的身份将生成的自动转账凭证审核、记账。

> **注意**
>
> ① 进行转账凭证生成之前，先将相关经济业务的记账凭证登记入账。
> ② 生成的转账凭证仍需要审核，才能记账。

（2）期间损益结转凭证生成

以 02 王贺雯的身份进行期间损益结转凭证生成。

操作步骤

步骤 1　选择"财务会计"|"总账"|"期末"|"转账生成"选项，打开"转账生成"对话框。

步骤 2　选中"期间损益结转"单选按钮。

步骤 3　单击"全选"按钮，再单击"确定"按钮，生成转账凭证。

步骤 4　单击"保存"按钮，凭证左上角显示"已生成"字样，如图 4.49 所示。

步骤 5　以 01 张文佳的身份将生成的自动转账凭证审核、记账。

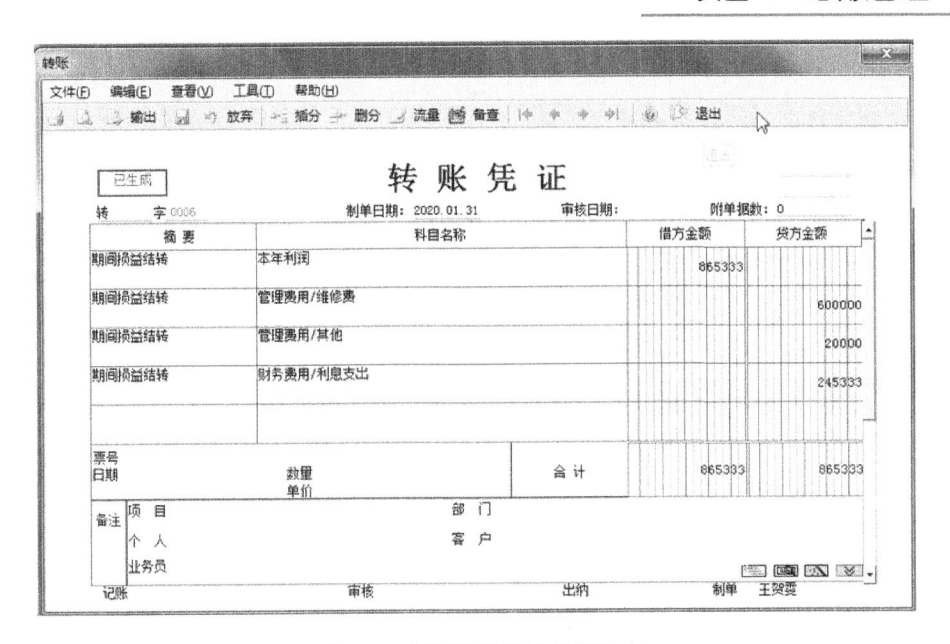

图 4.49 期间损益结转凭证生成

4. 对账

以 01 张文佳的身份进行对账。

操作步骤

步骤 1　选择"财务会计"|"总账"|"期末"|"对账"选项,打开"对账"对话框。

步骤 2　将光标定位在要进行对账的月份"2020.01",单击"选择"按钮。

步骤 3　单击"对账"按钮,开始自动对账并显示对账结果,如图 4.50 所示。

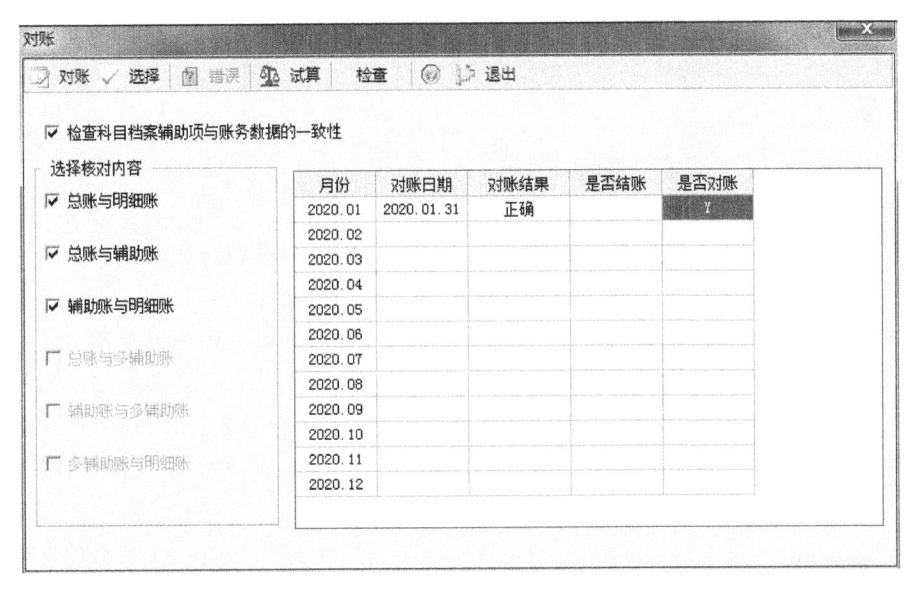

图 4.50　对账结果

步骤 4　单击"试算"按钮,可以对各科目类别余额进行试算平衡。

5. 结账

以 01 张文佳的身份进行结账。

操作步骤

步骤 1　选择"财务会计"|"总账"|"期末"|"结账"选项,打开"结账"对话框。
步骤 2　单击要结账的月份"2020.01",然后单击"下一步"按钮。
步骤 3　单击"对账"按钮,系统对要结账的月份进行账账核对。
步骤 4　单击"下一步"按钮,系统显示"2020 年 01 月工作报告",如图 4.51 所示。

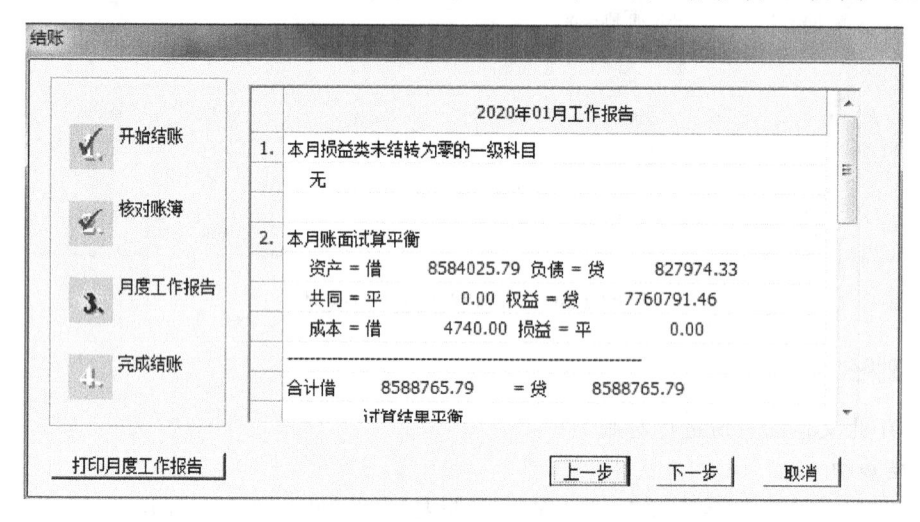

图 4.51　月度工作报告

步骤 5　查看工作报告后,单击"下一步"按钮,再单击"结账"按钮。如果符合结账要求,系统将进行结账,否则不予结账。

> **注意**
> ① 结账只能由有结账权限的人进行。
> ② 当本月还有未记账凭证时,本月不能结账。
> ③ 结账必须按月连续进行,如果上月未结账,则本月不能结账。
> ④ 如果总账管理子系统与明细账对账不符,则不能结账。
> ⑤ 如果与其他子系统联合使用,其他子系统未全部结账,则本月不能结账。
> ⑥ 结账前,要进行数据备份。
> ⑦ 结账后,不能再处理本月业务。
> ⑧ 可以由账套主管在"结账"对话框中按下 Ctrl+Shift+F6 组合键进行反结账。

6. 账套备份

全部完成后,将账套输出至"总账期末业务"文件夹中。

项目4 总账管理

思考题

1. 如果企业的财务处理程序首先输入凭证，然后是出纳对涉及现金收支的凭证进行出纳签字，最后审核记账，则应如何进行设置才能满足这一需求？
2. 如果期初余额试算不平衡，那么能否开始填制凭证？
3. 输入科目余额后发现该科目下需要再增加明细科目，应如何处理？
4. 如果明细科目的余额方向与上级科目不一致，则应如何输入？
5. 如果在填制凭证时发现未事先设置相应的会计科目，则应如何处理？
6. 凭证输入保存时，如果系统弹出如图 4.52 所示的信息提示框，则是哪个环节出了问题？应如何改正？

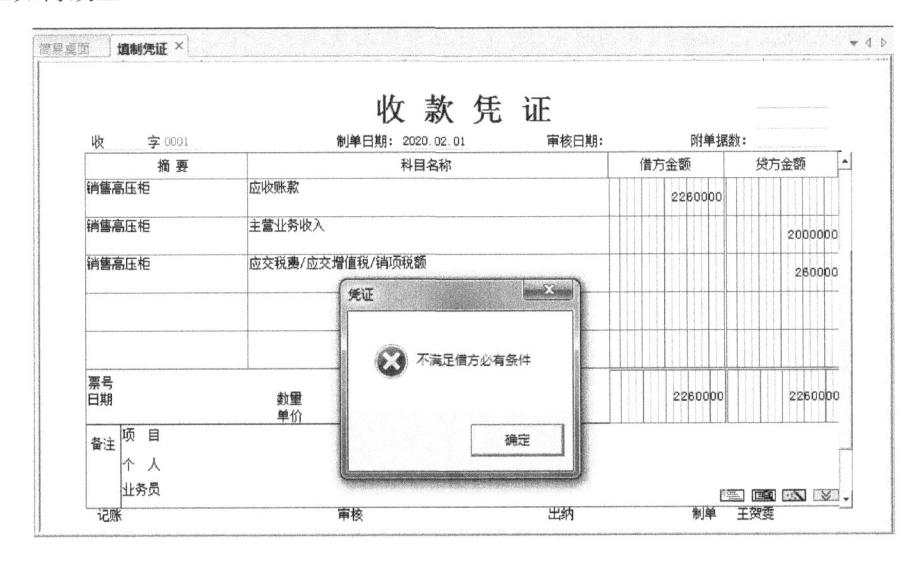

图 4.52　不满足借方必有条件

7. 如果凭证上的辅助核算项目输入错误，则应该如何修改？
8. 如果看到如图 4.53 所示的对话框，则可以判断企业的哪个角色正要进行什么操作？

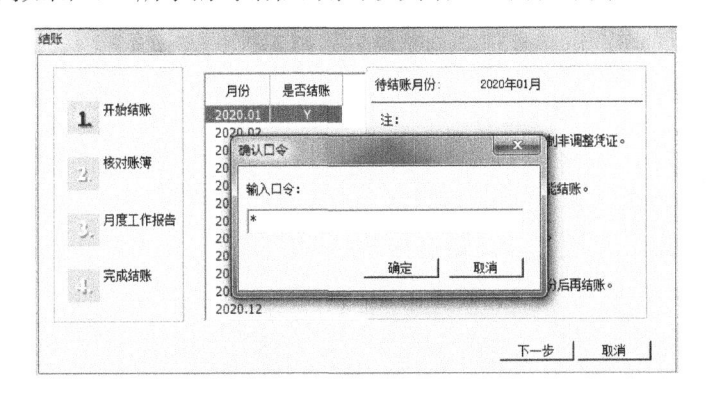

图 4.53　系统提示

9. 在审核凭证的凭证列表对话框中能够看到 8 张凭证，在出纳签字的凭证列表对话框中却只能看到 5 张凭证，这是为什么？

10. 凭证上的哪些信息不允许修改？

11. 如果凭证记账后才发现错误，则应如何改正？

12. 如果想查询本月现金支出在 2 000 元以上的凭证，则应如何查询？

13. 银行对账功能是否必须与总账管理子系统在同一期间启用？

14. 利用自定义转账设置计提福利费凭证（应付福利费按照应付工资总额的 14%提取）。

15. 企业中有哪些业务适用于用自动转账处理？

16. 如果企业目前尚有未记账的凭证，则是否可以进行期间损益结转？是否可能产生不好的后果？举例说明。

17. 如果结账时未能通过工作检查，则问题最有可能出现在哪里？如何查找原因？

18. 结账之后发现记账凭证有误，是否还能够进行无痕迹修改？

项目 5 财务报表

知识目标

通过本项目的学习,要求学生了解财务报表子系统的功能;理解格式设计和数据处理各自的功能范围;掌握自定义报表和利用报表模板生成财务报表的方法。

5.1 功能概述

财务报表子系统的基本功能就是按需求设计报表的格式、编制并生成报表,并对报表进行审核、汇总,挖掘数据的价值,生成各种分析图表,为管理者提供各种有益于管理的信息。

财务报表子系统为会计信息使用者提供了一套通用的制表工具,并内置了各个行业对外报表的制表模板,可以方便地自行设计并制作出符合不同群体要求的财务报表。

5.1.1 格式设计

一张报表中相对固定的内容称为报表的格式。报表格式设计在格式状态下进行,主要包括以下几项内容。

1. 表样设计

表样设计包括确定报表的行数和列数、定义行高列宽、画表格线、输入表中文字、定义单元格属性、设置单元格风格等。以上这些项目确定了一张报表的大小和外观。

2. 关键字定义

关键字可以唯一标记一个表页。财务报表子系统中提供了6种关键字——单位名称、单位编号、年、季、月、日,另外还可以根据需要自定义关键字。

3. 设置公式

财务报表子系统提供了计算公式、审核公式、舍位平衡公式。计算公式用于为报表中的单元格赋值，报表中的数据既可以通过财务报表子系统内置的函数从总账管理子系统或其他子系统中获取，也可以根据表内数据计算生成，还可以从本表他页或他表中获得；审核公式用于利用报表数据之间存在的钩稽关系验证报表编制的正确性；舍位平衡公式用于在报表金额单位的进位转换时确保原有的平衡关系不致被破坏。

5.1.2 数据处理功能

按照设定的公式完成报表编制称为数据处理。在数据状态下，输入生成报表所必需的关键字，进行表页重算，即可生成报表。之后，可以对报表进行审核、汇总等。

5.1.3 利用模板编制报表

财务报表子系统内置了多个行业的各种标准财务报表格式，用户可以在此基础上根据本单位的具体情况稍微做些修改，从而省去了从头自定义一张报表的烦琐工作。

5.2 教学重点、难点

财务报表子系统不能自动提供企业需要的所有报表，仅仅是一套制表的工具。报表模板为生成报表提供了快速制表的方法，利用报表模板可以解决标准格式的对外财务报表，如资产负债表、利润表的编制。企业内部管理报表一般需要进行自定义。自定义报表时，注意区分不同单元格类型所存放的数据类型（见表 5.1），以及设置关键字、定义公式几个关键步骤。

5.2.1 单元格数据类型

单元格数据类型及其特征如表 5.1 所示。

表 5.1　单元格数据类型及其特征

单元格数据类型	特　征
表样型	在格式状态下输入、修改
数值型	这是单元格的默认类型，在数据状态下输入、修改
字符型	在格式状态下定义，在数据状态下输入、修改

5.2.2 关键字

关键字是一种特殊的数据单元格，可以唯一标记一个表页，用于在大量表页中快速选择表页。关键字在格式状态下设置，在数据状态下输入。一张报表中，只有明确哪些项目必须设置为关键字、哪些项目不必设置为关键字，才能提高数据处理效率。

5.2.3 公式定义

财务报表子系统中的公式包括计算公式、审核公式和舍位平衡公式，其中最常用的是计算公式。财务报表中的很多数据都来自于账簿，从账簿中获取数据是通过函数实现的。按照数据来源的不同，函数相应地分为账务函数、其他业务系统取数函数、统计函数、数学函数、日期时间函数、本表他页取数函数等。掌握函数的用法，就能从账簿中取得数据，生成报表。

实验六 财务报表编制

实验目的

① 理解报表编制的原理及流程。
② 掌握报表格式定义、公式定义的操作方法；掌握报表单元格公式的用法。
③ 掌握报表数据处理、表页管理及图表功能等操作。
④ 掌握如何利用报表模板生成一张报表。

实验内容

① 自定义一张报表。
② 利用报表模板生成报表。

实验准备

引入"总账期末业务"账套数据。

实验要求

以账套主管 01 张文佳的身份进行报表管理操作。

实验资料

1. 自定义资金变动表

（1）格式设计

资金变动表的格式样例如表 5.2 所示。

制表要求如下。

① 报表标题为黑体、14 号、居中，表体所有单元格数据居中。
② 报表各列等宽，宽度为 40 mm。
③ 设置 B8 单元格为字符型。

表 5.2　资金变动表

编制单位：　　　　　　　　　　　　年　月　　　　　　　　　　　金额单位：元

项　目	期初数	期末数	本期变化
库存现金			
银行存款			
合　计			

制表人：

（2）生成 2020 年 1 月资金变动表

2. 利用报表模板生成资产负债表、利润表

3. 利用总账管理子系统项目辅助核算功能生成现金流量表

实验指导

1. 自定义货币资金表

（1）建立空白报表

操作步骤

步骤 1　以账套主管 01 张文佳的身份进入企业应用平台，选择"财务会计"|"UFO 报表"选项，进入财务报表子系统。

步骤 2　选择"文件"|"新建"命令，建立一张空白报表，报表名默认为 report1。

步骤 3　查看空白报表底部左下角的"格式/数据"按钮，使当前状态为格式状态。

（2）设置表尺寸

操作步骤

步骤 1　选择"格式"|"表尺寸"命令，打开"表尺寸"对话框。

步骤 2　输入行数为 8、列数为 4，单击"确认"按钮。

注意

① 行数中包含报表标题、表头、表体和表尾的所有部分。

② 设置表尺寸完成后，可选择"编辑"|"插入"或"追加"命令增加新行。

（3）定义组合单元格

操作步骤

步骤 1　选择需要合并的单元格区域 A1:D1 或直接单击行号 1。

步骤 2　选择"格式"|"组合单元"命令，打开"组合单元"对话框。

步骤 3　选择组合方式为"整体组合"或"按行组合"，该单元格区域即合并成一个单元格。

(4) 画表格线

操作步骤

步骤 1　选中报表需要画线的单元格区域 A3:D7。
步骤 2　选择"格式"|"区域画线"命令，打开"区域画线"对话框。
步骤 3　选中"网线"单选按钮，单击"确认"按钮，将所选区域画上表格线。

(5) 输入报表项目

操作步骤

步骤 1　选中需要输入内容的单元格或组合单元格。
步骤 2　在该单元格或组合单元格中输入相关文字内容。例如，在 A1 组合单元格中输入"资金变动表"字样、在 D2 单元格中输入"金额单位：元"等。

> **注意**
>
> ① 报表项目是指报表的文字内容，主要包括表头内容、表体项目、表尾项目等，不包括关键字。
> ② 日期一般不作为文字内容输入，而需要设置为关键字。

(6) 设置报表列宽

操作步骤

步骤 1　选中需要调整的 A:D 列。
步骤 2　选择"格式"|"列宽"命令，打开"列宽"对话框。
步骤 3　输入列宽为 40，然后单击"确定"按钮。

> **注意**
>
> 行高、列宽的单位为毫米。

(7) 设置单元格属性

操作步骤

步骤 1　选中标题所在组合单元 A1。
步骤 2　选择"格式"|"单元属性"命令，打开"单元格属性"对话框。
步骤 3　打开"字体图案"选项卡，设置字体为"黑体"、字号为 14。
步骤 4　打开"对齐"选项卡，设置对齐方式为"水平居中"，然后单击"确定"按钮。
步骤 5　同理，设置表体文字水平居中。
步骤 6　选定单元格 B7。
步骤 7　选择"格式"|"单元属性"命令，打开"单元格属性"对话框。
步骤 8　打开"单元类型"选项卡，选择"字符"选项，然后单击"确定"按钮。

> **注意**
>
> ① 格式状态下输入内容的单元格均默认为表样型单元格，未输入数据的单元格均默认为数值型单元格，在数据状态下可输入数值。如果希望在数据状态下输入字符，则应将其定义为字符型单元格。
>
> ② 字符型单元格和数值型单元格输入后只对本表页有效，表样型单元格输入后对所有表页有效。

(8) 设置关键字

操作步骤

步骤1　选中需要输入关键字的单元格B2。

步骤2　选择"数据"|"关键字"|"设置"命令，打开"设置关键字"对话框。

步骤3　选中"年"单选按钮，如图5.1所示。然后单击"确定"按钮。

步骤4　同理，在B2单元格中设置"月"关键字。

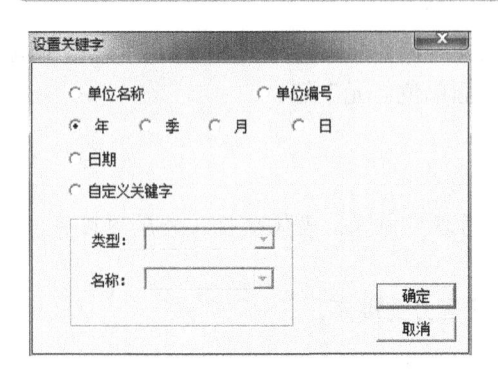

图 5.1　设置关键字

> **注意**
>
> ① 每个报表可以同时定义多个关键字。
> ② 如果要取消关键字，须选择"数据"|"关键字"|"取消"命令。

步骤5　选择"数据"|"关键字"|"偏移"命令，打开"定义关键字偏移"对话框。

步骤6　在需要调整位置的关键字后面输入偏移量，如"月"为50。

步骤7　单击"确定"按钮。

> **注意**
>
> ① 关键字的位置可以用偏移量来表示，负数值表示向左移，正数值表示向右移。在调整时，可以通过输入正或负的数值来调整。
> ② 关键字偏移量单位为像素。

(9) 报表公式定义

① 定义单元格公式——引导输入用友账务函数

操作步骤

步骤1　选中要定义公式的单元格B4，单击 f_x 按钮，打开"定义公式"对话框。

步骤2　单击"函数向导"按钮，打开"函数向导"对话框。

步骤3　在"函数分类"列表框中选择"用友账务函数"，在右侧的"函数名"列表框

项目 5 财务报表

中选择"期初（QC）"，单击"下一步"按钮，打开"用友账务函数"对话框。

步骤 4　单击"参照"按钮，打开"账务函数"对话框。

步骤 5　选择科目为 1001，其余各项均采用系统默认值，如图 5.2 所示。单击"确定"按钮，返回"用友账务函数"对话框。

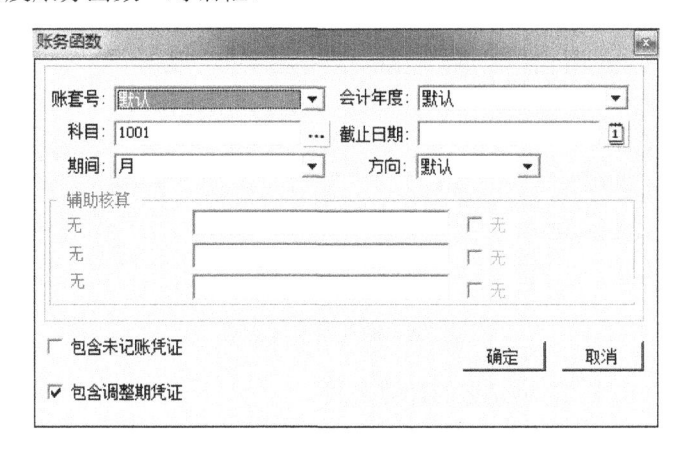

图 5.2　利用账务函数从总账管理子系统提取数据

步骤 6　单击"确定"按钮，返回"定义公式"对话框。然后单击"确认"按钮。

步骤 7　同理，输入 C4、B5、B6 单元格公式。

② 定义单元格公式——引导输入统计函数

操作步骤

步骤 1　选中单元格 B7，即期初合计数。

步骤 2　单击 f_x 按钮，打开"定义公式"对话框。

步骤 3　单击"函数向导"按钮，打开"函数向导"对话框。

步骤 4　在"函数分类"列表框中选择"统计函数"，在右侧的"函数名"列表框中选择 PTOTAL，如图 5.3 所示。

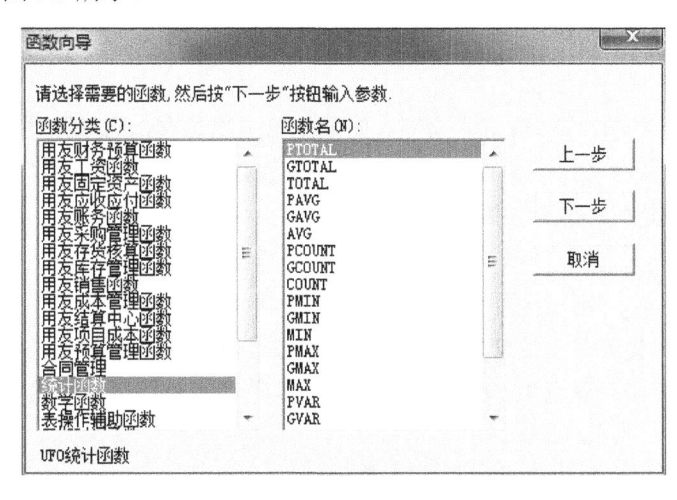

图 5.3　选择统计函数

会计信息化实训（用友 U8 V10.1）

步骤 5　单击"下一步"按钮，打开"固定区统计函数"对话框。在"固定区区域"文本框中输入"B4:B6"，如图 5.4 所示。然后单击"确认"按钮。

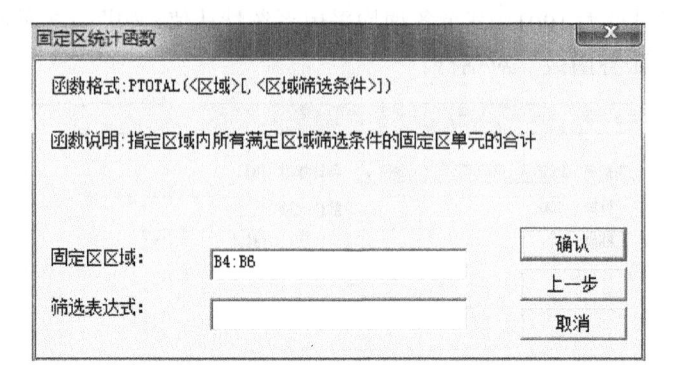

图 5.4　输入固定区区域

步骤 6　同理，定义 C7 单元格的计算公式。

> **注意**
> ① 单元格公式中涉及的符号均为英文半角字符。
> ② 单击 f_x 按钮、双击某公式单元格或按"="键，都可以打开"定义公式"对话框。

③ 定义单元格公式——表内计算

操作步骤

步骤 1　单击 D4 单元格，再单击 f_x 按钮，打开"定义公式"对话框。
步骤 2　直接输入公式"B4-C4"，然后单击"确定"按钮。
步骤 3　同理，定义 D5 及 D7 单元格的计算公式。

(10) 保存报表格式

操作步骤

步骤 1　选择"文件"|"保存"命令，如果是第 1 次保存，则打开"另存为"对话框。
步骤 2　选择保存文件夹的目录，输入报表文件名为"资金变动表"，选择保存类型为"*.REP"，然后单击"另存为"按钮保存文件。

> **注意**
> ① 报表格式设置完以后切记要及时将这张报表格式保存下来，以便以后随时调用。
> ② 如果没有保存就退出，系统会弹出"是否保存报表？"信息提示框，以防止误操作。
> ③ .REP 为用友报表文件专用扩展名。

项目 5　财务报表

(11) 生成报表

操作步骤

步骤 1　在财务报表子系统中，选择"文件"|"打开"命令，选择存放报表格式的文件夹中的报表文件"资金变动表.REP"，单击"打开"按钮。查看空白报表底部左下角的"格式/数据"按钮，确认当前状态为数据状态。

步骤 2　选择"数据"|"关键字"|"录入"命令，打开"录入关键字"对话框。

步骤 3　输入年为 2020、月为 1，单击"确认"按钮，系统弹出"是否重算第 1 页？"信息提示框。

步骤 4　单击"是"按钮，系统会自动根据单元格公式计算 1 月份的数据，如图 5.5 所示。

步骤 5　单击"保存"按钮。

> **注意**
>
> 报表的数据处理必须在数据状态下进行。

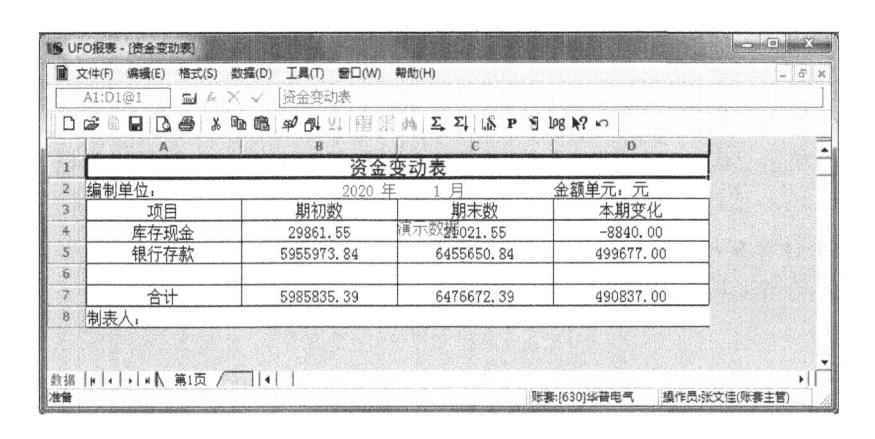

图 5.5　生成的资金变动表

> **注意**
>
> ① 每一张表页均对应不同的关键字值，输出时随同单元格一起显示。
> ② 日期关键字可以确认报表数据取数的时间范围，即确定数据生成的具体日期。

2. 调用报表模板生成资产负债表

(1) 调用资产负债表模板

操作步骤

步骤 1　在格式状态下，新建一张报表，选择"格式"|"报表模板"命令，打开"报表模板"对话框。

103

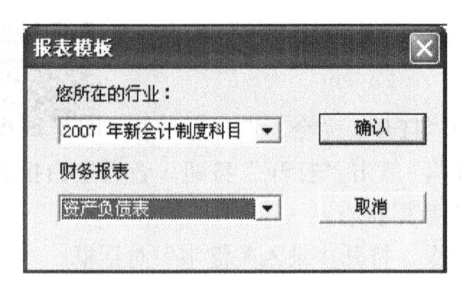

图 5.6 调用报表模板

步骤 2　选择您所在的行业为"2007 年新会计制度科目"、财务报表为"资产负债表",如图 5.6 所示。

步骤 3　单击"确认"按钮,系统弹出"模板格式将覆盖本表格式！是否继续？"信息提示框。

步骤 4　单击"确定"按钮,即可打开"资产负债表"模板。

(2) 调整报表模板

操作步骤

步骤 1　单击"数据/格式"按钮,将"资产负债表"处于格式状态下。

步骤 2　根据本单位的实际情况,调整报表格式,修改报表公式。

步骤 3　保存调整后的报表模板。

(3) 生成资产负债表数据

操作步骤

步骤 1　在数据状态下,选择"数据"|"关键字"|"录入"命令,打开"录入关键字"对话框。

步骤 2　输入关键字年为 2020、月为 1、日为 31。

步骤 3　单击"确认"按钮,系统弹出"是否重算第 1 页？"信息提示框。

步骤 4　单击"是"按钮,系统会自动根据单元格公式计算 1 月份数据；单击"否"按钮,系统不计算 9 月份数据,以后可利用表页重算功能生成 1 月份数据。

步骤 5　单击工具栏上的"保存"按钮,将生成的报表数据保存。

> **注意**
>
> 用同样方法生成 2020 年 1 月份利润表。

3. 利用总账管理子系统项目核算功能生成现金流量表

(1) 指定现金流量科目

操作步骤

步骤 1　在企业应用平台的"基础设置"中,选择"基础档案"|"财务"|"会计科目"选项,打开"会计科目"窗口。

步骤 2　选择"编辑"|"指定科目"命令,打开"指定科目"对话框。

步骤 3　选中"现金流量科目"单选按钮,将与现金流量有关的科目从"待选科目"列表框中选入"已选科目"列表框中,如图 5.7 所示。

步骤 4　单击"确定"按钮返回。

项目 5　财务报表

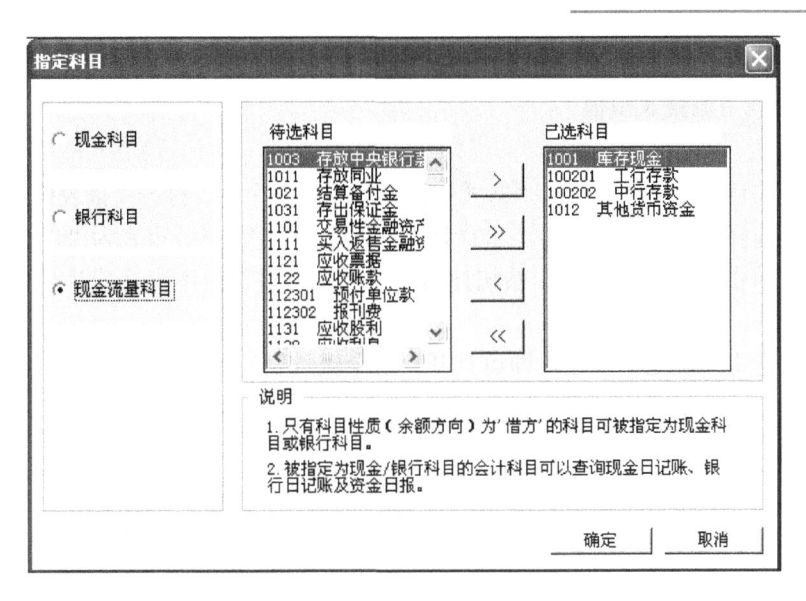

图 5.7　指定现金流量科目

(2) 补充输入业务的现金流量信息

操作步骤

步骤 1　选择"财务会计"|"总账"|"现金流量表"|"现金流量凭证查询"选项，打开"现金流量凭证查询"对话框。

步骤 2　单击"确定"按钮，打开"现金流量查询及修改"对话框。对话框左侧显示本月与现金流量科目相关的凭证。

步骤 3　选择第 1 张凭证，单击"修改"按钮，打开"现金流量录入修改"对话框，补充输入现金流量项目，如图 5.8 所示。

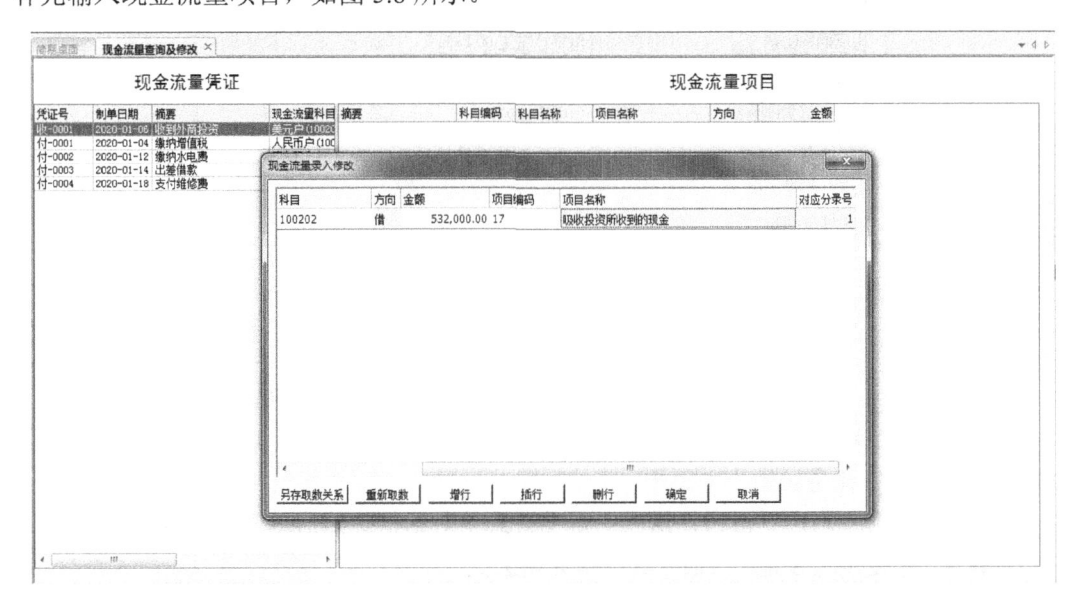

图 5.8　现金流量查询及修改

步骤 4　单击"确定"按钮返回，补充输入所有凭证的现金流量项目。

(3) 调用现金流量表模板

操作步骤

步骤 1　在格式状态下，选择"格式"|"报表模板"命令，打开"报表模板"对话框。

步骤 2　选择您所在的行业为"2007新会计制度科目"、财务报表为"现金流量表"。

步骤 3　单击"确认"按钮，系统弹出"模板格式将覆盖本表格式！是否继续？"信息提示框。

步骤 4　单击"确定"按钮，即可打开"现金流量表"模板。

(4) 设置现金流量表公式

操作步骤

步骤 1　单击"数据/格式"按钮，将"现金流量表"置于格式状态。

步骤 2　单击选择 C6 单元格，再单击 f_x 按钮，打开"定义公式"对话框。单击"函数向导"按钮，打开"函数向导"对话框。

步骤 3　在"函数分类"列表框中选择"用友账务函数"，在右边的"函数名"列表框中选择"现金流量项目金额（XJLL）"，如图 5.9 所示。单击"下一步"按钮，打开"用友账务函数"对话框。

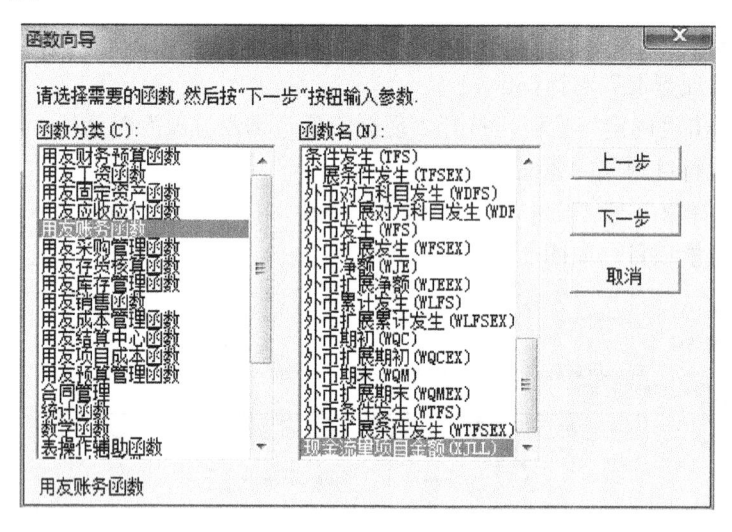

图 5.9　选择现金流量项目金额函数

步骤 4　单击"参照"按钮，打开"账务函数"对话框。

步骤 5　单击"项目编码"右边的"参照"按钮，打开"现金流量项目"选项。

步骤 6　双击选择与 C6 单元格左边相对应的项目，如图 5.10 所示。然后单击"确定"按钮，返回"用友账务函数"对话框。

步骤 7　单击"确定"按钮，返回"定义公式"对话框。然后单击"确认"按钮。

步骤 8　重复步骤 3 至 7，输入其他单元格公式。

步骤 9　单击工具栏上的"保存"按钮，保存调整后的报表模板。

项目 5 财务报表

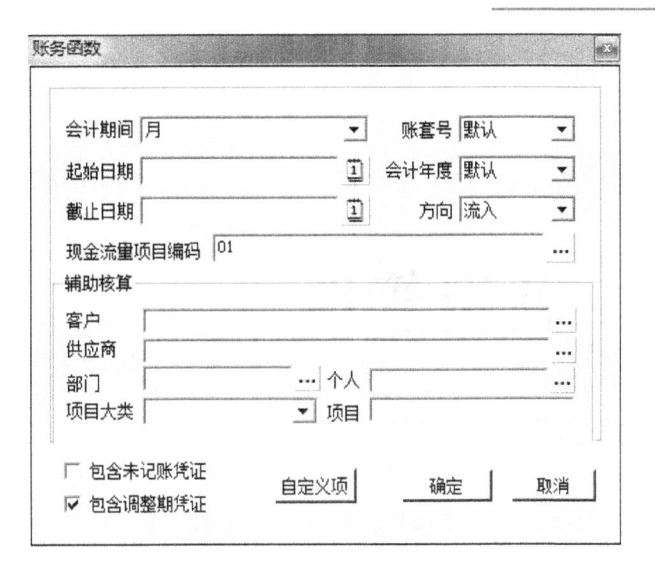

图 5.10 选择现金流量项目

(5) 生成现金流量表主表数据

操作步骤

步骤 1 在数据状态下，选择"数据"|"关键字"|"录入"命令，打开"录入关键字"对话框。

步骤 2 输入关键字 2020 年 1 月，单击"确认"按钮，系统弹出"是否重算第 1 页？"信息提示框。

步骤 3 单击"是"按钮，系统会自动根据单元格公式计算 1 月份数据。

步骤 4 选择"文件"|"另存为"命令，输入文件名为"现金流量表"，单击"另存为"按钮，将生成的报表数据保存。

思考题

1. 表样型数据和字符型数据有何不同？举例说明。
2. 编制单位是否应设置为关键字？为什么？
3. 一个报表文件中是否可以存放不同格式的表页？
4. 如果资产负债表中的资产合计不等于负债与所有者权益合计，可能的原因有哪些？
5. 可以将财务报表文件输出为 Excel 格式吗？

项目 6 薪资管理

知识目标

通过本项目的学习,要求学生了解薪资管理子系统的主要功能;掌握利用薪资管理子系统针对企业不同类别的职工进行工资核算、代扣个人所得税处理、工资分摊设置及处理的操作。

6.1 功能概述

薪资管理子系统的任务是以职工个人工资数据为基础,计算应发合计、扣款合计和实发工资等,编制工资结算单、按部门和人员类别进行汇总、计算个人所得税;提供对工资相关数据的多种方式的查询和分析,进行工资费用分配与计提并实现自动转账处理。

6.1.1 薪资管理子系统初始化

薪资管理子系统初始化包括建立工资账套和基础信息设置两部分。

1. 建立工资账套

建立工资账套时可以根据建账向导分 4 步进行,即参数设置、扣税设置、扣零设置和人员编码设置。

2. 基础信息设置

建立工资账套以后,要对整个子系统运行所需的一些基础信息进行设置,包括部门设置、人员类别设置、人员附件信息设置、工资项目设置和银行名称设置。其中,部门和人员类别是与用友 U8 中其他子系统共用信息,已经在项目 2 基础设置中完成。

3. 工资类别管理

薪资管理子系统是按工资类别来核算和管理的,每个工资类别下有各自的人员档案、工资项目及计算公式,需要针对每个工资类别进行工资计算、代扣个人所得税、工资分摊处理。

工资类别的管理包括新建工资类别、打开工资类别、删除工资类别、关闭工资类别等。

6.1.2 薪资管理子系统日常业务处理

薪资管理子系统日常业务主要包括对职工档案的维护、职工工资变动数据的输入及计算、个人所得税的计算与申报、工资分摊、银行代发、月末处理等。

1. 工资变动

由于职工工资与考勤、工作业绩等各项因素相关，因此每个月都需要进行职工工资数据的调整。系统提供了过滤器、替换、页编辑、筛选等功能，方便修改职工数据。

2. 个人所得税计算与申报

系统允许按照国家现行个人所得税政策设置扣税基数、个人所得税扣除上下限及相应税率，在工资计算的同时生成个人所得税扣缴申报表。

3. 工资分摊

工资费用是企业生产成本的重要组成部分，工资费用分摊就是按照人员类别将发生的工资费用分别计入成本或费用科目。除此以外，与工资费用相关的五险一金、住房公积金、职工教育经费等也可以按工资费用的一定比例进行计算、分摊处理，自动生成凭证。

4. 银行代发

目前，大部分企业采用银行代发工资的处理方式，企业需要定期向银行提供给定格式的文件，银行根据企业的职工工资数据核算结果将实发工资转到职工个人账户中。

5. 月末处理

每月工资数据处理完毕后都要进行期末处理，期末处理完成后当月数据将不再允许变动。

6.2 教学重点、难点

6.2.1 工资类别

薪资管理子系统提供处理多个工资类别的功能。如果企业按周发放工资或一月多次发放工资，或者是企业中有多种不同类别的人员，工资发放项目不同、计算公式也不相同，但需要进行统一的工资核算管理，则应选择多个工资类别。例如，分别对在职人员、退休人员进行核算的企业；分别对正式工、临时工进行核算的企业；在不同地区有分支机构，而由总管机构统一进行工资核算的企业。

6.2.2 工资项目及计算公式

工资项目反映职工工资数据的基本构成。在企业设置多个工资类别的情况下，工资项目需要在关闭所有工资类别的情况下进行增加，进入某个工资类别后只能从既有的工资项目中做出选择。

计算公式用于设置工资项目之间的数据关系，设置计算公式时应注意按照逻辑关系排列计算公式的先后顺序。

6.2.3 代扣个人所得税

目前，企业基本上都选择在核算职工个人工资的同时代扣个人所得税，在用友 U8 中计算职工工资与计算个人所得税同时完成。为了正确核算个人所得税，需要预先设定扣税基数、各级税率对应的应纳税所得额范围及各级速算扣除数。

实验七　薪 资 管 理

实验目的

掌握用友 U8 薪资管理子系统的相关内容；掌握薪资管理子系统初始化、日常业务处理、工资分摊及月末处理的操作。

实验内容

① 薪资管理子系统初始化设置。
② 薪资管理子系统日常业务处理。
③ 工资分摊及月末处理。

实验要求

① 引入"总账初始化"账套数据。
② 以账套主管 01 张文佳的身份进行工资管理业务操作。

实验资料

1. **启用薪资管理子系统和计件工资管理子系统**

以账套主管 01 张文佳的身份在企业应用平台中启用薪资管理子系统和计件工资管理子系统。

2. **建立工资账套**

工资类别个数为"多个"；核算计件工资；核算币种为"人民币 RMB"；要求代扣个人

所得税；不进行扣零处理；启用日期为2020年1月1日。

3. 工资账套基础信息设置

（1）工资项目设置（见表6.1）

表6.1　工资项目设置

项目名称	类型	长度	小数位数	增减项	备注
基本工资	数字型	8	2	增项	
浮动工资	数字型	8	2	增项	
交补	数字型	8	2	增项	
应发合计	数字型	10	2	增项	系统项目
养老保险	数字型	8	2	减项	
请假扣款	数字型	8	2	减项	
代扣税	数字型	10	2	减项	
扣款合计	数字型	10	2	减项	系统项目
实发合计	数字型	10	2	增项	系统项目
计税工资	数字型	8	2	其他	
请假天数	数字型	8	2	其他	

（2）银行名称

① 银行编码为01001；银行名称为"工商银行亦庄分理处"。

② 个人账户规则为定长、账号长度为11位、自动带出账号长度7位。

4. 正式职工工资类别初始化资料

部门选择"所有部门"。

（1）人员档案（见表6.2）

表6.2　正式职工的人员档案

人员编号	人员姓名	部门名称	人员类别	账号	中方人员	是否计税	核算计件工资
101	魏振东	总经办	企业管理人员	20170101001	是	是	否
201	张文佳	财务部	企业管理人员	20170101002	是	是	否
202	王贺雯	财务部	企业管理人员	20170101003	是	是	否
203	任小慧	财务部	企业管理人员	20170101004	是	是	否
301	孙怀庆	采购部	企业管理人员	20170101005	是	是	否
401	蒋群	销售部	销售人员	20170101006	是	是	否
501	郭涛	金工车间	车间管理人员	20170101007	是	是	否
502	严鹏	金工车间	生产工人	20170101008	是	是	否
511	马东	喷漆车间	车间管理人员	20170101009	是	是	否

说明：以上所有人员的代发银行均为工商银行亦庄分理处。

（2）工资项目

项目包括基本工资、浮动工资、交补、应发合计、养老保险（其他险略）、请假扣款、代扣税、扣款合计、实发合计、请假天数、计税工资。排列顺序同上。

（3）计算公式（见表6.3）

表6.3 计算公式

工资项目	定义公式
请假扣款	请假天数*50
交补	iff(人员类别="企业管理人员" or 人员类别="销售人员",300,100)
养老保险	基本工资*0.08
计税工资	基本工资+浮动工资+交补-养老保险-请假扣款

（4）个人所得税设置

个税免征额即扣税基数为5 000元，个人所得税税率表如表6.4所示。

表6.4　2019年开始实行的7级超额累进个人所得税税率表　　　　　　　　　　　　　元

级数	全年应纳税所得额	按月换算	税率/%	速算扣除数
1	不超过36 000元的部分	不超过3 000元	3	0
2	超过36 000元至144 000元的部分	3 000元<X≤12 000元	10	210
3	超过144 000元至300000元的部分	12 000元<X≤25 000元	20	1 410
4	超过300 000元至420 000元的部分	25 000元<X≤35 000元	25	2 660
5	超过420 000元至660 000元的部分	35 000元<X≤55 000元	30	4 410
6	超过660 000元至960 000元的部分	55 000元<X≤80 000元	35	7 160
7	超过960 000元的部分	超过80 000元	45	15 160

5. 临时人员工资类别初始化资料

部门选择为"生产部"。

（1）人员档案（见表6.5）

表6.5　临时人员的人员档案

人员编号	人员姓名	部门名称	人员类别	账号	中方人员	是否计税	核算计件工资
521	李春	喷漆车间	生产人员	20170101021	是	是	是
522	胡国强	喷漆车间	生产人员	20170101022	是	是	是

（2）工资项目

工资项目包括计件工资、应发合计、代扣税、扣款合计、实发合计。

（3）计件要素

① 启用计件要素：工序。

② 工序档案包括两项：01 喷漆；02 检验。

（4）计件工价设置

喷漆为30元；检验为12。

(5) 个人所得税税率同正式职工工资类别

收入额合计为应发工资。

6. 华普电气1月份正式职工工资处理

(1) 1月份正式人员工资基本情况（见表6.6）

表6.6 正式人员工资基本情况　　　　　　　　　　　　　　　　　　　元

姓　名	基本工资	浮动工资
魏振东	8 000	3 000
张文佳	7 000	1 000
王贺雯	5 500	1 000
任小慧	3 500	1 000
孙怀庆	5 000	1 000
蒋群	5 500	2 000
郭涛	4 500	1 500
严鹏	3 000	1 000
马东	4 000	1 000

(2) 本月考勤统计

孙怀庆请假2天；马东请假1天。

(3) 特殊激励

因去年销售部推广产品业绩较好，每人增加浮动工资2 000元。

(4) 工资分摊及费用计提

应付工资总额等于工资项目"应发合计"，应付福利费按应付工资的14%计提。

工资费用分配的转账分录如表6.7所示。

表6.7 工资费用分配转账分录

部门 \ 人员	工资分摊	应付工资 借方	应付工资 贷方	应付福利费（14%）借方	应付福利费（14%）贷方
总经办、财务部、采购部	企业管理人员	660201	221101	660202	221102
销售部	销售人员	660101	221101	660102	221102
金工车间、喷漆车间	车间管理人员	510101	221101	510101	221102
	生产工人	500102	221101	500102	221102

7. 华普电气1月份临时人员工资处理

(1) 1月份临时人员计件工资情况（见表6.8）

(2) 其他

（略）

表 6.8　临时人员计件工资情况

姓　名	日　期	组装工时	检验工时
李春	2020-01-31	270	
胡国强	2020-01-31		360

8．工资类别汇总

对正式职工和临时人员两个工资类别进行工资类别汇总。

实验指导

1．以账套主管身份在企业应用平台中启用薪资管理子系统和计件工资管理子系统

操作步骤

步骤 1　以账套主管张文佳的身份登录用友 U8 企业应用平台。

步骤 2　选择"基本信息"|"系统启用"选项，打开"系统启用"对话框。选中"WA 薪资管理"复选框，打开"日历"对话框。选择薪资管理子系统启用日期为 2020 年 1 月 1 日，单击"确定"按钮，系统弹出"确实要启用当前系统吗？"信息提示框。单击"是"按钮返回。

步骤 3　用同样方法，启用计件工资管理子系统，如图 6.1 所示。

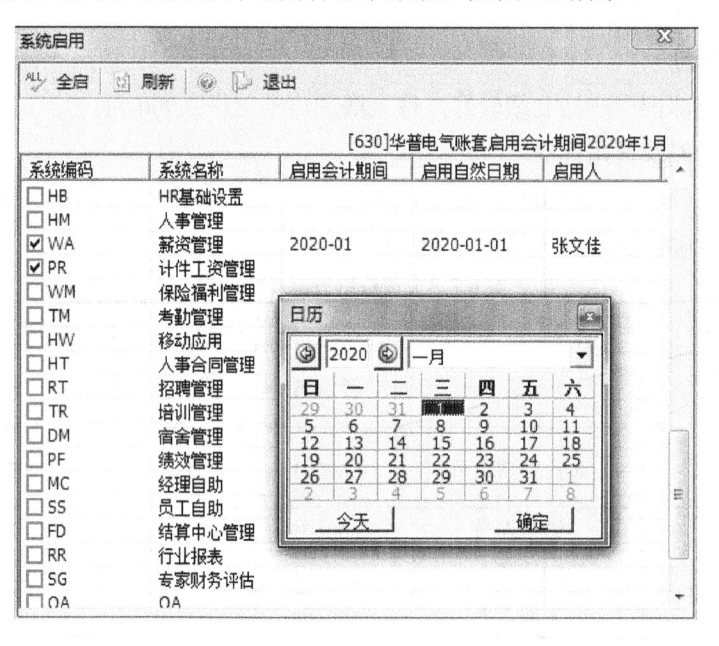

图 6.1　由账套主管启用薪资管理子系统和计件工资管理子系统

2．建立工资账套

操作步骤

步骤 1　在企业应用平台的"业务工作"中，选择"人力资源"|"薪资管理"选项，

打开"建立工资套"对话框。

步骤 2　在建账第 1 步"参数设置"中,选择本账套所需处理的工资类别个数为"多个",默认币别为"人民币 RMB",选中"是否核算计件工资"复选框,如图 6.2 所示。然后单击"下一步"按钮。

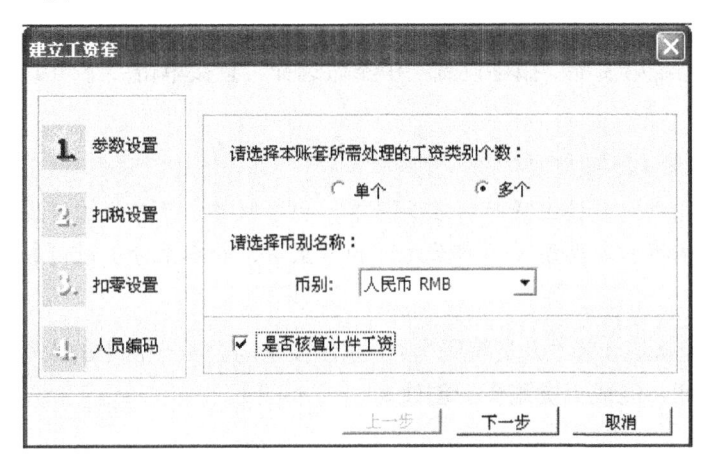

图 6.2　建立工资套——参数设置

> **注意**
> ① 本例中对正式人员和临时人员分别进行核算,所以工资类别应选择"多个"。
> ② 计件工资是按计件单价支付劳动报酬的一种形式。由于对计时工资和计件工资的核算方法不同,因此在薪资管理子系统中对于企业是否存在计件工资特别设置了选项。选中该复选框,系统在工资项目中自动增加"计件工资"项目。

步骤 3　在建账第 2 步"扣税设置"中,选中"是否从工资中代扣个人所得税"复选框,如图 6.3 所示。然后单击"下一步"按钮。

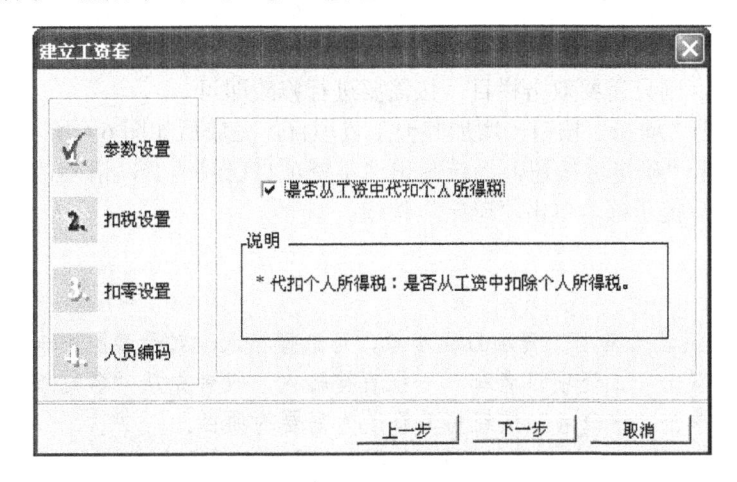

图 6.3　建立工资套——扣税设置

> **注意**
>
> 选择代扣个人所得税后，系统将自动生成工资项目"代扣税"，并在计算工资的同时自动进行代扣个人所得税的计算。

步骤 4 在建账第 3 步"扣零设置"中不做选择，直接单击"下一步"按钮。

> **注意**
>
> 扣零处理是指每次发放工资时将零头扣下，积累取整，于下次工资发放时补上。系统在计算工资时将依据扣零类型（扣零至元、扣零至角、扣零至分）进行扣零计算。

步骤 5 在建账第 4 步"人员编码"中，系统要求与公共平台中的人员编码保持一致。单击"完成"按钮，完成工资账套的创建。

> **注意**
>
> 建账完毕后，部分建账选项可以通过选择"人力资源"|"薪资管理"|"设置"|"选项"选项进行修改。

3. 工资账套基础信息设置

(1) 设置工资项目

操作步骤

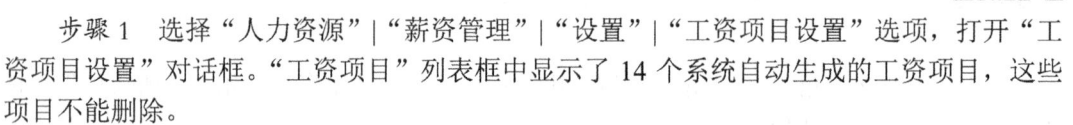

步骤 1 选择"人力资源"|"薪资管理"|"设置"|"工资项目设置"选项，打开"工资项目设置"对话框。"工资项目"列表框中显示了 14 个系统自动生成的工资项目，这些项目不能删除。

步骤 2 单击"增加"按钮，在"工资项目"列表框中增加一空行。

步骤 3 从"名称参照"下拉列表框中选择"基本工资"选项，默认其他项目。如果需要修改某栏目，则只需要双击栏目，按需要进行修改即可。

步骤 4 单击"增加"按钮，增加其他工资项目，完成后如图 6.4 所示。

步骤 5 单击"确定"按钮，系统弹出"工资项目已经改变，请确认各工资类别的公式是否正确"信息提示框。单击"确定"按钮。

> **注意**
>
> ① 系统提供若干常用工资项目供参考，可选择输入。对于参照中未提供的工资项目，可以通过双击"工资项目名称"一栏直接输入，或者先从"名称参照"中选择一个项目，然后单击"重命名"按钮将其修改为需要的项目。
>
> ② 在未进入任何一个工资类别时设置的工资项目应包括本工资账套中所有工资类别要使用的工资项目。

项目 6　薪资管理

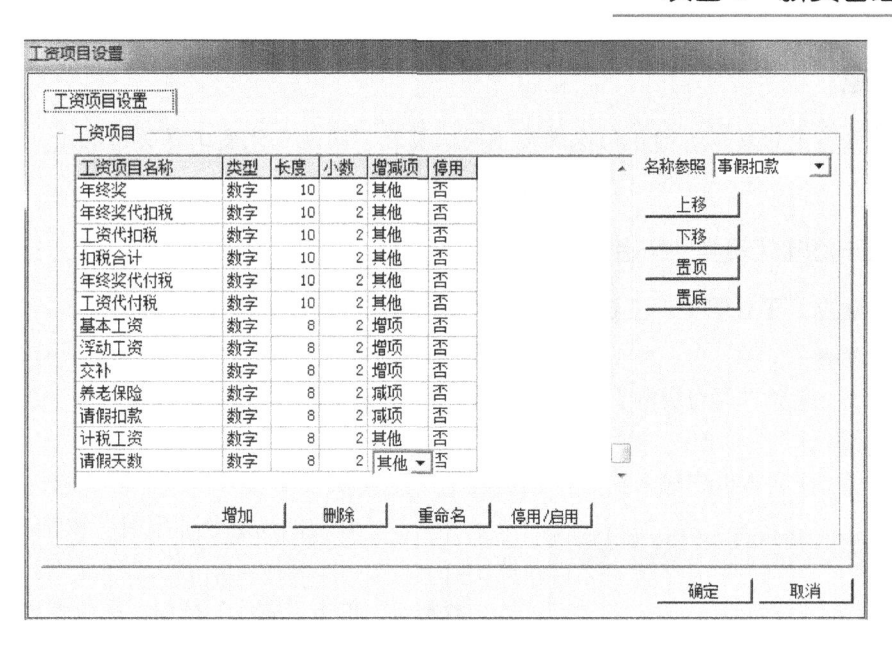

图 6.4　工资项目设置

(2) 设置银行

操作步骤

步骤 1　在企业应用平台的"基础设置"中，选择"基础档案"|"收付结算"|"银行档案"选项，打开"银行档案"窗口。

步骤 2　单击"增加"按钮，增加"01001 工商银行亦庄分理处"，默认个人账户定长且账号长度为 11、自动带出账号长度为 7，如图 6.5 所示。

图 6.5　设置银行档案

步骤 3　单击"返回"按钮。

> **注意**
> 可设置多个代发工资的银行以满足不同人员在不同地点代发工资的情况。

4. 正式职工工资类别初始化设置

(1) 建立"正式职工"工资类别

操作步骤

步骤 1 选择"人力资源"|"薪资管理"|"工资类别"|"新建工资类别"选项,打开"新建工资类别"对话框。

步骤 2 在文本框中输入第 1 个工资类别"正式职工",单击"下一步"按钮。

步骤 3 单击"选定全部部门"按钮,如图 6.6 所示。

步骤 4 单击"完成"按钮,系统弹出"是否以 2020-01-01 为当前工资类别的启用日期?"信息提示框。单击"是"按钮,返回薪资管理子系统。

(2) 设置人员档案

操作步骤

步骤 1 选择"人力资源"|"薪资管理"|"设置"|"人员档案"选项,打开"人员档案"对话框。

步骤 2 单击"批增"按钮,打开"人员批量增加"对话框。

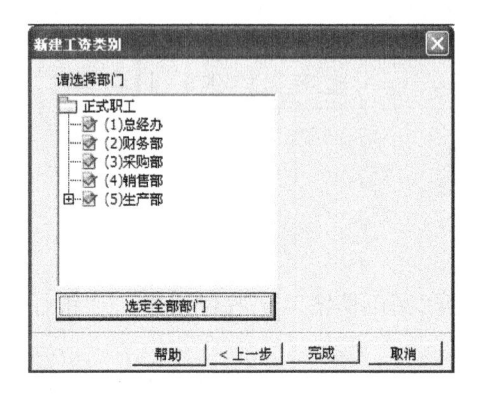

图 6.6 建立"正式职工"工资类别

步骤 3 单击"查询"按钮,系统显示在企业应用平台中已经增加的人员档案,且默认是选中状态,如图 6.7 所示。单击"确定"按钮,返回"人员档案"对话框。

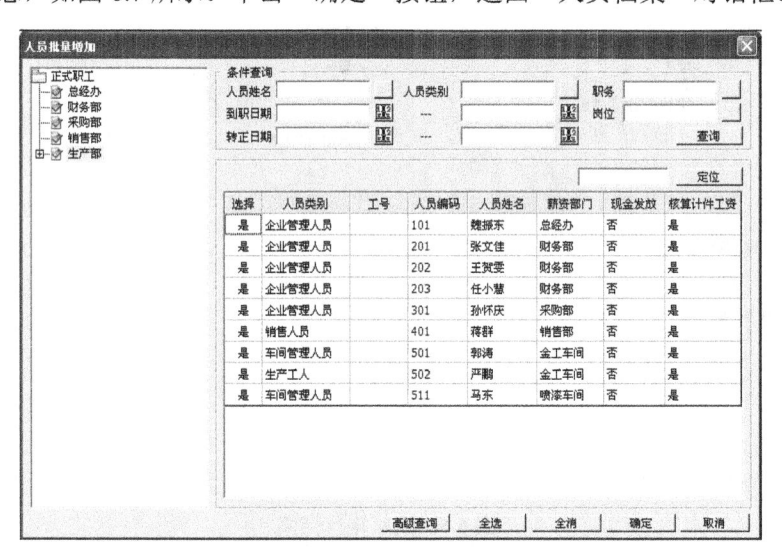

图 6.7 人员批量增加

项目6　薪资管理

步骤4　单击"修改"按钮,打开"人员档案明细"对话框。确定是否需要对该人员核算计件工资,并补充输入银行账号信息,如图6.8所示。

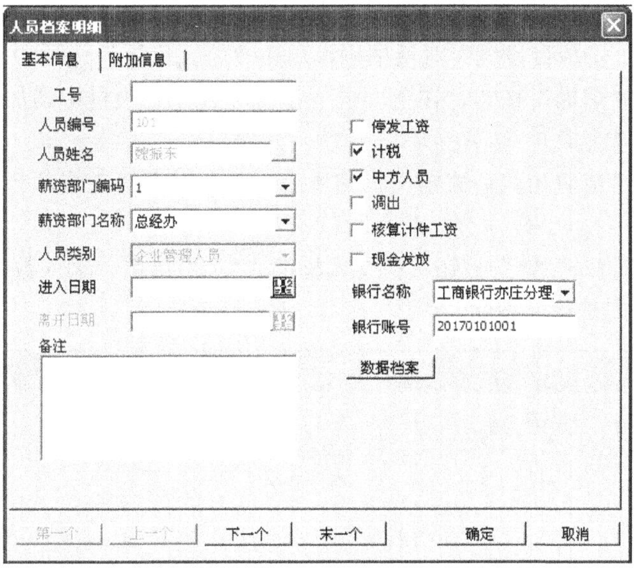

图6.8　人员档案明细

步骤5　单击"确定"按钮,系统弹出"写入该人员档案信息吗?"信息提示框。单击"确定"按钮,继续修改其他人员信息。

(3) 选择工资项目

操作步骤

步骤1　选择"人力资源"|"薪资管理"|"设置"|"工资项目设置"选项,打开"工资项目设置"对话框。

步骤2　在"工资项目设置"选项卡单击"增加"按钮,"工资项目"列表中增加一空行。

步骤3　从"名称参照"下拉列表框中选择"基本工资"选项,工资项目名称、类型、长度、小数、增减项都自动带出,不能修改。

步骤4　单击"增加"按钮,增加其他工资项目。

步骤5　所有项目增加完成后,利用"工资项目设置"对话框上的"上移"和"下移"按钮按照实验资料所给顺序调整工资项目的排列位置。

注意

① 工资项目不能重复选择。没有设置的工资项目不允许在计算公式中出现;不能删除已输入数据的工资项目和已设置计算公式的工资项目。

② 如果计税工资既不是应发合计也不是实发合计,那么需要在工资项目中增加"计税工资"工资项目并设置该工资项目的计算公式,在扣税设置中设置扣税项目为"计税工资"。

119

(4) 设置计算公式

① 设置公式"请假扣款=请假天数*50"

操作步骤

步骤1 在"工资项目设置"对话框中,单击"公式设置"选项卡。

步骤2 单击"增加"按钮,在上面的"工资项目"列表框中增加一空行,从下拉列表框中选择"请假扣款"。

步骤3 单击"请假扣款公式定义"文本框,选择下面"工资项目"列表框中的"请假天数"。

步骤4 单击运算符"*"按钮,在文本框的"*"后单击,输入数字50,如图6.9所示。然后单击"公式确认"按钮。

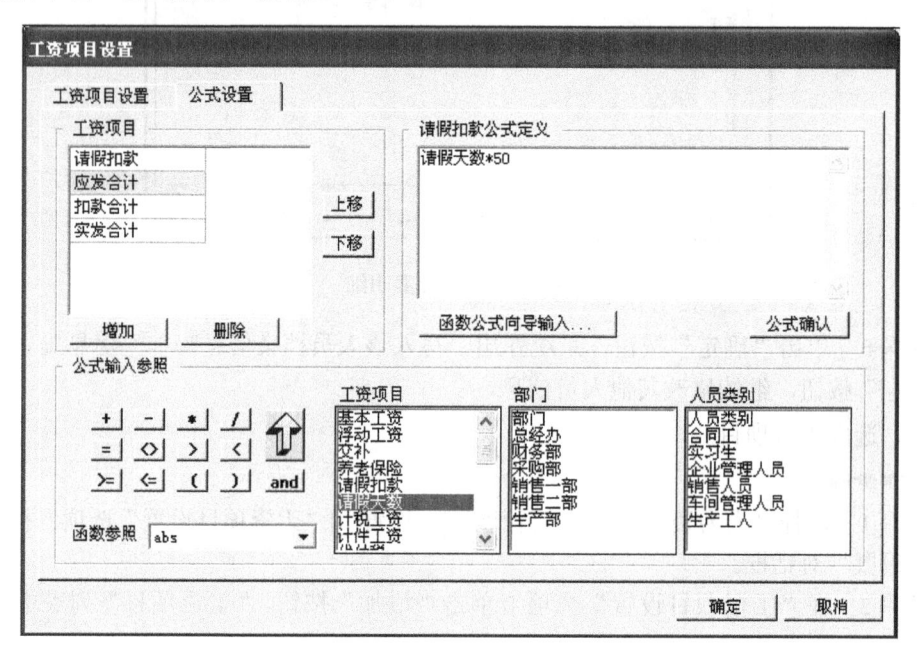

图6.9 请假扣款公式定义

② 设置公式"交补=iff(人员类别="企业管理人员" or 人员类别 = "销售人员",300,100)"

操作步骤

步骤1 单击"增加"按钮,在上面的"工资项目"列表框中增加一空行,从下拉列表框中选择"交补"。

步骤2 单击"交补公式定义"文本框,再单击"函数公式向导输入"按钮,打开"函数向导——步骤之1"对话框。

步骤3 从"函数名"列表框中选择 iff,单击"下一步"按钮,打开"函数向导——步骤之2"对话框。

步骤4 单击"逻辑表达式"右侧的"参照"按钮,打开"参照"对话框。从"参照"下拉列表框中选择"人员类别",从下面的列表框中选择"企业管理人员",然后单击"确定"按钮。

项目 6　薪资管理

步骤 5　在"逻辑表达式"文本框中输入 or 后，再次单击"逻辑表达式"右侧的"参照"按钮，打开"参照"对话框。从"参照"下拉列表框中选择"人员类别"选项，从下面的列表框中选择"销售人员"，然后单击"确定"按钮，返回"函数向导——步骤之 2"对话框。

> **注意**
>
> 在 or 前后应有空格。

步骤 6　在"算术表达式 1"文本框中输入 300，在"算术表达式 2"文本框中输入 100，如图 6.10 所示。单击"完成"按钮，返回"工资项目设置"对话框。单击"公式确认"按钮。

步骤 7　设置养老保险、计税工资的计算公式。设置完成后单击"确定"按钮，退出公式设置。

> **注意**
>
> 计算公式是有先后顺序的。本例中的计税工资中包含请假扣款、交补、养老保险，因此计税工资的计算应该置于最后完成。

(5) 设置所得税纳税基数

操作步骤

步骤 1　选择"人力资源"|"薪资管理"|"设置"|"选项"选项，打开"选项"对话框。

步骤 2　单击"编辑"按钮，再单击"扣税设置"选项卡，从"实发工资"下拉列表框选择"计税工资"，如图 6.11 所示。

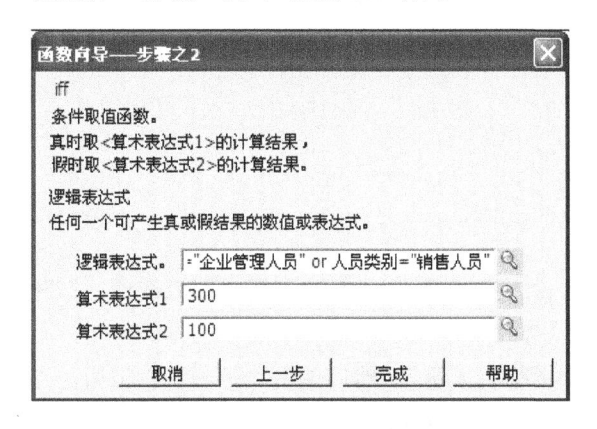

图 6.10　"交补"公式定义　　　　图 6.11　扣税设置

步骤 3　单击"税率设置"按钮，打开"个人所得税申报表——税率表"对话框。

步骤 4　按照表 6.4 所示修改扣税基数、各级应纳税所得额上限及速算扣除数，如

121

图 6.12 所示。

步骤 5　单击"确定"按钮返回。

图 6.12　个人所得税税率表

(6) 关闭工资类别

选择"人力资源"|"薪资管理"|"工资类别"|"关闭工资类别"选项，关闭"正式职工"工资类别。

> **注意**
>
> 个人所得税申报表中"收入额合计"项对应的工资项目默认为"实发合计"。但在工资计算中，"实发合计"项目中已经扣除了代扣个人所得税和应计税的其他一些代扣款项，而如果选择"应发合计"项目，则又没有扣除职工应该负担的五险一金。因此，需要另外设置一个工资项目，设置正确的计算公式，以对应于个人所得税申报表的"收入额合计"。这就是设置"计税工资"项目的原因所在。

5. 临时人员工资类别初始化设置

(1) 建立"临时人员"工资类别

操作步骤

步骤 1　选择"人力资源"|"薪资管理"|"工资类别"|"新建工资类别"选项，打开"新建工资类别"对话框。

步骤 2　在文本框中输入第 2 个工资类别"临时人员"，然后单击"下一步"按钮。

步骤 3　选择"生产部"及其下级部门，如图 6.13 所示。

步骤 4　单击"完成"按钮，系统弹出"是否以 2020-01-01 为当前工资类别的启用日期？"信息提示框。单击"是"按钮，返回薪资管理子系统。

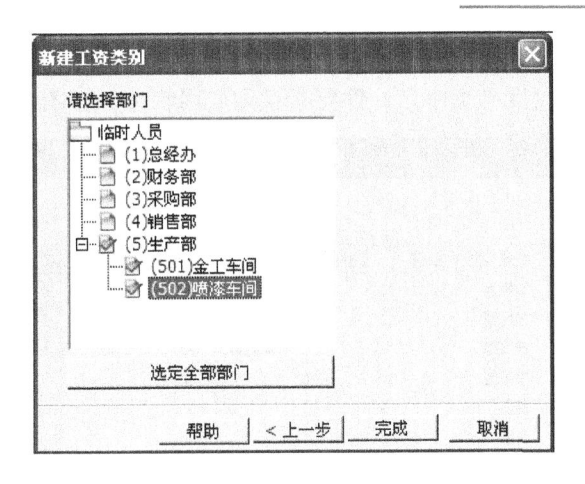

图 6.13　选择临时人员所属部门

（2）建立临时人员档案

操作步骤

步骤1　按实验资料在企业应用平台的"基础档案"中的"机构人员"｜"人员档案"中增加临时人员档案。

步骤2　选择"人力资源"｜"薪资管理"｜"工资类别"｜"打开工资类别"选项，打开"临时人员"工资类别。

步骤3　在"临时人员"工资类别中选择"人力资源"｜"薪资管理"｜"设置"｜"人员档案"选项，单击"批增"按钮，打开"人员批量增加"对话框。

步骤4　选中左边列表中的"生产部/喷漆车间"，单击"查询"按钮，右侧列表中显示喷漆车间中的所有人员，且默认为选中状态。去掉非临时人员的选中标记，单击"确定"按钮返回。然后补充发放工资人员的其他必要信息。

> **注意**
>
> 临时人员核算计件工资。

（3）工资项目设置

操作步骤

步骤1　选择"人力资源"｜"薪资管理"｜"设置"｜"工资项目设置"选项，打开"工资项目设置"对话框。

步骤2　利用"上移""下移"按钮按"计件工资""应发合计""代扣税""扣款合计""实发合计"的顺序重新排列工资项目。

步骤3　单击"确定"按钮返回。

（4）计件要素设置

操作步骤

步骤1　选择"人力资源"｜"薪资管理"｜"计件工资"｜"设置"｜"计件要素设置"选

项，打开"计件要素设置"对话框。

步骤 2　查看是否包括"工序"计件要素且为启用状态，如图 6.14 所示。

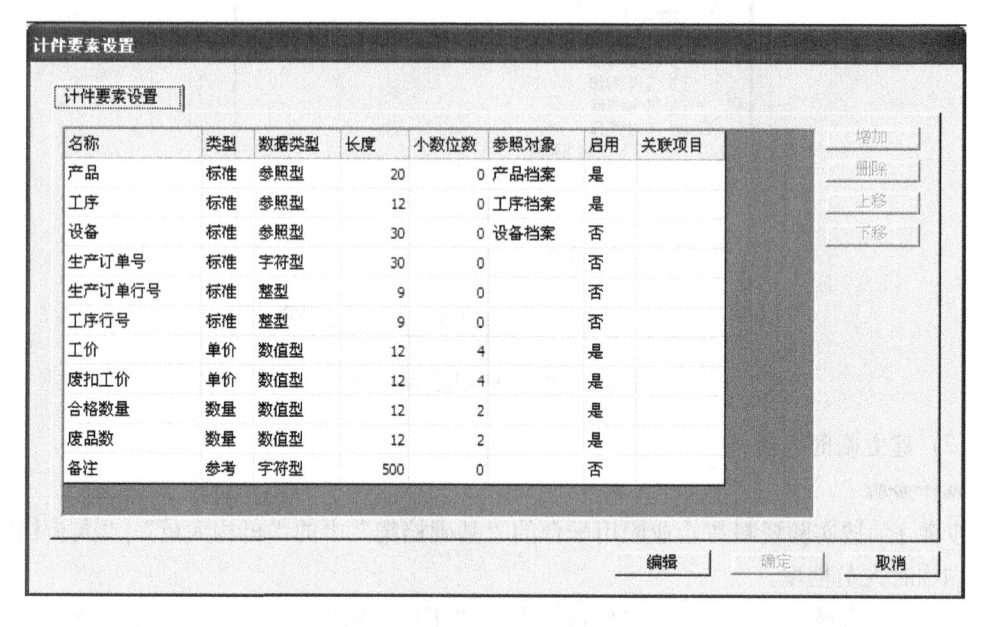

图 6.14　计件要素设置

(5) 工序设置

操作步骤

步骤 1　在企业应用平台的"基础设置"中，选择"基础档案"|"生产制造"|"标准工序资料维护"选项，打开"标准工序资料维护"对话框。

步骤 2　单击"增加"按钮，增加"01 喷漆"和"02 检验"两种工序，如图 6.15 所示。

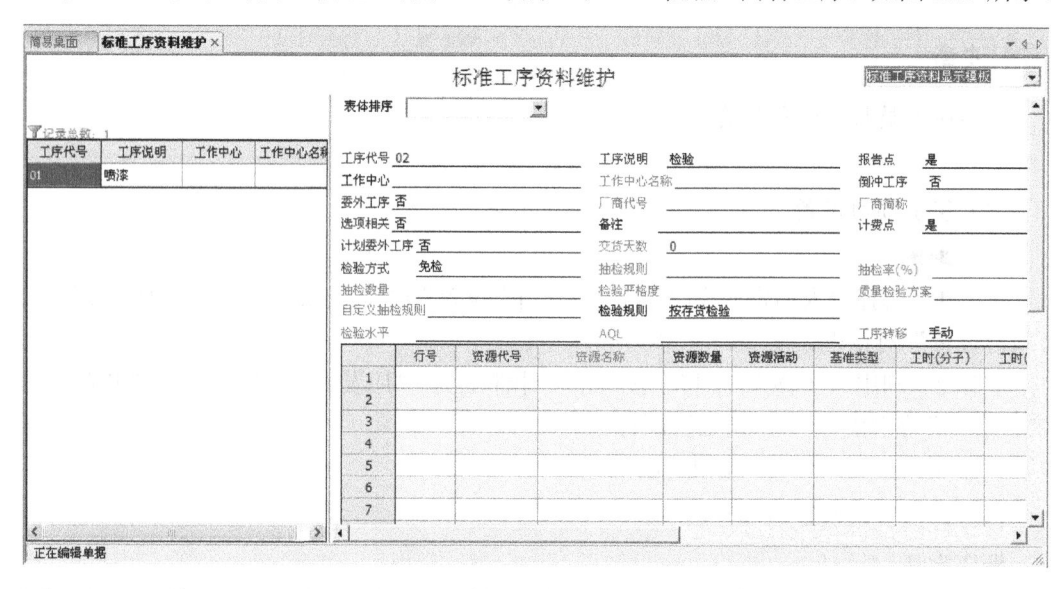

图 6.15　标准工序资料维护

(6）计件工价设置

操作步骤

步骤1　选择"人力资源"|"薪资管理"|"计件工资"|"设置"|"计件工价设置"选项，打开"计件工价设置"对话框。

步骤2　单击"增加"按钮，按实验资料输入计件工价，如图6.16所示。

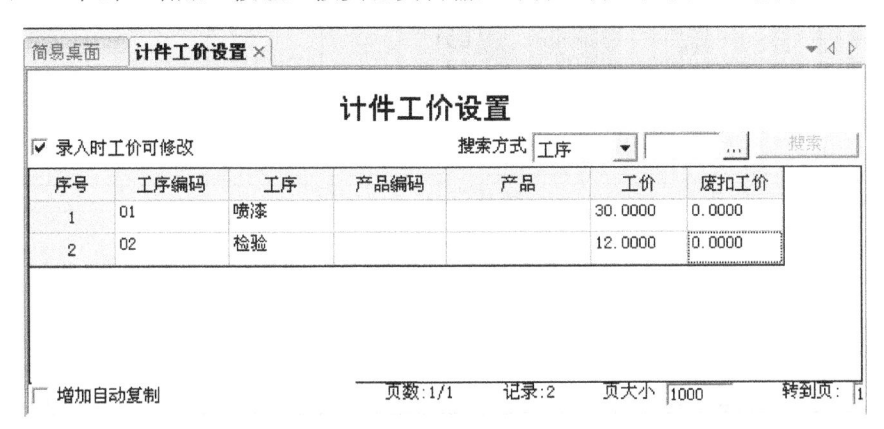

图6.16　计件工价设置

（7）个人所得税相关设置

步骤1　选择"人力资源"|"薪资管理"|"设置"|"选项"选项，打开"选项"对话框。单击"编辑"按钮，在"扣税设置"选项卡中选择个人所得税申报表中收入额合计对应的工资项目为"应发合计"。

步骤2　单击"税率设置"按钮，进行扣税基数、各级应纳税所得额上限及速算扣除数的设置。

6. 正式职工工资处理

（1）输入正式职工基本工资数据

操作步骤

步骤1　打开"正式职工"工资类别，选择"人力资源"|"薪资管理"|"业务处理"|"工资变动"选项，打开"工资变动"对话框。

步骤2　在"过滤器"下拉列表框中选择"过滤设置"，打开"项目过滤"对话框。

步骤3　选择"工资项目"列表框中的"基本工资"，单击 按钮。同样，再选择"浮动工资"，如图6.17所示。

步骤4　单击"确定"按钮，返回"工资变动"对话框，此时每个人的工资项目只显示"基本工资"和"浮动工资"两项。

步骤5　输入"正式职工"工资类别的工资数据。这里只须输入没有进行公式设定的项目，如基本工资、浮动工资和请假天数，其余各项由系统根据计算公式自动计算生成。

步骤6　在"过滤器"下拉列表框中选择"所有项目"，屏幕上显示出所有的工资项目。

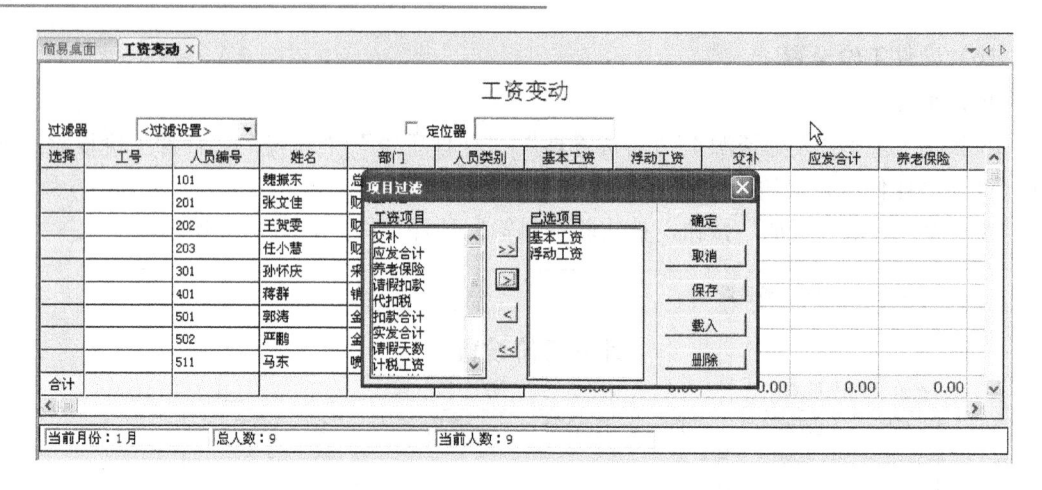

图 6.17 项目过滤设置

（2）输入正式职工工资变动数据

操作步骤

步骤 1　输入考勤情况：孙怀庆请假 2 天，马东请假 1 天。

步骤 2　单击"全选"按钮，人员前面的"选择"栏出现选中标记"Y"。

步骤 3　在工具栏中单击"替换"按钮，在"将工资项目"下拉列表框中选择"浮动工资"，在"替换成"文本框中输入"浮动工资+2000"。

步骤 4　在"替换条件"选项组分别选择"部门""=""（4）销售部"，如图 6.18 所示。单击"确定"按钮，系统弹出"数据替换后将不可恢复。是否继续？"信息提示框。单击"是"按钮，系统弹出"2 条记录被替换，是否重新计算？"信息提示框。单击"是"按钮，系统自动完成工资计算。

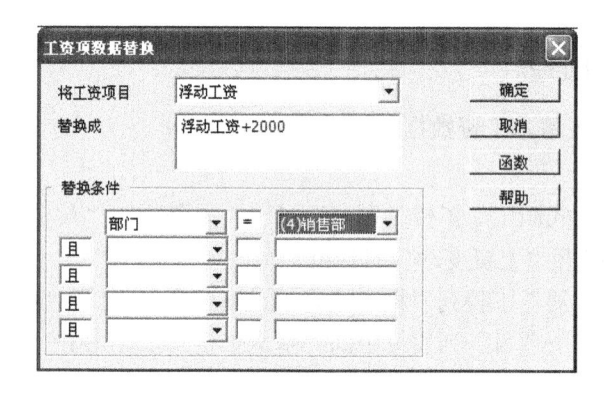

图 6.18　数据替换

（3）数据计算与汇总

操作步骤

步骤 1　在"工资变动"对话框中，在工具栏中单击"计算"按钮，计算工资数据。

步骤 2　在工具栏中单击"汇总"按钮，汇总工资数据。然后退出"工资变动"对话框。

项目6 薪资管理

（4）查看个人所得税扣缴申报表

操作步骤

步骤1　选择"人力资源"|"薪资管理"|"业务处理"|"扣缴所得税"选项，打开"个人所得税申报模板"对话框。

步骤2　选择"北京"地区"扣缴个人所得税报表"，单击"打开"按钮，打开"所得税申报"对话框。单击"确定"按钮，打开"北京扣缴个人所得税报表"对话框，如图6.19所示。

步骤3　查看完毕后退出。

图 6.19　扣缴个人所得税报表

（5）"正式职工"类别工资分摊

Ⅱ　工资分摊类型设置

操作步骤

步骤1　选择"人力资源"|"薪资管理"|"业务处理"|"工资分摊"选项，打开"工资分摊"对话框。

步骤2　单击"工资分摊设置"按钮，打开"分摊类型设置"对话框。

步骤3　单击"增加"按钮，打开"分摊计提比例设置"对话框。

步骤4　输入计提类型名称为"应付工资"，如图6.20所示。

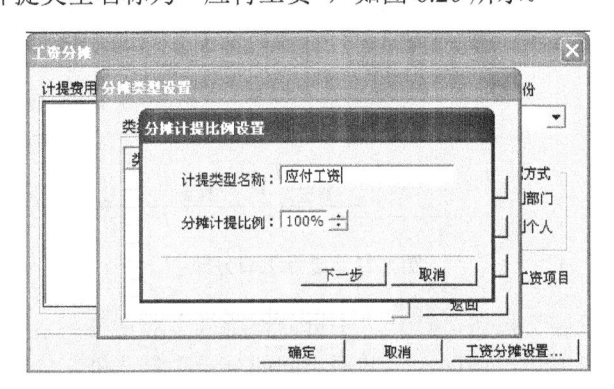

图 6.20　分摊计提比例设置

会计信息化实训（用友 U8 V10.1）

步骤 5　单击"下一步"按钮，打开"分摊构成设置"对话框。按实验资料内容进行设置，设置完成后如图 6.21 所示。单击"完成"按钮返回"分摊类型设置"对话框，继续设置应付福利费计提项目。

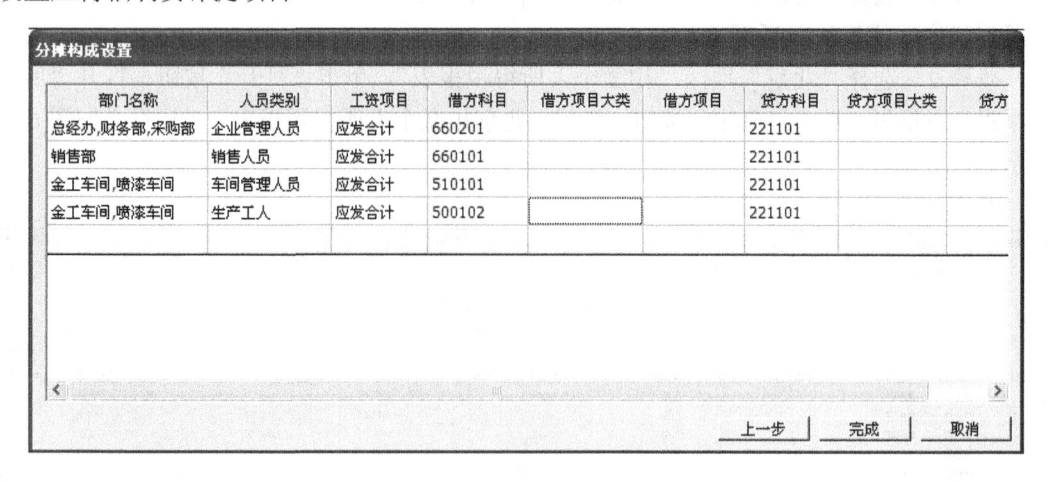

部门名称	人员类别	工资项目	借方科目	借方项目大类	借方项目	贷方科目	贷方项目大类	贷方
总经办,财务部,采购部	企业管理人员	应发合计	660201			221101		
销售部	销售人员	应发合计	660101			221101		
金工车间,喷漆车间	车间管理人员	应发合计	510101			221101		
金工车间,喷漆车间	生产工人	应发合计	500102			221101		

图 6.21　分摊构成设置

工资分摊

操作步骤

步骤 1　选择"人力资源"|"薪资管理"|"业务处理"|"工资分摊"选项，打开"工资分摊"对话框。

步骤 2　选择需要分摊的计提费用类型，确定计提会计月份为"2020-1"。

步骤 3　选择核算部门为总经办、财务部、采购部、销售部、生产部。

步骤 4　选中"明细到工资项目"复选框，如图 6.22 所示。

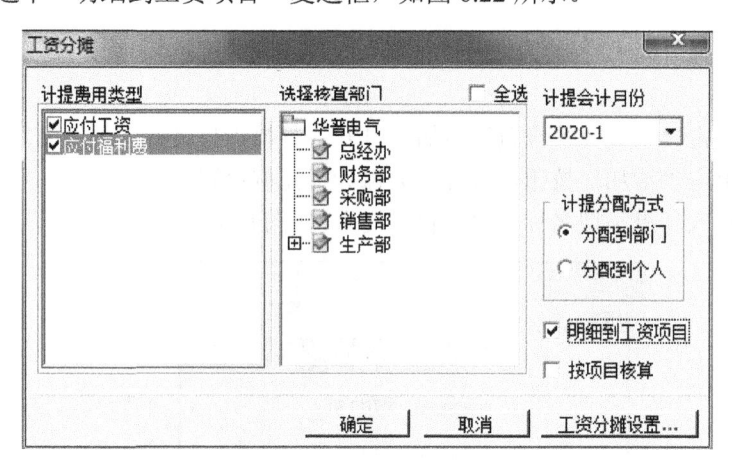

图 6.22　进行工资分摊

步骤 5　单击"确定"按钮，打开"工资分摊明细"对话框。

步骤 6　选中"合并科目相同、辅助项相同的分录"复选框，如图 6.23 所示。然后单击"制单"按钮。

项目 6　薪资管理

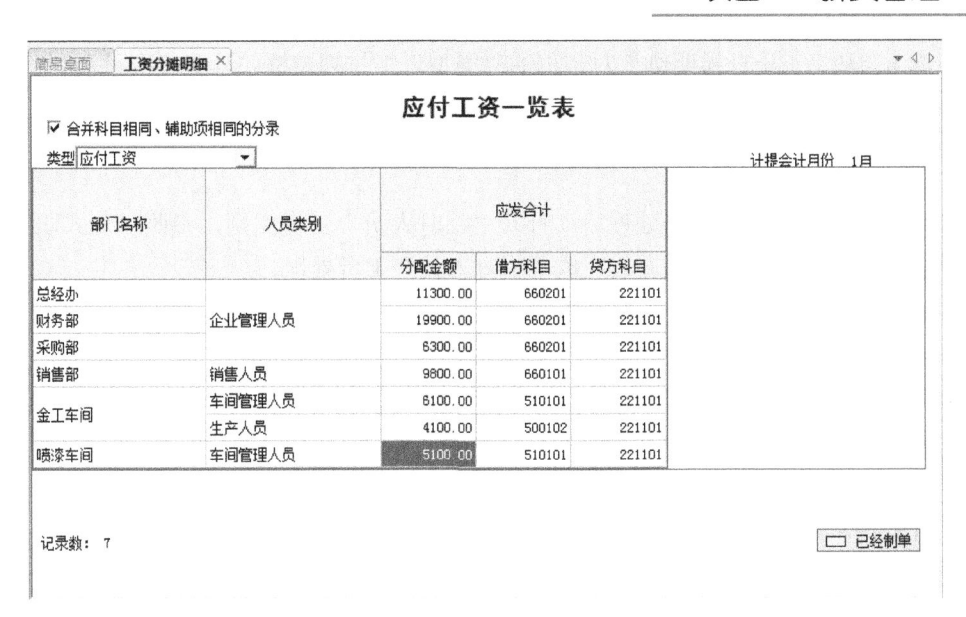

图 6.23　工资分摊明细

步骤 7　单击凭证左上角的"字"处，选择"转 转账凭证"，输入附单据数，单击"保存"按钮，凭证左上角出现"已生成"标志，代表该凭证已传递到总账管理子系统，如图 6.24 所示。然后关闭当前对话框。

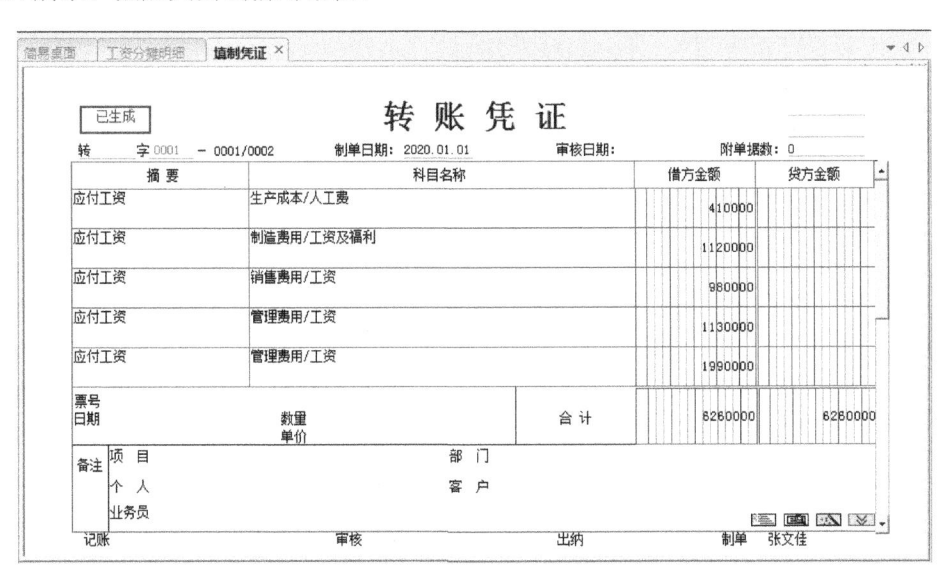

图 6.24　工资分摊生成凭证

> **注意**
>
> 薪资管理子系统生成的凭证在薪资管理子系统中可以进行查询、删除、冲销等操作，传递到总账管理子系统后需要在总账管理子系统中进行审核、记账。

步骤 8 从"工资分摊明细"对话框的"类型"下拉列表框中选择"应付福利费",生成应付福利费凭证。

7. 临时人员工资处理

在完成正式职工工资数据处理后,打开"临时人员"工资类别,参照"正式职工"工资类别初始化设置及数据处理方式完成"临时人员"工资处理。

(1) 计件工资统计

操作步骤

步骤 1 选择"人力资源"|"薪资管理"|"计件工资"|"个人计件"|"计件工资录入"选项,打开"计件工资录入"对话框。

步骤 2 选择工资类别为"临时人员"、部门为"喷漆车间",单击"批增"按钮,打开"计件数据录入"对话框。

步骤 3 选择人员为"521 李春"、计件日期为"2020-01-31";单击"增行"按钮,输入喷漆数量为270,如图 6.25 所示。

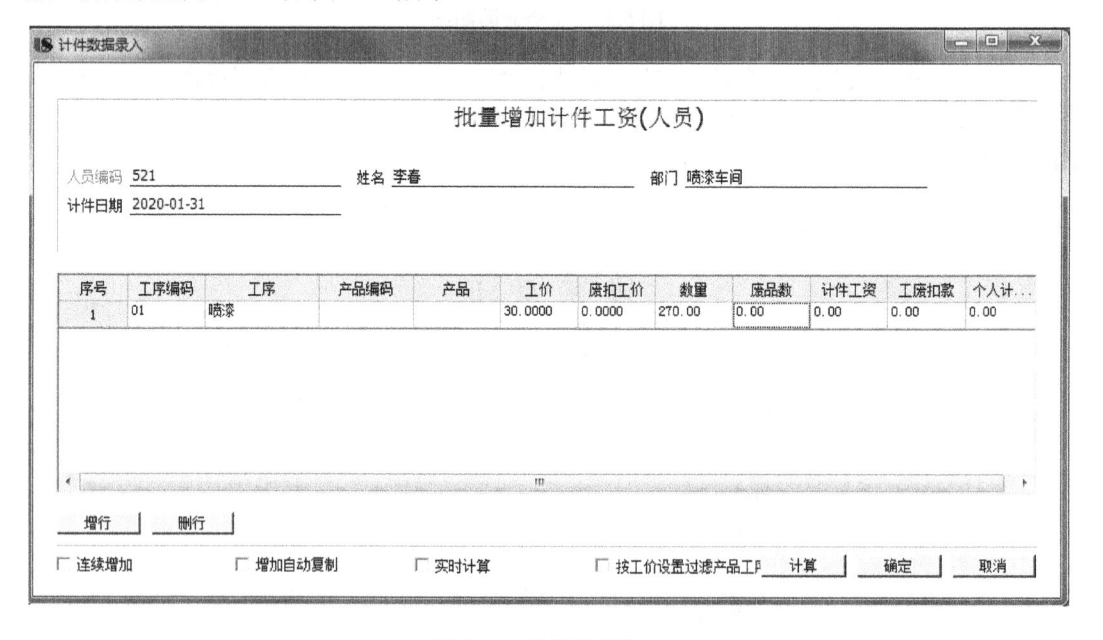

图 6.25 计件数据输入

步骤 4 单击"计算"按钮,计算计件工资。然后单击"确定"按钮返回,继续输入胡国强的计件工资数据。

步骤 5 全部输入完成后,单击"全选"按钮,再单击"审核"按钮,对输入的计件工资数据进行审核。

(2) 计件工资汇总处理

选择"人力资源"|"薪资管理"|"计件工资"|"计件工资汇总"选项,选择工资类别为"临时人员"、部门为"生产部",单击"汇总"按钮进行计件工资汇总处理。

项目6 薪资管理

(3) 工资变动处理

选择"人力资源"|"薪资管理"|"业务处理"|"工资变动"选项，进行工资计算、汇总。

(4) 工资分摊处理

选择"人力资源"|"薪资管理"|"业务处理"|"工资分摊"选项，进行工资分摊设置及工资分摊处理。只设置应付工资分摊即可。

8. 汇总工资类别

操作步骤

步骤1　选择"人力资源"|"薪资管理"|"工资类别"|"关闭工资类别"选项。

步骤2　选择"人力资源"|"薪资管理"|"维护"|"工资类别汇总"选项，打开"工资类别汇总"对话框。

步骤3　选择要汇总的工资类别"正式职工"和"临时人员"，单击"确定"按钮，完成工资类别汇总。

步骤4　选择"人力资源"|"薪资管理"|"工资类别"|"打开工资类别"选项，打开"打开工资类别"对话框。

步骤5　选择"998 汇总工资类别"，单击"确定"按钮，查看工资类别汇总后的各项数据。

> **注意**
> ① 该功能必须在关闭所有工资类别时才可用。
> ② 所选工资类别中必须有汇总月份的工资数据。
> ③ 如果为第1次进行工资类别汇总，则需要在汇总工资类别中设置工资项目计算公式；如果每次汇总的工资类别一致，则公式无须重新设置；如果与上一次汇总所选择的工资类别不一致，则需要重新设置计算公式。
> ④ 汇总工资类别不能进行月末结算和年末结算。

9. 月末处理

操作步骤

步骤1　打开正式职工人员类别，选择"人力资源"|"薪资管理"|"业务处理"|"月末处理"选项，打开"月末处理"对话框。单击"确定"按钮，系统弹出"月末处理之后，本月工资将不许变动，继续月末处理吗？"信息提示框。单击"是"按钮，系统弹出"是否选择清零项？"信息提示框。单击"是"按钮，打开"选择清零项目"对话框。

步骤2　在"请选择清零项目"列表框中，选择"请假天数""请假扣款"，单击">"按钮，将所选项目移动到右侧的列表框中，如图6.26所示。

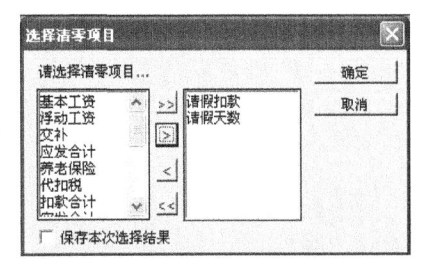

图6.26　选择清零项目

131

步骤3　单击"确定"按钮，系统弹出"月末处理完毕！"信息提示框。然后单击"确定"按钮返回。

步骤4　用同样方法完成"临时人员"工资类别月末处理。

> **注意**
> ① 月末结转只能在会计年度的1至11月进行。
> ② 如果是处理多个工资类别，则应打开各工资类别，分别进行月末结算。
> ③ 如果本月工资数据未汇总，则系统将不允许进行月末结转。
> ④ 进行期末处理后，当月数据将不再允许变动。
> ⑤ 月末处理功能只有主管人员才能执行。

10. 输出账套

全部完成后，将账套输出至"薪资管理"文件夹中。

思考题

1. 为什么要设置人员类别？
2. 人员附加信息对工资核算结果有影响吗？设置人员附加信息的作用是什么？
3. 为什么会在工资类别中没有找到"代扣税"这个工资项目？
4. 如果打开"工资项目设置"对话框，没有看到"公式设置"选项卡，则可能的原因是什么？
5. 按照企业财务制度，生产工人缺勤1天扣款50元、其他人员缺勤1天扣款100元，请在薪资管理子系统中进行设置。
6. 按照企业财务制度，企业管理人员每月有200元通信费补贴、销售人员每月有300元通信费补贴，应如何设置？
7. 如果国家再次提高个人所得税起征点，则薪资管理子系统是否能够处理？应如何处理？
8. 销售部蒋群因工作调动，办理离职手续，从下月开始不再发放工资，应如何处理？
9. 设置按基本工资的12%计提住房公积金并生成凭证。
10. 如果薪资管理子系统生成凭证后发现本月工资数据有误，则应如何处理？
11. 由薪资管理子系统生成的凭证与在总账管理子系统中直接填制的凭证有何不同？

项目 7 固定资产管理

知识目标

通过本项目的学习，要求学生了解固定资产管理子系统的主要功能；掌握固定资产增减变动处理、固定资产卡片管理、计提折旧等操作。

7.1 功 能 概 述

固定资产管理子系统可以帮助企业进行固定资产日常业务的核算和管理，生成固定资产卡片，按月反映固定资产的增加、减少、原值变化及其他变动，并输出相应的增减变动明细账，按月自动计提折旧，生成折旧分配凭证，同时输出一些与设备管理相关的报表和账簿。

7.1.1 固定资产管理子系统初始化

固定资产管理子系统初始化是指根据企业对固定资产的管理需求，在用友 U8 中建立一个适合企业自身的固定资产管理模式。固定资产管理子系统初始化包括建立固定资产账套及参数设置、基础设置和输入期初固定资产卡片。初始化设置工作是一次性的。

1. 建立固定资产账套及参数设置

建立固定资产账套需要确认固定资产管理原则、折旧信息、编码方式及与总账管理子系统的接口。建账完成后，可以在"选项"对话框中对某些选项进行调整。

2. 基础设置

基础设置是设定固定资产日常管理要使用的基础信息，包括资产类别、折旧方法、卡片样式等，还需要设定生成与固定资产管理相关凭证时所用到的科目，如部门对应折旧科目、增减方式对应折旧科目。

3. 输入固定资产原始卡片

固定资产卡片是固定资产核算和管理的基础依据，为保持历史数据的连续性，必须将建账日期以前的数据输入到系统中。原始卡片的输入不限制必须在第 1 个期间结账前，任何时候都可以输入原始卡片，原始卡片上记录的资产的开始使用日期一定要早于固定资产系统的启用日期。

7.1.2 固定资产管理子系统日常业务处理

固定资产在日常使用过程中会发生增、减、变动，涉及价值变动的需要生成财务核算凭证，相应的固定资产卡片中也要留有记录。固定资产增加需要增加固定资产卡片；固定资产变动通过变动单完成对固定资产信息的记录和修改；固定资产减少需要将固定资产卡片删除。固定资产折旧是企业成本费用的重要构成，每月应正确计提固定资产折旧。

期末，要考虑计提固定资产减值准备、与总账管理子系统进行对账并进行本期结账。

7.2 教学重点、难点

7.2.1 自动凭证科目设置

固定资产涉及价值变动的业务可以根据业务原型自动生成凭证传递给总账管理子系统，因此就需要预先设置生成凭证要用到的科目。这些科目分别通过设置"选项"对话框、部门对应折旧科目、增减方式对应入账科目确定。

例如，新增固定资产时，需要填写固定资产卡片，卡片上需要注明"增加方式"。根据增加方式便确定了对应入账科目，因此系统自动生成如下凭证。

借：固定资产（"选项"设置中设置了默认的固定资产和进项税额的默认入账科目）
　　进项税额
　贷：银行存款（直接购入增减方式对应的入账科目为"银行存款"）

7.2.2 卡片管理

固定资产卡片是固定资产管理子系统最为基础的资料，详细记录了固定资产自进入企业之日的基本信息、大修理信息、转移及变动记录、报废情况等。基本信息于固定资产进入当日通过填写固定资产卡片建立，其他大修理、价值变动记录均通过填制变动单获取。

7.2.3 计提折旧

影响固定资产折旧的因素包括折旧方法变动、原值变动、使用年限变动等。不同因素的变化都会对折旧计算产生影响，但要注意按照系统设定的固定资产管理原则是影响变动当月折旧计算，还是自变动下月发生影响。

实验八　固定资产管理

实验目的

掌握用友 U8 中有关固定资产管理的相关内容；掌握固定资产管理子系统初始化、日常业务处理、月末处理的操作。

实验内容

① 固定资产管理子系统参数设置、原始卡片输入。
② 日常业务：资产增减、资产变动、资产评估、生成凭证、账表查询。
③ 月末处理：计提减值准备、计提折旧、对账和结账。

实验要求

① 引入"总账初始化"账套数据。
② 以 01 张文佳的身份进行固定资产管理。

实验资料

1. 启用固定资产管理子系统

由账套主管启用固定资产管理子系统，启用日期为 2020 年 1 月 1 日。

2. 建立固定资产账套（见表 7.1）

表 7.1　固定资产账套

控制参数	参数设置
约定与说明	我同意
启用月份	2020.01
折旧信息	本账套计提折旧 折旧方法：年数总和法 折旧汇总分配周期：1 个月 当月初已计提月份=可使用月份-1 时，将剩余折旧全部提足
编码方式	资产类别编码方式：2112 固定资产编码方式： 　按"类别编码+部门编码+序号"自动编码 　卡片序号长度为 3
财务接口	与账务总账管理子系统进行对账 对账科目： 　固定资产对账科目：1601,固定资产 　累计折旧对账科目：1602,累计折旧

3. 基础设置

(1) 选项

① 业务发生后立即制单。
② 月末结账前一定要完成制单登账业务。
③ 固定资产默认入账科目：1601,固定资产。
④ 累计折旧默认入账科目：1602,累计折旧。
⑤ 减值准备默认入账科目：1603,固定资产减值准备。
⑥ 增值税进项税额默认入账科目：22210101,进项税额。
⑦ 固定资产清理默认入账科目：1606,固定资产清理。

(2) 资产类别（见表 7.2）

表 7.2 资产类别

编码	类别名称	使用年限	净残值率	单位	计提属性	卡片样式
01	厂房及建筑物	20	5%		正常计提	通用卡片样式
02	交通运输设备		5%		正常计提	含税卡片样式
021	车辆	10	5%	辆	正常计提	含税卡片样式
03	设备		5%		正常计提	含税卡片样式
031	机器设备	10	5%	台	正常计提	含税卡片样式
032	电子设备	5	5%		正常计提	含税卡片样式

(3) 部门及对应折旧科目（见表 7.3）

表 7.3 部门及对应折旧科目

部门	对应折旧科目
总经办、财务部、采购部	660204,管理费用/折旧费
销售部	660104,销售费用/折旧费
生产部	510102,制造费用/折旧费

(4) 增减方式的对应入账科目（见表 7.4）

表 7.4 增减方式的对应入账科目

增减方式目录	对应入账科目
增加方式	
直接购入	100201,人民币户
减少方式	
毁损	1606,固定资产清理

4. 原始卡片（见表7.5）

表7.5 原始卡片　　　　　　　　　　　　　　　　　　　　　　　元

固定资产名称	类别编号	所在部门	增加方式	可使用年限	开始使用日期	原　值	累计折旧
厂房1	01	金工车间	直接购入	20	2013-12-01	285 524	135 623.9
厂房2	01	喷漆车间	直接购入	20	2013-12-01	109 640	52 079
剪板机	031	金工车间	直接购入	10	2013-12-01	74 000	57 518.18
冲床	031	金工车间	直接购入	10	2013-12-01	40 000	31 090.91
喷涂机	031	喷漆车间	直接购入	10	2013-12-01	8 000	6 218.18
空压机	031	喷漆车间	直接购入	10	2013-12-01	5 000	3 886.36
海尔空调	032	总经办	直接购入	5	2018-12-01	10 000	3 166.67
多功能一体机	032	财务部	直接购入	5	2018-12-01	13 600	4 306.67
金杯车	021	销售部	直接购入	10	2015-12-01	50 000	29 363.64
奥迪轿车	021	总经办	直接购入	10	2015-12-01	400 000	234 909.09
合　计						995 764	558 162.6

说明：使用状况均为"在用"，折旧方法均采用年数总和法。

5. 1月份日常业务

① 1月20日，财务部购买华硕电脑一台。增值税发票载明无税单价为6 000元、增值税税额为780元，价税合计6 780元。净残值率为5%，预计使用年限5年。

② 1月30日，计提本月折旧费用。

③ 1月30日，喷涂车间喷涂机毁损。

④ 查询部门折旧计提汇总表。

⑤ 1月30日，固定资产月末结账。

6. 2月份日常业务

① 2月16日，总经办的奥迪轿车添置配件花费10 000元。（转账支票号ZZ1705）

② 2月16日，财务部的多功能一体机调配到采购部。

③ 2月27日，经核查对2018年购入的海尔空调计提1 000元的减值准备。

实验指导

1. 启用固定资产管理子系统

以账套主管张文佳的身份登录企业应用平台，启用固定资产管理子系统，启用日期为2020年1月1日。

2. 固定资产管理子系统初始化

操作步骤

步骤1　在企业应用平台的"业务工作"中，选择"财务会计"|"固定资产"选项，

系统弹出"这是第一次打开此账套，还未进行过初始化，是否进行初始化？"信息提示框。单击"是"按钮，打开"初始化账套向导"对话框。

步骤2　在"初始化账套向导——约定及说明"对话框中，仔细阅读相关条款，选中"我同意"单选按钮。

步骤3　单击"下一步"按钮，打开"初始化账套向导——启用月份"对话框，确认账套启用月份为"2020.01"。

步骤4　单击"下一步"按钮，打开"初始化账套向导——折旧信息"对话框。选中"本账套计提折旧"复选框，选择主要折旧方法为"年数总和法"、折旧汇总分配周期为1个月，选中"当（月初已计提月份=可使用月份-1)时将剩余折旧全部提足（工作量法除外）"复选框，如图7.1所示。

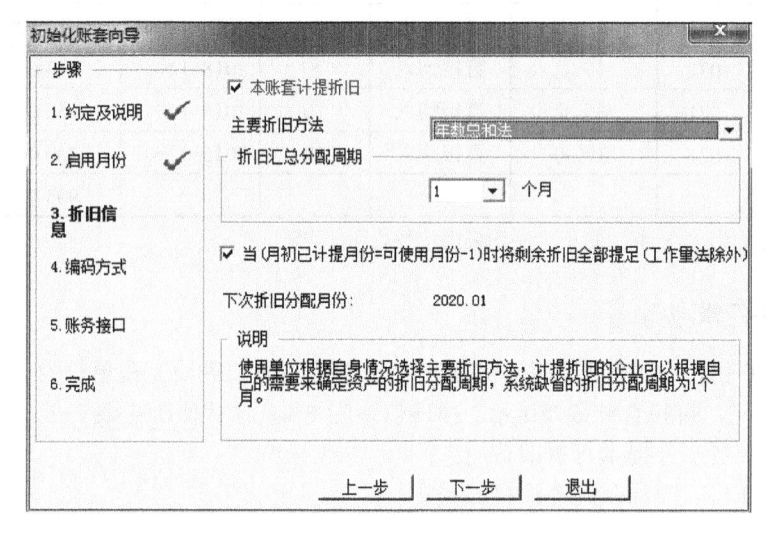

图7.1　初始化账套向导——折旧信息

注意

① 如果是行政事业单位，不选中"本账套计提折旧"复选框，则账套内所有与折旧有关的功能都会被屏蔽。该选项在初始化设置完成后不能修改。

② 虽然这里选择了某种折旧方法，但在设置资产类别或定义具体固定资产时可以更改该设置。

步骤5　单击"下一步"按钮，打开"初始化账套向导——编码方式"对话框。确定资产类别编码长度为2112，选中"自动编号"单选按钮，选择固定资产编码方式为"类别编号+部门编号+序号"、序号长度为3，如图7.2所示。

步骤6　单击"下一步"按钮，打开"初始化账套向导——账务接口"对话框。选中"与账务系统进行对账"复选框，选择固定资产对账科目为"1601,固定资产"、累计折旧对账科目为"1602,累计折旧"，选中"在对账不平情况下允许固定资产月末结账"复选框，如图7.3所示。

项目 7　固定资产管理

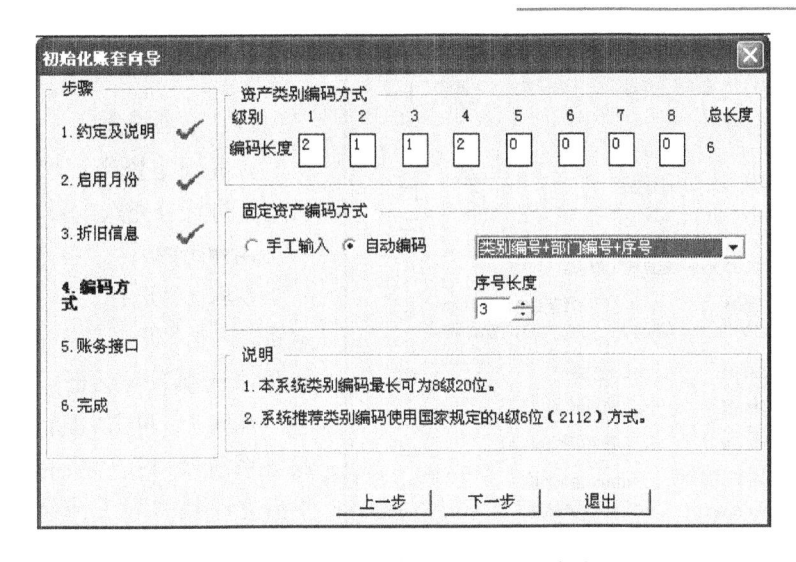

图 7.2　初始化账套向导——编码方式

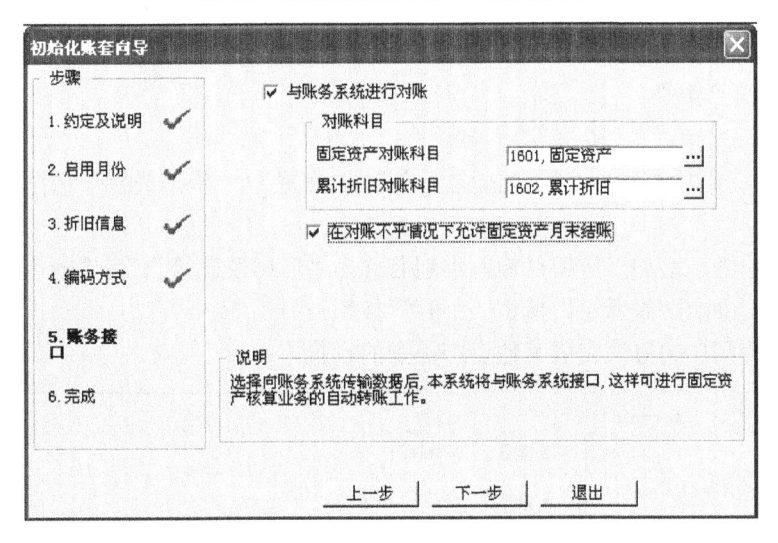

图 7.3　初始化账套向导——账务接口

步骤 7　单击"下一步"按钮,打开"初始化账套向导——完成"对话框。单击"完成"按钮,完成本账套的初始化,系统弹出"是否确定所设置的信息完全正确并保存对新账套的所有设置?"信息提示框。单击"是"按钮。

步骤 8　系统弹出"已成功初始化本固定资产账套!"信息提示框。单击"确定"按钮。

注意

① 初始化设置完成后,有些选项不能修改,所以要慎重。

② 如果发现选项设置有错,必须改正,则只能通过在固定资产管理子系统选择"财务会计"|"固定资产"|"维护"|"重新初始化账套"选项实现。该操作将清空对该子账套所做的一切工作。

139

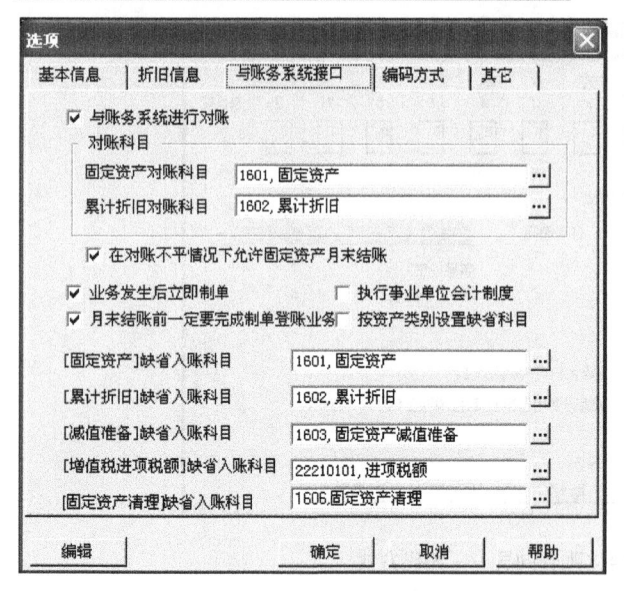

图 7.4 "选项"对话框

3. 基础设置

(1) 选项设置

完成固定资产管理子系统初始化后还要进行补充选项设置。

操作步骤

步骤1 选择"财务会计"|"固定资产"|"设置"|"选项"选项，打开"选项"对话框。

步骤2 单击"编辑"按钮，在"与账务系统接口"选项卡选中"业务发生后立即制单""月末结账前一定要完成制单登账业务"复选框，设置各个默认入账科目，如图 7.4 所示。然后单击"确定"按钮。

(2) 设置资产类别

操作步骤

步骤1 选择"财务会计"|"固定资产"|"设置"|"资产类别"选项，打开"资产类别"对话框。

步骤2 单击"增加"按钮，输入类别名称为"厂房及建筑物"，选择卡片样式为"通用样式（二）"，如图 7.5 所示，单击"保存"按钮。

步骤3 用同样的方法完成其他资产类别的设置。

图 7.5 增加资产类别

项目7 固定资产管理

> **注意**
> ① 增加资产类别时,需要在左边选中其上级资产类别。
> ② 资产类别编码不能重复,同一级的类别名称不能相同。
> ③ 类别编码、名称、计提属性、卡片样式不能为空。
> ④ 已使用过的类别不能设置新下级。

(3) 设置部门对应折旧科目

操作步骤

步骤1 选择"财务会计"|"总账管理"|"设置"|"部门对应折旧科目"选项,打开"部门对应折旧科目"对话框。

步骤2 选择部门"总经办",单击"修改"按钮。

步骤3 选择折旧科目为"660204,折旧费",单击"保存"按钮。

步骤4 用同样方法完成其他部门折旧科目的设置。设置完成后如图7.6所示。

部门编码	部门名称	折旧科目
	固定资产部门编码目录	
1	总经办	660204,折旧费
2	财务部	660204,折旧费
3	采购部	660204,折旧费
4	销售部	660104,折旧费
5	生产部	500104,折旧费

图7.6 部门对应折旧科目设置

> **注意**
> 如果金工车间和喷漆车间对应的折旧科目相同,则可以将折旧科目设置在生产部,保存后单击"刷新"按钮,其下属部门自动继承。

(4) 设置增减方式的对应入账科目

操作步骤

步骤1 选择"财务会计"|"总账管理"|"设置"|"增减方式"选项,打开"增减方式"对话框。

步骤2 在左边列表框中选择增加方式为"直接购入",然后单击"修改"按钮。

步骤3 输入对应入账科目为"100201,人民币户",然后单击"保存"按钮。

步骤4 用同样方法,输入减少方式"损毁"的对应入账科目为"1606,固定资产清理"。

> **注意**
>
> 当固定资产发生增减变动时，系统生成凭证时会默认采用这些科目。

4. 输入原始卡片

操作步骤

步骤 1　选择"财务会计"|"总账管理"|"卡片"|"录入原始卡片"选项，打开"固定资产类别档案"对话框。

步骤 2　选择固定资产类别为"01 厂房及建筑物"，单击"确定"按钮，打开"固定资产卡片"对话框。

步骤 3　输入固定资产名称为"厂房 1"；双击"部门名称"选择"金工车间"，双击"增加方式"选择"直接购入"，双击"使用状况"选择"在用"；输入开始使用日期为"2013-12-01"、原值为 285 524、累计折旧为 135 623.90；其他信息自动算出，如图 7.7 所示。

步骤 4　单击"保存"按钮，系统弹出"数据成功保存！"信息提示框。单击"确定"按钮。

步骤 5　同理，完成其他固定资产卡片的输入。

图 7.7　输入原始卡片

> **注意**
>
> ① 卡片编号由系统根据初始化时定义的编码方案自动设定，不能修改。如果删除一张卡片，且此卡片又不是最后一张时，则系统将保留空号。
>
> ② 已计提月份由系统根据开始使用的日期自动算出。已计提月份可以修改，但需要将使用期间停用等不计提折旧的月份扣除。
>
> ③ 月折旧率、月折旧额在与计算折旧有关的项目输入后，系统按照输入的内容自动算出并显示在相应项目内。可与手工计算的值比较，核对是否有错误。

项目 7　固定资产管理

注意

固定资产卡片期初输入完成后，如何才能知道数据是否正确呢？可以选择"财务会计"｜"固定资产"｜"处理"｜"对账"选项，打开"与账务对账结果"对话框，显示与总账管理子系统对账的结果，如图 7.8 所示。

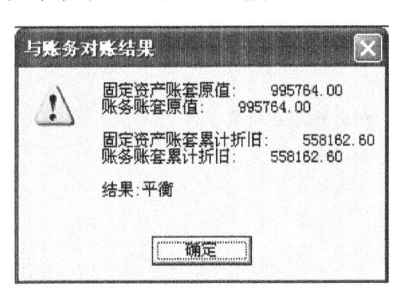

图 7.8　期初与总账管理子系统对账

5.1 月份日常业务处理

（1）资产增加

操作步骤

步骤 1　选择"财务会计"｜"固定资产"｜"卡片"｜"资产增加"选项，打开"固定资产类别档案"对话框。

步骤 2　选择资产类别为"032 电子设备"，单击"确定"按钮，打开"固定资产卡片"对话框。

步骤 3　输入固定资产名称为"华硕电脑"；双击"使用部门"选择"财务部"，双击"增加方式"选择"直接购入"，双击"使用状况"选择"在用"；输入原值为 6 000、使用年限（月）为 60、开始使用日期为"2020-01-20"、增值税为 780，如图 7.9 所示。

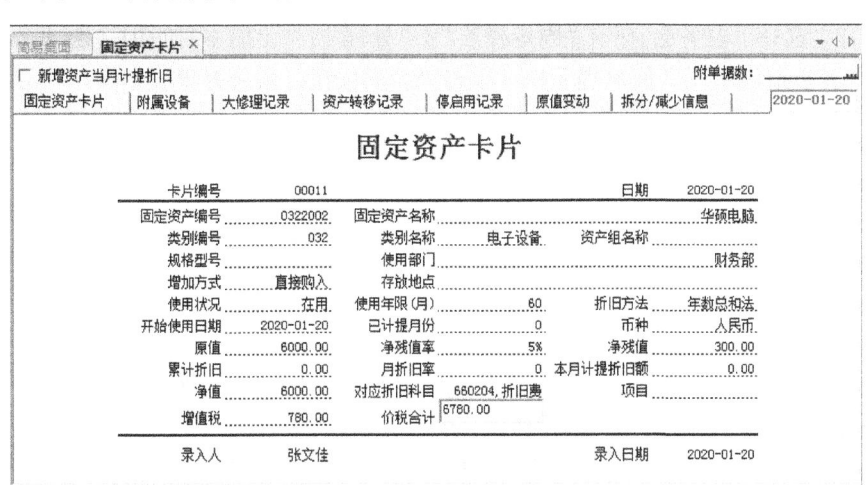

图 7.9　新增固定资产卡片

步骤 4　单击"保存"按钮,打开"填制凭证"对话框。

步骤 5　选择凭证类型为"付 付款凭证",修改制单日期、附件数,单击"保存"按钮,生成凭证如图 7.10 所示。

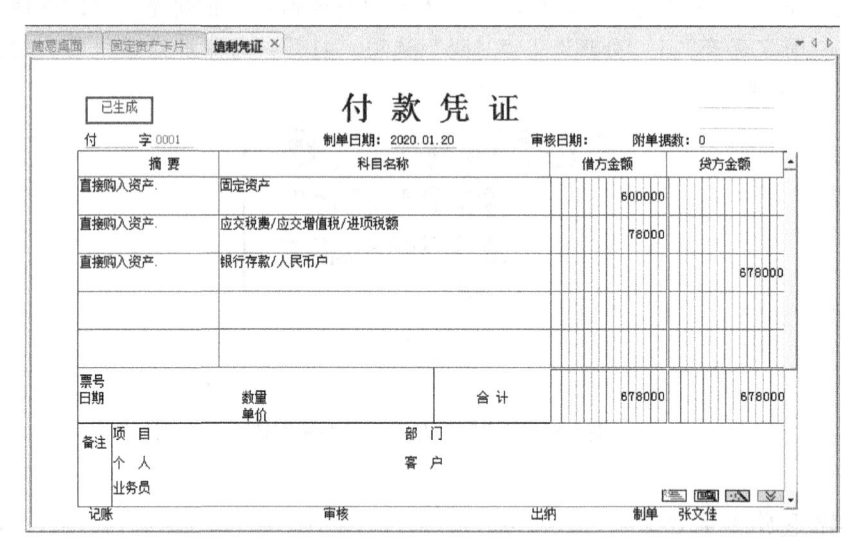

图 7.10　新增固定资产

> **注意**
> ① 固定资产原值一定要输入卡片输入月月初的价值,否则会出现计算错误。
> ② 新卡片第 1 个月不提折旧,累计折旧为空或 0。
> ③ 卡片输入完后,也可以不立即制单,在月末进行批量制单。

(2) 计提本月折旧

操作步骤

步骤 1　选择"财务会计"|"固定资产"|"处理"|"计提本月折旧"选项,系统弹出"是否要查看折旧清单?"信息提示框。单击"否"按钮,系统弹出"本操作将计提本月折旧,并花费一定时间,是否要继续?"信息提示框。单击"是"按钮。

步骤 2　系统计提折旧完成后打开"折旧分配表"对话框,如图 7.11 所示。

步骤 3　单击"凭证"按钮,打开"填制凭证"对话框。选择"转 转账凭证",单击"保存"按钮,计提折旧凭证如图 7.12 所示。

> **注意**
> ① 如果上次计提折旧已通过记账凭证把数据传递到总账管理子系统,则必须删除该凭证才能重新计提折旧。
> ② 如果计提折旧后又对账套进行了影响折旧计算或分配的操作,则必须重新计提折旧,否则系统不允许结账。

图 7.11　折旧分配表

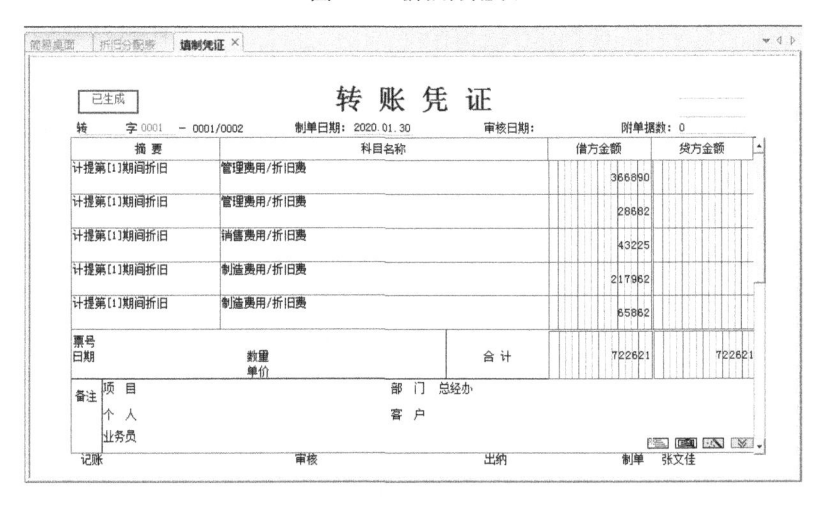

图 7.12　计提折旧凭证

(3) 资产减少

操作步骤

步骤 1　选择"财务会计"|"固定资产"|"卡片"|"资产减少"选项，打开"资产减少"对话框。

步骤 2　选择卡片编号为 00005，单击"增加"按钮。

步骤 3　选择减少方式为"毁损"，如图 7.13 所示。

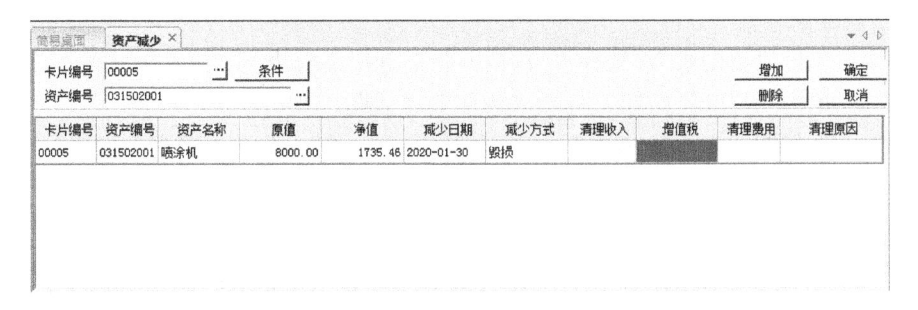

图 7.13　资产减少

步骤 4　单击"确定"按钮,打开"填制凭证"对话框。选择"转 转账凭证",修改其他项目,单击"保存"按钮,如图 7.14 所示。

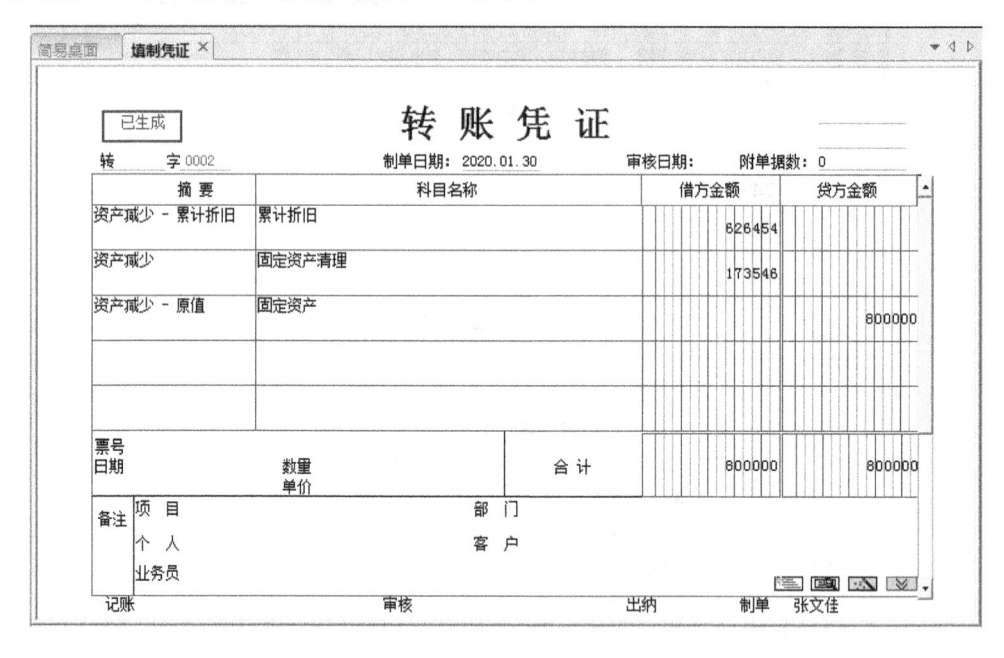

摘要	科目名称	借方金额	贷方金额
资产减少 - 累计折旧	累计折旧	626454	
资产减少	固定资产清理	173546	
资产减少 - 原值	固定资产		800000
	合计	800000	800000

图 7.14　资产减少生成凭证

> **注意**
> ① 本账套需要进行计提折旧后,才能减少资产。
> ② 如果要减少的资产较少或没有共同点,则通过输入资产编号或卡片号,单击"增加"按钮,将资产添加到资产减少表中。
> ③ 如果要减少的资产较多并且有共同点,则通过单击"条件"按钮,输入一些查询条件,将符合该条件的资产挑选出来进行批量减少操作。

(4)查看部门折旧计提汇总表

步骤 1　选择"财务会计"|"固定资产"|"账表"|"我的账表"选项,打开"报表"对话框。

步骤 2　单击"折旧表",选择"(部门)折旧计提汇总表"。

步骤 3　单击"打开"按钮,打开"条件"对话框。

步骤 4　选择期间为"2020.01"、部门级次为"1—2",单击"确定"按钮。

(5)月末结账

① 对账

固定资产管理子系统生成的凭证自动传递到总账管理子系统。在总账管理子系统中,由 03 任小慧对出纳凭证进行签字、02 王贺雯对传递过来的凭证进行审核和记账。

项目 7　固定资产管理

> **注意**
> 只有总账管理子系统记账完毕，固定资产管理子系统期末才能与总账管理子系统进行对账工作。

选择"财务会计"|"固定资产"|"处理"|"对账"选项，打开"与财务对账结果"对话框。查看对账结果后单击"确定"按钮。

> **注意**
> ① 当总账管理子系统记账完毕，固定资产管理子系统才可以进行对账。对账平衡，就开始月末结账。
> ② 如果在初始设置时选择了与账务系统对账功能，则对账操作不限制时间，任何时候都可以进行对账。
> ③ 如果在"与账务系统接口"选项卡中选中了"在对账不平情况下允许固定资产月末结账"复选框，则可以直接进行月末结账。

② 结账

操作步骤

步骤1　选择"财务会计"|"固定资产"|"处理"|"月末结账"选项，打开"月末结账"对话框。

步骤2　单击"开始结账"按钮，系统自动检查与总账管理子系统的对账结果。单击"确定"按钮后，系统弹出"月末结账成功完成！"信息提示框。

步骤3　单击"确定"按钮。

> **注意**
> ① 本会计期间做完月末结账工作后，所有数据资料将不能再进行修改。
> ② 本会计期间不做完月末结账工作，系统将不允许处理下一个会计期间的数据。
> ③ 月末结账前一定要进行数据备份，否则数据一旦丢失，将造成无法挽回的损失。

6. 下月业务

（1）原值增加

操作步骤

步骤1　选择"财务会计"|"固定资产"|"卡片"|"变动单"|"原值增加"选项，打开"固定资产变动单"对话框。

步骤2　选择卡片编号为00010，输入增加金额为10 000、变动原因为"增加配件"，如图7.15所示。

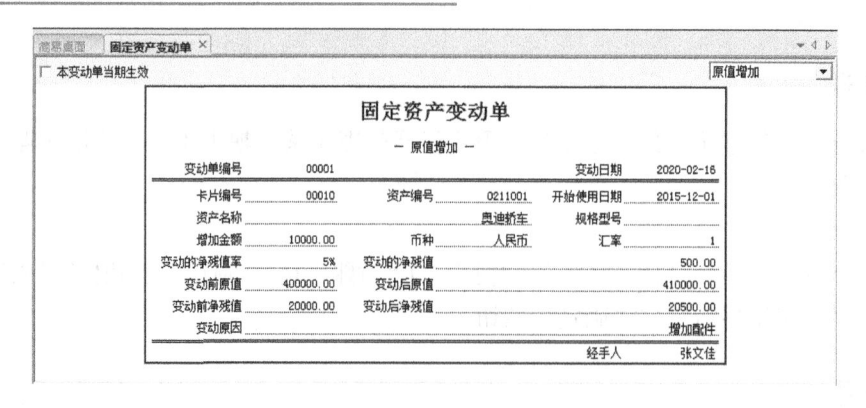

会计信息化实训（用友 U8 V10.1）

图 7.15　固定资产变动单——原值增加

步骤 3　单击"保存"按钮，打开"填制凭证"对话框。

步骤 4　选择凭证类型为"付 付款凭证"，填写修改其他项目，然后单击"保存"按钮。

> **注意**
>
> ① 资产变动主要包括原值变动、部门转移、使用状况变动、使用年限调整、折旧方法调整、净残值（率）调整、工作总量调整、累计折旧调整、资产类别调整等。系统对已做出变动的资产，要求输入相应的变动单来记录资产调整结果。
> ② 变动单不能修改，只有当月可删除重做，所以应仔细检查后再保存。
> ③ 必须保证变动后的净值大于变动后的净残值。

（2）固定资产部门转移

操作步骤

步骤 1　选择"财务会计"|"固定资产"|"卡片"|"变动单"|"部门转移"选项，打开"固定资产变动单"对话框。

步骤 2　输入卡片编号为 00008，双击"变动后部门"选择"采购部"，输入变动原因为"调拨"，如图 7.16 所示。

图 7.16　固定资产变动单——部门转移

步骤 3　单击"保存"按钮。

(3) 计提减值准备

操作步骤

步骤 1　选择"财务会计"|"固定资产"|"卡片"|"变动单"|"计提减值准备"选项，打开"固定资产变动单"对话框。

步骤 2　输入卡片编号为 00007、减值准备金额为 1 000、变动原因为"减值"。

步骤 3　单击"保存"按钮，打开"填制凭证"对话框。

步骤 4　选择凭证类型为"转 转账凭证"，补充输入借方科目名称为"资产减值损失"，如图 7.17 所示。然后单击"保存"按钮。

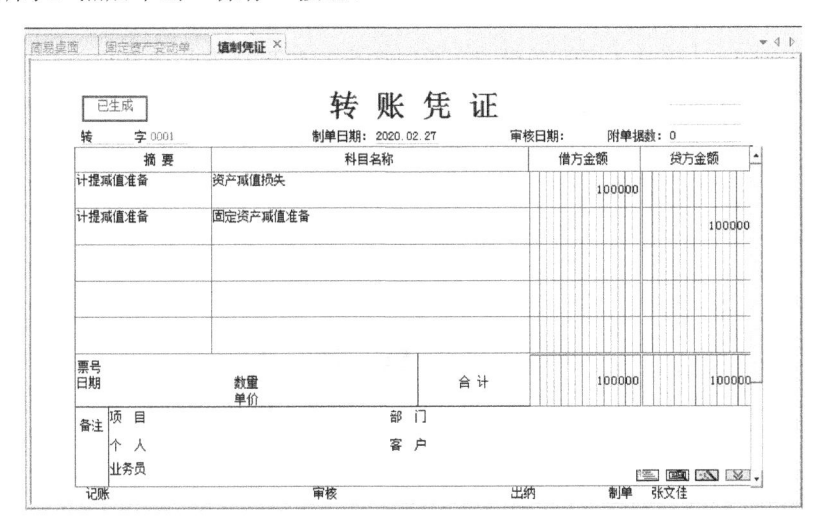

图 7.17　固定资产减值处理

7. 账套备份

全部实验完成后，将账套输出至"固定资产"文件夹中。

思考题

1. 什么情况下不选中"本账套计提折旧"复选框？
2. 什么情况下会发生固定资产管理子系统与总账管理子系统对账不平？
3. 为什么要设置部门对应折旧科目，其作用何在？
4. 在固定资产管理子系统开始日常业务处理之前是否必须将全部原始卡片输入系统？
5. 计提折旧之后发现卡片中内容输入错误如何修改？
6. 进行资产评估时，可评估项目包括哪些内容？
7. 固定资产管理子系统不能正常结账的原因包括哪些？
8. 计提折旧之后又修改了原值、折旧方法，怎么办？
9. 系统在运行过程中发现账簿中的数据错误很多或太乱，应如何处理？
10. 资产减少是否可以当月进行？资产变动是否可以当月进行？

项目 8

供应链管理系统初始化

知识目标

通过本项目的学习,要求学生理解供应链管理系统初始化的含义;理解选项的意义、设置自动科目的作用;理解供应链管理系统初始数据与财务会计系统初始数据的关联;学会根据企业实际情况进行供应链管理系统初始化设置。

8.1 功能概述

8.1.1 供应链管理系统的构成

用友 U8 供应链管理系统主要包括合同管理、采购管理、委外管理、销售管理、库存管理、存货核算、售前分析、质量管理几个子系统。其主要功能在于增加预测的准确性,减少库存,提高发货供货能力;减少工作流程周期,提高生产效率,降低供应链成本;减少总体采购成本,缩短生产周期,加快市场响应速度。同时,在这些子系统中提供了对采购、销售等业务环节的控制,对库存资金占用的控制,完成对存货出入库成本核算的功能。

考虑到教学学时限制及企业实际应用的需求,本教材将重点介绍供应链管理系统中的采购管理、销售管理、库存管理、存货核算 4 个子系统。由于应付与付款是采购完整流程的构成部分、应收与收款是销售完整流程的构成部分,同时业务处理的结果是经由存货核算子系统生成财务凭证传递到总账管理子系统的,因此我们把财务会计系统中的应收款管理子系统、应付款管理子系统和总账管理子系统也作为企业财务业务一体化应用的必要组成部分。总账管理子系统前面已经学习过,其他各子系统的主要功能简述如下。

1. 采购管理子系统

采购管理子系统帮助企业对采购业务的全部流程进行管理,提供请购、订货、到货、检验、入库、开票、采购结算的完整采购流程,支持普通采购、受托代销、直运等多种类型的采购业务,支持按询价比价方式选择供应商,支持以订单为核心的业务模式。企业还可以根据实际情况进行采购流程的定制，既可选择按规范的标准流程操作，又可按最简约的流程来处理实际业务，方便企业构建自己的采购业务管理平台。

2. 销售管理子系统

销售管理子系统帮助企业对销售业务的全部流程进行管理，提供报价、订货、发货、开票的完整销售流程，支持普通销售、委托代销、分期收款、直运、零售、销售调拨等多种类型的销售业务，支持以订单为核心的业务模式，并可对销售价格和信用进行实时监控。企业可以根据实际情况进行销售流程的定制，构建自己的销售业务管理平台。

3. 库存管理子系统

库存管理子系统主要是从数量的角度管理存货的出入库业务，能够满足采购入库、销售出库、产成品入库、材料出库、其他出入库、盘点管理等业务需要，提供多计量单位使用、仓库货位管理、批次管理、保质期管理、出库跟踪、入库管理、可用量管理等全面的业务应用。通过对存货的收发存业务处理，可以及时动态地掌握各种库存存货信息、对库存安全性进行控制、提供各种储备分析，从而避免库存积压占用资金或材料短缺影响生产。

4. 存货核算子系统

存货核算子系统是从资金的角度管理存货的出入库业务，掌握存货耗用情况，及时准确地把各类存货成本归集到各成本项目和成本对象上。存货核算子系统主要用于核算企业的入库成本、出库成本、结余成本；反映和监督存货的收发、领退和保管情况；反映和监督存货资金的占用情况、动态反映存货资金的增减变动、提供存货资金周转和占用分析，以降低库存，减少资金积压。

5. 应收款管理子系统

应收款管理子系统主要用来核算和管理客户往来款项，记录、审核企业在日常销售活动中所形成的各项应收信息，以便及时收回欠款。应收款管理子系统可以明细到产品、地区、部门和业务员，并可以从多个维度对应收账款进行统计分析。

6. 应付款管理子系统

应付款管理子系统主要用来核算和管理供应商往来款项，记录、审核企业在日常采购活动中所形成的各项应付信息，以便及时付清货款。应付款管理子系统可以明细到产品、地区、部门和业务员，并可以从多个维度对应付账款进行统计分析。

8.1.2 供应链管理系统初始化的内容

供应链管理系统初始化包括设置供应链管理系统选项、基础档案设置、自动凭证科目设置及期初数据输入4项工作。

1. 设置供应链管理系统选项

企业所属行业不同、业务范围不同、管理精细程度不同，在财务业务一体化应用方案上就会有所区别。用友 U8 的供应链管理系统是通用管理系统，这意味着系统内预置了丰富的选项、个性化设置细节等，不同的选项设置将会影响到企业的业务处理流程和业务处理方式。

2. 基础档案设置

本项目之前设计的实验中都有基础信息的设置，但基本限于与财务会计相关的信息。除此以外，供应链管理系统还需要增设与业务处理、查询统计、财务连接相关的基础信息。

使用供应链管理系统之前，应做好手工基础数据的准备工作，如对存货合理分类、准备存货的详细档案、进行库存数据的整理及与账面数据的核对等。

3. 自动凭证科目设置

在财务业务一体化集成应用模式下，购销业务在采购管理子系统、销售管理子系统、库存管理子系统处理后，最终通过存货核算子系统、应收款管理子系统和应付款管理子系统生成与业务相关的凭证传递给总账管理子系统。因此，需要在这 3 个系统中预先设置好凭证模板。

（1）存货核算子系统

存货核算子系统是联系供应链管理系统与财务会计系统的桥梁，各种存货的购进、销售及其他出入库业务均在存货核算子系统中生成凭证。

① 设置存货科目。设置存货科目是指设置生成凭证所需要的各种存货科目和差异科目。存货科目既可以按仓库，也可以按存货分类分别进行设置。

② 设置对方科目。设置对方科目是指设置生成凭证所需要的存货对方科目，可以按收发类别设置。

（2）应收款管理子系统

如果企业应收款业务类型比较固定，生成的凭证类型也较固定，则为了简化凭证生成操作，可将各业务类型凭证中的常用科目预先设置好。凭证科目设置一般包括以下几方面的内容。

① 基本科目设置。基本科目是指在核算应收款项时经常用到的科目，可以作为常用科目设置，而且所设置的科目必须是末级科目。核算应收款项时经常用到的科目包括应收账款、预收账款、销售收入、应交增值税销项税额、销售退回等。除上述基本科目外，银行承兑科目、商业承兑科目、现金折扣科目、票据利息科目、票据费用科目、汇兑损益科目、币种兑换差异科目和坏账准备科目等都可以作为企业核算某类业务的基本科目。

② 控制科目设置。在核算客户的赊销欠款时，如果针对不同的客户（客户分类、地区分类）分别设置不同的应收账款科目和预收账款科目，那么可以先在账套选项中选择设置的依据，即选择是针对不同的客户设置、针对不同的客户分类设置，还是按不同的地区分类设置。然后再依次对往来单位按客户、客户分类或地区分类的编码、名称、应收科目和预收科目等内容进行设置。

如果某个往来单位核算应收账款或预收账款的科目与常用科目设置中的一样，则可以不设置，否则应进行设置。科目必须是有客户往来辅助核算的末级明细科目。

项目 8 供应链管理系统初始化

③ 产品科目设置。如果针对不同的存货（存货分类）分别设置不同的销售收入科目、应交增值税销项税额科目和销售退回科目，则也应先在账套选项中选择设置的依据，即选择是针对不同的存货设置，还是针对不同的存货分类设置。然后再按存货的分类编码、名称、销售收入科目、应交增值税销项税额科目和销售退回科目进行存货销售科目的设置。

如果某个存货（存货分类）的科目与常用科目设置中的一样，则可以不设置，否则应进行设置。

④ 结算方式科目设置。不仅可以设置常用的科目，还可以为每种结算方式设置一个默认的科目，以便在应收账款核销时，直接按不同的结算方式生成相应的总账管理子系统处理中所对应的会计科目。

(3) 应付款管理系统

应付款系统凭证科目设置类似于应收款管理系统，此处不再赘述。

4. 期初数据输入

在供应链管理系统中，期初数据输入是一个非常关键的环节。期初数据的输入内容及顺序如表 8.1 所示。

表 8.1 购销存系统期初数据

系统名称	操 作	内 容	说 明
采购管理	输入	期初暂估入库 期初在途存货	暂估入库是指货到票未到 在途存货是指票到货未到
	期初记账	采购期初数据	没有期初数据也要执行期初记账，否则不能开始日常业务
销售管理	输入并审核	期初发货单 期初委托代销发货单 期初分期收款发货单	已发货、出库，但未开票 已发货未结算的数量 已发货未结算的数量
库存管理	输入（取数） 审核	库存期初余额 不合格品期初	库存和存货共用期初数据 未处理的不合格品结存量
存货核算	输入（取数） 记账	存货期初余额 期初分期收款发出商品余额	

8.2 教学重点、难点

8.2.1 计量单位与换算率

在企业实际的经营活动中，不同部门对某种存货会采用不同的计量方式。例如，大家熟悉的可口可乐，销售部对外发货时用箱计量，听装的每箱有 24 听，2 L 瓶装的每箱有 12 瓶。

用友 U8 中的计量单位组类别包括 3 种，即无换算率、固定换算率和浮动换算率。

① 无换算率计量单位组中的计量单位都以单独形式存在，即相互之间没有换算关系，全部为主计量单位。

② 固定换算率计量单位组中可以包括多个计量单位，即一个主计量单位、多个辅计量单位。主辅计量单位之间存在固定的换算率，如 1 箱=24 听。

③ 浮动换算率计量单位组中只能包括两个计量单位，即一个主计量单位、一个辅计量单位。

主计量单位作为财务会计上的计量单位，换算率自动置为 1。每个辅计量单位都是与主计量单位进行换算的，数量（按主计量单位计量）＝件数（按辅计量单位计量）×换算率。

8.2.2 存货属性的作用

一家规模中等的制造企业，其存货一般有几千种。在填写与存货相关的单据，如出入库单、发票等时，需要从几千种存货中找到所需存货不是一件容易的事。用友 U8 中的存货属性是对存货的一种分类。标记了"外购"属性的存货将在入库、采购发票等单据中被参照，标记了"销售"属性的存货将在发货、出库、销售发票等单据中被参照，这样便大大缩小了查找范围。

8.2.3 生成自动凭证

业财一体化系统的优势之一就是根据业务处理的进程能同步生成财务核算凭证，使财务能够及时核算、加强事中控制。那么，企业业务类型繁多，系统如何根据不同的业务类型自动生成财务核算凭证呢？这就与预先的科目设置有关。下面以一笔普通的销售业务来介绍。

企业对外销售，从业务环节要开具发货单、办理销售出库、开具销售发票、最后收款结算。

① 一般来说，销售发票是企业确认收入的依据。销售发票开具后经应收会计审核，制单生成。

借：应收账款　　　（取自应收款管理子系统基本科目中设置的应收科目）
　　贷：主营业务收入（取自应收款管理子系统基本科目中设置的销售收入科目）
　　　　应交税费——应交增值税——销项税额　　（取自应收款管理子系统基本科目中设置的税金科目）

② 销售收入确认的同时要结转销售成本，结转销售成本的依据是销售出库单或销售发票。

借：主营业务成本　　（根据销售出库单上的收发类别取存货对方科目）
　　贷：库存商品　　　　　　　　　　　　（根据出库仓库取存货科目）

③ 待收款结算时，在系统中要填制收款单，审核后生成收款凭证。

借：银行存款　　（根据收款单上填写的结算方式取对应结算方式科目）
　　贷：应收账款　　（取自应收款管理子系统基本科目中设置的应收科目）

项目 8　供应链管理系统初始化

8.2.4　业务数据与财务数据的对应关系

最主要的几个对应关系是：存货核算子系统中输入的存货期初数据按照存货类别应与总账管理子系统中原材料、库存商品等科目的期初数据一致；应收款管理子系统的期初数据按照款项类型应与总账管理子系统中的应收账款科目、预收账款科目期初数据一致；应付款管理子系统的期初数据按照款项类型应与总账管理子系统中的应付账款科目、预付账款科目期初数据一致。

实验九　供应链管理系统初始化设置

实验目的

① 掌握用友 U8 供应链管理系统初始化设置的相关内容。
② 掌握供应链管理系统基础档案设置、自动科目设置、期初数据输入的方法。

实验内容

① 设置存货、业务等基础档案。
② 设置自动凭证科目。
③ 输入供应链管理系统期初数据。

实验要求

① 引入"总账初始化"账套数据。
② 以 01 张文佳的身份进行供应链管理系统初始化设置。

实验资料

1. 启用与供应链管理系统相关的子系统

以账套主管 01 张文佳的身份登录企业应用平台，启用"应收款管理""应付款管理""销售管理""采购管理""库存管理""存货核算"子系统，启用日期均为 2020 年 1 月 1 日。

2. 基础档案

（1）存货分类（见表 8.2）

表 8.2　存货分类

类别编码	类别名称
01	原材料
0101	接触器
0102	仪表

155

(续表)

类别编码	类别名称
0103	其他
02	辅助材料
03	外购半成品
04	产成品
05	应税劳务

(2) 计量单位组及计量单位（见表8.3）

表8.3 计量单位组及计量单位

计量单位组编号	计量单位组名称	计量单位组类别	计量单位编号	计量单位名称
01	独立计量单位	无换算率	01	只
			02	个
			03	桶
			04	千米

(3) 存货档案（见表8.4）

表8.4 存货档案

存货编码	存货名称	计量单位	所属分类	税率/%	存货属性	参考成本
1001	接触器	只	0101	13	外购、生产耗用	410元/只
1002	电压表	只	0102	13	外购、生产耗用	80元/只
1003	电流表	只	0102	13	外购、生产耗用	70元/只
1004	插座	只	0103	13	外购、生产耗用	25元/只
2001	漆	桶	02	13	外购、生产耗用	35元/桶
2002	锁	个	02	13	外购、生产耗用	40元/个
3001	箱体	个	03	13	内销、外购、生产耗用	150元/个
3002	面板	个	03	13	内销、外购、生产耗用	70元/个
4001	高压柜	个	04	13	内销、自制	2 680元/个
4002	低压柜	个	04	13	内销、自制	2 200元/个
4003	单元箱	个	04	13	内销、自制	865元/个
5001	运输费	千米	05	9	内销、外购、应税劳务	

(4) 仓库档案（见表8.5）

表8.5 仓库档案

仓库编码	仓库名称	计价方式
1	主材库	移动平均法
2	辅材库	移动平均法
3	半成品库	移动平均法
4	成品库	移动平均法

(5) 收发类别（见表8.6）

表8.6 收发类别

收发类别编码	收发类别名称	收发标志	收发类别编码	收发类别名称	收发标志
1	入库	收	2	出库	发
11	采购入库	收	21	销售出库	发
12	产成品入库	收	22	材料领用出库	发
13	退料入库	收	23	半成品出库	发
14	半成品入库	收	24	产品自用出库	发
15	其他入库	收	25	其他出库	发

(6) 采购类型（见表8.7）

表8.7 采购类型

采购类型编码	采购类型名称	入库类别	是否默认值
01	普通采购	采购入库	是

(7) 销售类型（见表8.8）

表8.8 销售类型

销售类型编码	销售类型名称	出库类别	是否默认值
01	普通销售	销售出库	是

(8) 本单位开户银行信息

编码：01；名称：工商银行北京分行亦庄支行；账号：831658796222。

3. 自动科目

(1) 存货科目（见表8.9）

表8.9 存货科目

仓库编码	仓库名称	存货科目编码	存货科目名称
1	主材库	140301	原材料——主要材料
2	辅材库	140302	原材料——辅助材料
3	半成品库	140303	原材料——外购半成品
4	成品库	1405	库存商品

(2) 存货对方科目（见表8.10）

表8.10 存货对方科目

收发类别编码	收发类别名称	对方科目编码	对方科目名称	暂估科目编码	暂估科目名称
11	采购入库	1402	在途物资	220202	暂估应付款
12	产成品入库	500101	生产成本/材料费		
21	销售出库	6401	主营业务成本		
22	材料领用出库	500101	生产成本/材料费		

(3) 应收款管理相关科目

① 基本科目。应收科目为1122、预收科目为2203、销售收入科目为6001、应交增值税科目为22210105、销售退回科目为6001、银行承兑科目为1121、票据利息科目为660301。

② 结算方式科目。现金结算对应1001，现金支票、转账支票、电汇对应100201。

(4) 应付款管理相关科目

① 基本科目。应付科目为220201、预付科目为1123、采购科目为1402、采购税金科目为22210101、商业承兑科目为2201。

② 结算方式科目。现金结算对应1001，现金支票、转账支票、电汇对应100201。

4. 设置采购选项

设置单据默认税率为13%。

5. 供应链期初数据

(1) 采购期初

2019年12月21日，从北京华阳物资公司购入20个接触器，入主材库。月底发票未到，暂估单价410元。

(2) 库存期初（见表8.11）

表8.11　库存期初　　　　　　　　　　　　　　　　　　　　　　　元

仓库名称	存货编码	存货名称	数量	单价	金额
主材库	1001	接触器	44只	410	18 040
	1002	电压表	115只	80	9 200
	1003	电流表	112只	70	7 840
	1004	插座	225只	25	5 625
辅材库	2001	漆	62桶	35	2 170
	2002	锁	85只	40	3 400
半成品库	3001	箱体	30只	150	4 500
	3002	面板	80只	70	5 600
成品库	4001	高压柜	285只	2 680	763 800
	4002	低压柜	165只	2 200	583 000
	4003	单元箱	125只	865	108 125

(3) 应收款管理期初

① 2019年11月12日，向银川信和源出售了10个低压柜，单价2 800元。开具销售专用发票，尚未收到货款。

② 2019年12月6日，向德胜绿化公司出售了80个单元箱，单价1 200元；2个高压柜，单价3 250元。开具销售专用发票，尚未收到货款。

(4) 应付款管理期初

2019年12月17日，向北京华阳物资公司采购100个接触器，单价410元；20桶漆，

项目 8 供应链管理系统初始化

单价 35 元。收到对方开具的销售专用发票，货款未付。

实验指导

1. 启用相关子系统

操作步骤

在企业应用平台的"基础设置"中，选择"基本信息"|"系统启用"选项，打开"系统启用"对话框。启用"应收款管理""应付款管理""销售管理""采购管理""库存管理""存货核算"子系统，启用日期均为"2020-01-01"。

2. 基础档案设置

（1）存货分类

操作步骤

步骤 1　选择"基础档案"|"存货"|"存货分类"选项，打开"存货分类"窗口。

步骤 2　按照实验资料输入存货分类信息，如图 8.1 所示。然后单击"保存"按钮。

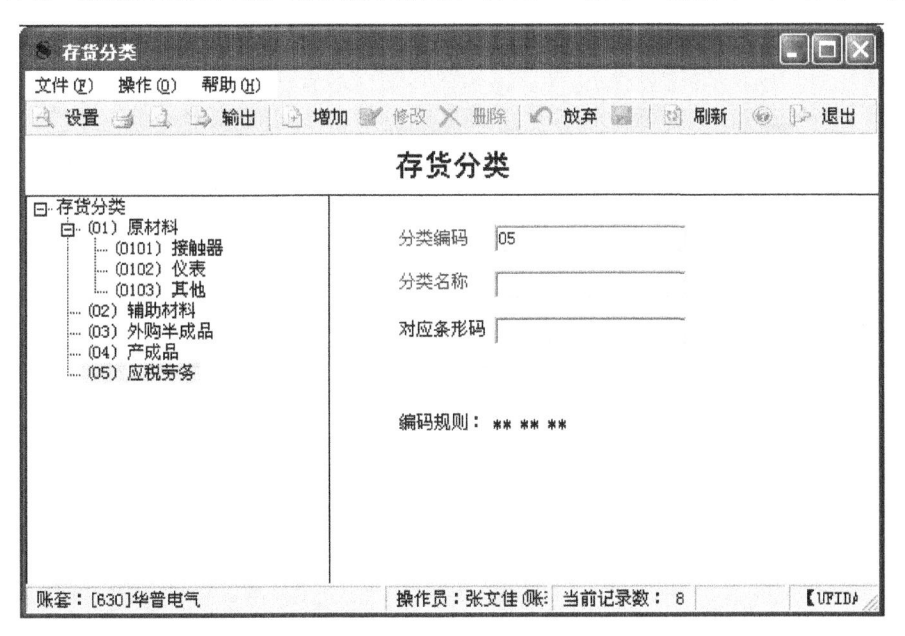

图 8.1　存货分类

（2）计量单位组及计量单位

操作步骤

步骤 1　选择"基础档案"|"存货"|"计量单位"选项，打开"计量单位-计量单位组"窗口。

步骤 2　单击"分组"按钮，打开"计量单位组"对话框。输入计量单位组信息，如图 8.2 所示。然后单击"保存"按钮并退出。

图 8.2 计量单位组

步骤 3 单击"单位"按钮,打开"计量单位"对话框。输入计量单位信息,如图 8.3 所示。

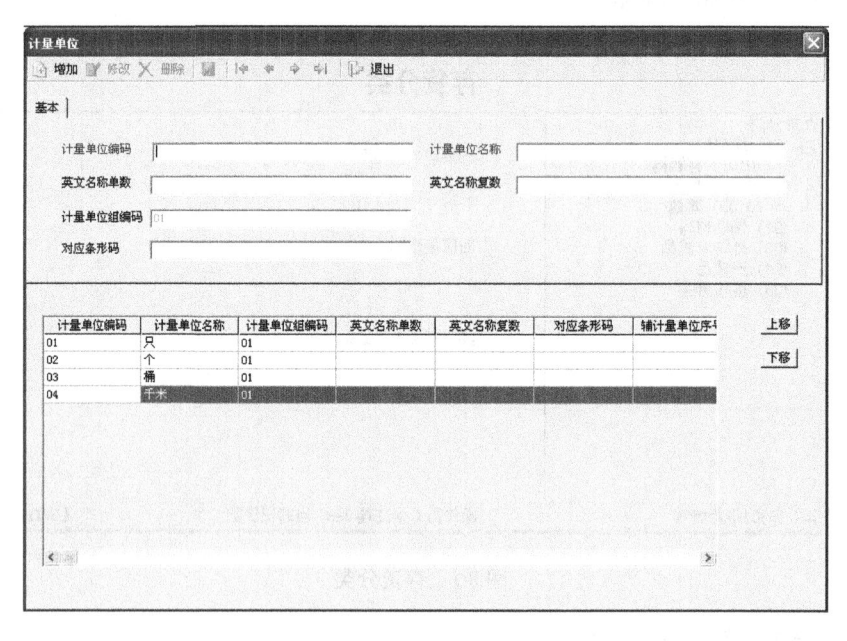

图 8.3 计量单位

(3) 存货档案

操作步骤

步骤 1 选择"基础设置"|"存货"|"存货档案"选项,打开"存货档案"对话框。

步骤 2 单击"增加"按钮,按照资料在"基本"选项卡和"成本"选项卡中分别输入存货信息,如图 8.4 所示。

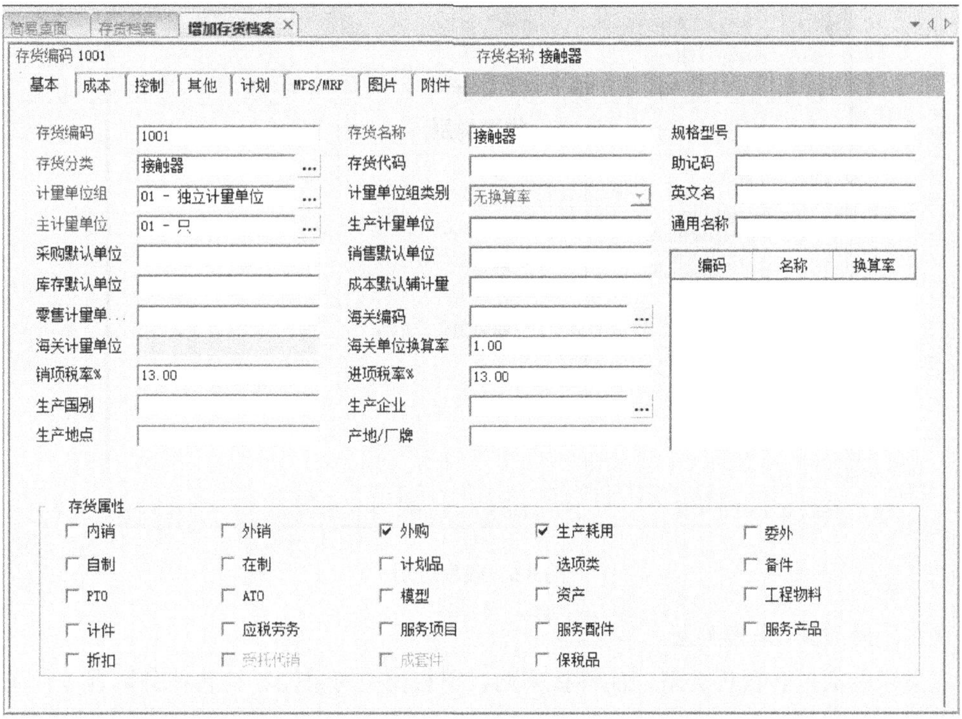

项目 8　供应链管理系统初始化

图 8.4　存货档案

步骤 3　单击"保存"按钮。同理，输入其他存货档案。

(4) 仓库档案

操作步骤

步骤 1　选择"基础档案"|"业务"|"仓库档案"选项，打开"仓库档案"对话框。

步骤 2　单击"增加"按钮，按实验资料建立仓库资料，完成后如图 8.5 所示。

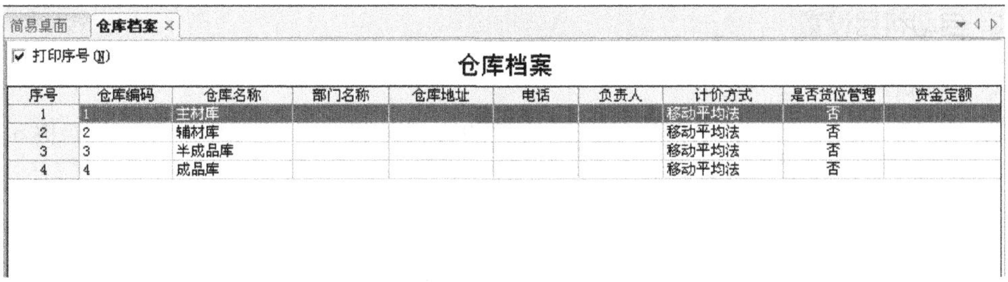

图 8.5　仓库档案

(5) 收发类别

收发类别用来表示存货的出入库类型，以便对存货的出入库情况进行分类汇总统计。

操作步骤

步骤 1　选择"基础档案"|"业务"|"收发类别"选项，打开"收发类别"窗口。

步骤 2　按实验资料建立收发类别，如图 8.6 所示。

161

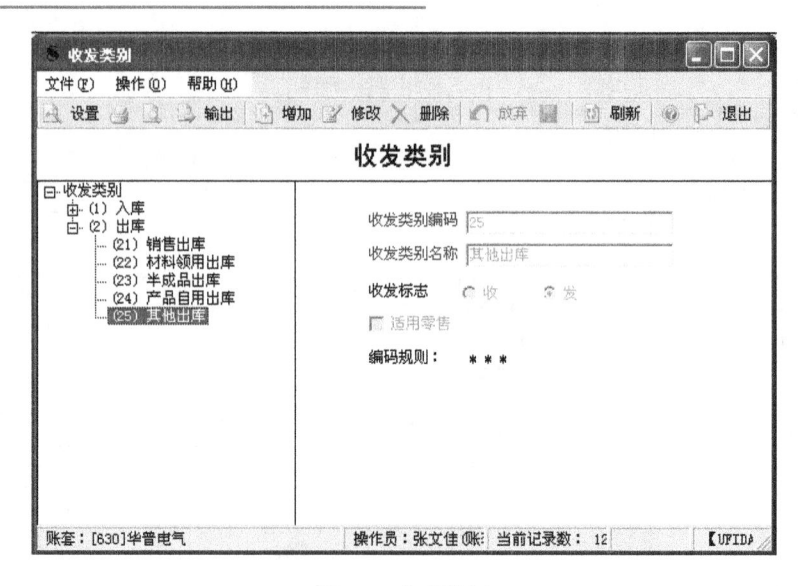

图 8.6　收发类别

(6) 采购类型/销售类型

定义采购类型和销售类型，能够按采购、销售类型对采购、销售业务数据进行统计和分析。采购类型和销售类型均不分级次，根据实际需要设立。

选择"基础档案"|"业务"|"采购类型"选项，打开"采购类型"窗口，增加采购类型。

同理，设置销售类型。

(7) 本单位开户银行信息

选择"基础档案"|"收付结算"|"本单位开户银行"选项，打开"本单位开户银行"窗口。按资料增加本单位开户银行。

3. 自动科目设置

(1) 存货科目

存货科目是指设置生成出入库凭证所需要的存货科目和差异科目。存货科目既可以按仓库，也可以按存货分类进行设置。

操作步骤

步骤1　选择"供应链"|"存货核算"|"初始设置"|"科目设置"|"存货科目"选项，打开"存货科目"对话框。

步骤2　单击"增加"按钮，按实验资料输入存货科目，如图8.7所示。然后单击"保存"按钮。

项目 8 供应链管理系统初始化

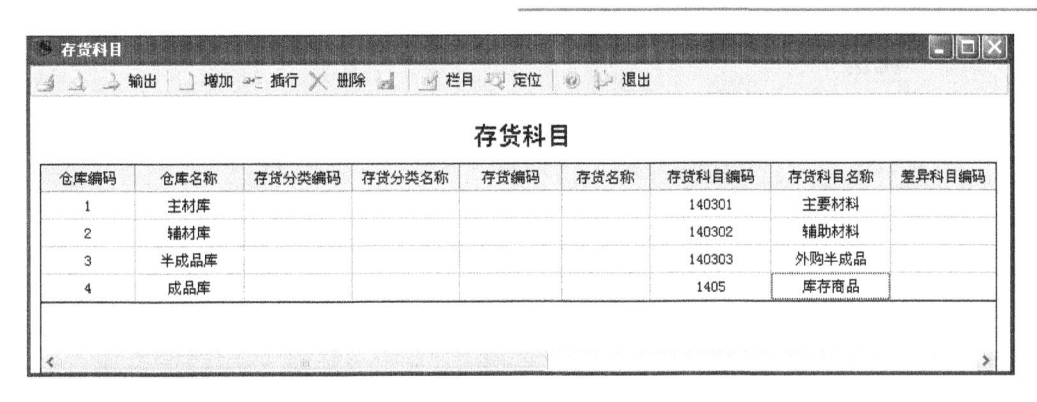

图 8.7 存货科目

(2) 对方科目

对方科目是指设置生成凭证所需要的存货对方科目。它既可以按收发类别设置，也可以按存货分类等设置。

操作步骤

步骤 1 选择"供应链"|"存货核算"|"初始设置"|"科目设置"|"对方科目"选项，打开"对方科目"对话框。

步骤 2 单击"增加"按钮，按实验资料输入存货对方科目，如图 8.8 所示。

图 8.8 存货对方科目

(3) 客户往来科目

操作步骤

步骤 1 选择"财务会计"|"应收款管理"|"设置"|"初始设置"选项，打开"初始设置"对话框。

步骤 2 在左侧列表框中单击"基本科目设置"，再单击"增加"按钮，按实验资料输入应收基本科目信息，如图 8.9 所示。

步骤 3 单击"结算方式科目设置"选项，再单击"增加"按钮，输入不同结算方式对应的科目，如图 8.10 所示。

163

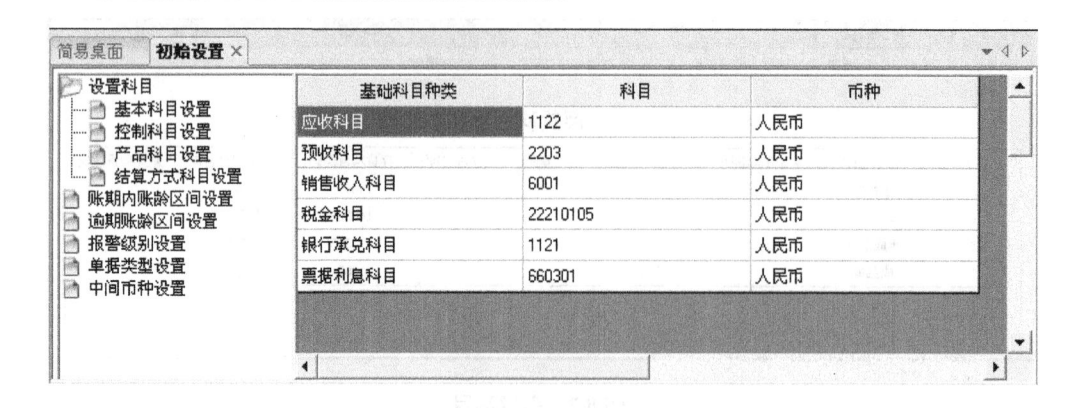

会计信息化实训（用友 U8 V10.1）

图 8.9　基本科目设置

基础科目种类	科目	币种
应收科目	1122	人民币
预收科目	2203	人民币
销售收入科目	6001	人民币
税金科目	22210105	人民币
银行承兑科目	1121	人民币
票据利息科目	660301	人民币

图 8.10　结算方式科目设置

结算方式	币种	本单位账号	科目
1 现金结算	人民币		1001
201 现金支票	人民币		100201
202 转账支票	人民币		100201
3 电汇	人民币		100201

（4）供应商往来相关科目

供应商往来科目包括基本科目、控制科目、产品科目和结算方式科目，都是针对不同情况下生成应付凭证和付款凭证要使用的科目。

操作步骤

步骤 1　选择"财务会计"|"应付款管理"|"设置"|"初始设置"选项，打开"初始设置"对话框。

步骤 2　单击"基本科目设置"选项，再单击"增加"按钮，输入基本科目。

步骤 3　单击"结算方式科目设置"选项，再单击"增加"按钮，输入不同结算方式对应的科目。

4．设置采购选项

操作步骤

步骤 1　选择"供应链"|"采购管理"|"设置"|"采购选项"选项，打开"采购系统选项设置"对话框。

步骤 2　单击"公共及参照控制"选项卡，设置单据默认税率为 13。

项目 8　供应链管理系统初始化

步骤 3　单击"确定"按钮返回。

5. 输入供应链管理系统期初数据

(1) 采购管理子系统期初数据

采购管理子系统有两类期初数据：一类是货到票未到业务，即暂估入库业务，对于这类业务应调用期初采购入库单输入；另一类是票到货未到业务，即在途业务，对于这类业务应调用期初采购发票输入。本例属于暂估入库。

① 输入期初采购入库单

操作步骤

步骤 1　选择"供应链"|"采购管理"|"采购入库"|"采购入库单"选项，打开"期初采购入库单"对话框。

步骤 2　单击"增加"按钮，输入入库日期为"2019-12-21"，选择仓库为"主材库"、供货单位为"华阳"、部门为"采购部"、入库类别为"采购入库"、采购类型为"普通采购"。

步骤 3　选择存货编码为 1001，输入数量为 20、暂估单价为 410，单击"保存"按钮，如图 8.11 所示。

图 8.11　输入期初采购入库单

步骤 4　完成后单击"退出"按钮。

② 采购管理子系统期初记账

操作步骤

步骤 1　选择"供应链"|"采购管理"|"设置"|"采购期初记账"选项，打开"期初记账"对话框。

步骤 2　单击"记账"按钮，系统弹出"期初记账完毕!"信息提示框。

步骤 3　单击"确定"按钮返回。

注意

① 采购管理子系统如果不进行期初记账，就无法开始日常业务处理。因此，即使没有期初数据，也要进行期初记账。

② 采购管理子系统如果不进行期初记账，库存管理子系统和存货核算子系统就不能记账。

③ 采购管理如果要取消期初记账，可选择“供应链”|“采购管理”|“设置”|“采购期初记账”选项，然后单击“取消记账”按钮即可。

（2）存货核算子系统和库存管理子系统期初数据

各个仓库存货的期初余额既可以在库存管理子系统中输入，也可以在存货核算子系统中输入。因为涉及与总账管理子系统的对账，所以建议在存货核算子系统中输入。

① 输入存货管理子系统期初数据并记账

操作步骤

步骤 1　选择“供应链”|“存货核算”|“初始设置”|“期初数据”|“期初余额”选项，打开“期初余额”对话框。

步骤 2　选择仓库为“主材库”，单击“增加”按钮。输入存货编码为 1001，自动带出单价，然后输入数量 44。用同样的方法，输入主材库的其他期初数据。结果如图 8.12 所示。

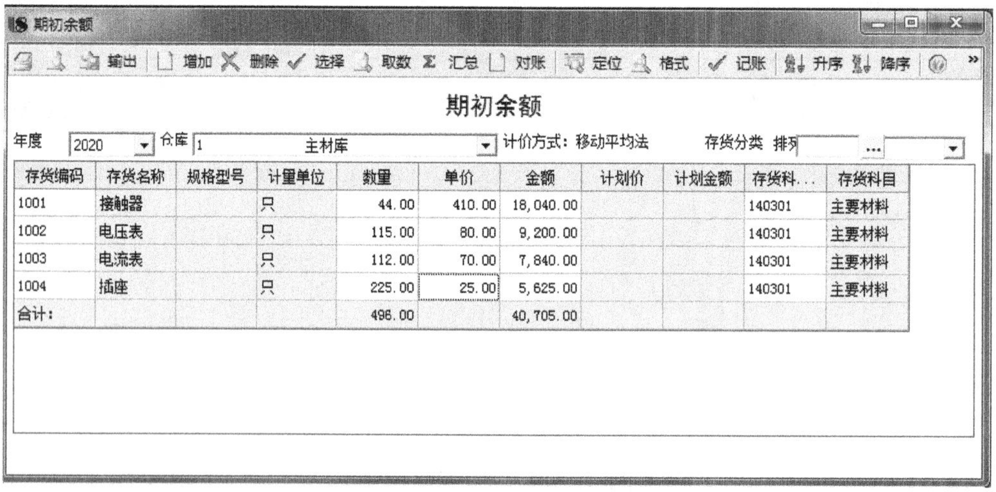

存货编码	存货名称	规格型号	计量单位	数量	单价	金额	计划价	计划金额	存货科...	存货科目
1001	接触器		只	44.00	410.00	18,040.00			140301	主要材料
1002	电压表		只	115.00	80.00	9,200.00			140301	主要材料
1003	电流表		只	112.00	70.00	7,840.00			140301	主要材料
1004	插座		只	225.00	25.00	5,625.00			140301	主要材料
合计：				496.00		40,705.00				

图 8.12　输入存货期初数据

步骤 3　选择其他仓库，按实验资料输入期初数据。

步骤 4　单击“记账”按钮，系统对所有仓库进行记账。记账完成后，系统弹出“期初记账成功！”信息提示框。

② 输入库存管理子系统期初数据并批审

操作步骤

步骤 1　选择“供应链”|“库存管理”|“初始设置”|“期初结存”选项，打开“库存

项目 8　供应链管理系统初始化

期初数据录入"对话框。

步骤 2　选择仓库为"主材库",单击"修改"按钮,再单击"取数"按钮,然后单击"保存"按钮。单击"批审"按钮,系统弹出"批量审核完成"信息提示框。单击"确定"按钮。

步骤 3　用同样的方法,通过取数方式输入其他库存货期初数据。

步骤 4　完成后,单击"对账"按钮,核对库存管理子系统和存货核算子系统的期初数据是否一致。如果一致,系统弹出"对账成功!"信息提示框。单击"确定"按钮返回。

(3) 输入应收款管理子系统期初数据并对账

在"总账初始化"中已经输入了应收账款科目的期初余额 147 352 元。其中,客户"信和源"欠款 31 640 元、客户"德胜绿化"欠款 115 712 元。应收款管理子系统的客户往来期初需要按业务明细逐笔输入。

操作步骤

步骤 1　选择"财务会计"|"应收款管理"|"设置"|"期初余额"选项,打开"期初余额-查询"对话框。单击"确定"按钮,打开"期初余额"对话框。

步骤 2　单击"增加"按钮,打开"单据类别"对话框。选择单据类型为"销售专用发票",单击"确定"按钮,打开"期初销售发票"对话框。

步骤 3　按资料要求输入"信和源"应收期初数据,如图 8.13 所示。

图 8.13　输入应收期初数据

> **注意**
>
> 需要输入发票表头的科目 1122,以便与总账管理子系统进行对账。

步骤 4　同理，输入客户"德胜绿化"销售专用发票。

步骤 5　在"期初余额"对话框中单击"对账"按钮，与总账管理子系统进行对账，如图 8.14 所示。

编号	科目名称	应收期初 原币	应收期初 本币	总账期初 原币	总账期初 本币	差额 原币	差额 本币
1121	应收票据	0.00	0.00	0.00	0.00	0.00	0.00
1122	应收账款	147,352.00	147,352.00	147,352.00	147,352.00	0.00	0.00
2203	预收账款	0.00	0.00	0.00	0.00	0.00	0.00
	合计		147,352.00		147,352.00		0.00

图 8.14　应收款管理子系统期初与总账管理子系统期初对账

(4) 输入应付款管理期初数据并对账

用同样的方法，在应付款管理子系统中输入供应商往来期初数据并进行期初对账。

6. 账套输出

最后，备份"供应链初始化"账套数据。

思考题

1. 供应链管理系统包括哪些主要子系统？各子系统的主要功能是怎样的？
2. 供应链管理系统初始化主要包括哪几项工作？
3. 在存货档案中设置存货属性有何意义？
4. 设置存货科目和对方科目的意义？
5. 供应链管理子系统期初数据的主要内容是什么？以什么方式输入系统中？
6. 采购管理子系统的期初数据与总账管理子系统的哪些科目存在关联？
7. 库存管理子系统的期初数据与总账管理子系统的哪些科目存在关联？
8. 如果先输入库存管理子系统的期初数据，则从存货核算子系统中能否得到？

项目 9 采购与应付管理

知识目标

通过本项目的学习，要求学生了解采购管理子系统的功能；掌握普通采购业务处理流程；理解采购成本核算的原理，能够处理企业常见的采购业务。

9.1 功能概述

物料采购是企业生产经营活动的起点，是供应链管理系统的重要组成部分。采购成本对企业利润有直接的影响，同时管理与供应商之间的应付和付款也是加强同供应商合作、建立企业信用、降低采购成本的一项重要工作。

9.1.1 采购管理子系统功能概述

1. 采购管理子系统初始设置

采购管理子系统初始设置包括设置采购管理子系统选项及采购期初数据。

2. 采购业务处理

采购业务处理主要包括对请购、订货、到货、入库、采购发票、采购结算等采购业务全过程的管理，可以处理普通采购业务、受托代销业务、直运业务等业务类型。企业可根据实际业务情况，对采购业务流程进行配置。

3. 采购账簿及采购分析

采购管理子系统可以提供各种采购明细表、增值税抵扣明细表、各种统计表及采购账簿供用户查询，同时提供采购成本分析、供应商价格对比分析、采购类型结构分析、采购资金比重分析、采购费用分析、采购货龄综合分析等功能。

9.1.2 应付款管理子系统功能概述

应付款管理子系统主要实现对企业与供应商往来账款的核算及管理。在应付款管理子系统中,以采购发票、其他应付单等原始单据为依据,记录采购业务及其他业务形成的应付款项,处理应付款项的支付、核销等事项,并提供票据处理功能。

1. 应付款管理子系统初始化设置

应付款管理子系统初始化设置包括系统选项设置、初始设置和期初数据输入。

2. 应付款管理子系统日常业务处理

应付款管理子系统日常业务处理主要包括应付单据处理、付款单据处理、票据管理和转账处理、信息查询和统计分析等内容。

① 应付单据处理。应付单据包括采购发票和其他应付单据,是确认应付账款的主要依据。应付单据处理主要包括单据输入和单据审核。如果应付款管理子系统和采购管理子系统集成使用,采购发票在采购管理子系统中输入,在应付款管理子系统中进行审核。

② 付款单据处理。付款单据主要是指付款单。付款单据处理包括付款单据的输入、审核和核销。单据核销的主要作用是解决对供应商的付款,核销该供应商的应付款,建立付款与应付款的核销记录,监督应付款及时核销,加强对往来款项的管理。

③ 票据管理。票据管理主要是对银行承兑汇票和商业承兑汇票进行管理。票据管理可以提供票据登记簿,记录票据的利息、贴现、背书、结算和转出等信息。

④ 转账处理。转账处理是指在日常业务处理中经常发生的应付冲应收、应付冲应付、预付冲应付及红票对冲的业务处理。

⑤ 信息查询和统计分析。这是指用户对信息的查询及在各种查询结果的基础上所进行的各项分析。一般查询包括单据查询、凭证查询及账表查询等;统计分析包括欠款分析、账龄分析、综合分析及收款预测分析等,以便用户及时发现问题,加强对往来款项的动态监督管理。

3. 期末处理

期末处理是指用户在月末进行的结算汇兑损益及月末结账工作。如果企业有外币往来,则在月末需要计算外币单据的汇兑损益并对其进行相应的处理;如果当月业务已全部处理完毕,则需要进行月末结账处理,只有月末结账后,才可以开始下月的工作。月末处理主要包括汇兑损益结算和月末结账。

9.2 教学重点、难点

9.2.1 采购管理子系统

1. 采购管理子系统初始化设置

采购管理子系统的选项设置中提供了关于业务、权限控制和预警的选项。理解各选项的含义,科学设置各选项对系统应用的影响至关重要。

项目 9　采购与应付管理

2. 采购业务处理

应掌握对企业采购工作中的常见业务类型,如普通采购(单货同到)、暂估入库、在途、受托代销、退货等业务的业务流程、业务处理方法。下面介绍几个常见的采购业务处理流程。

(1) 货到票到的采购业务处理流程

如果企业收到货的同时也收到采购发票,其业务处理流程如图 9.1 所示。

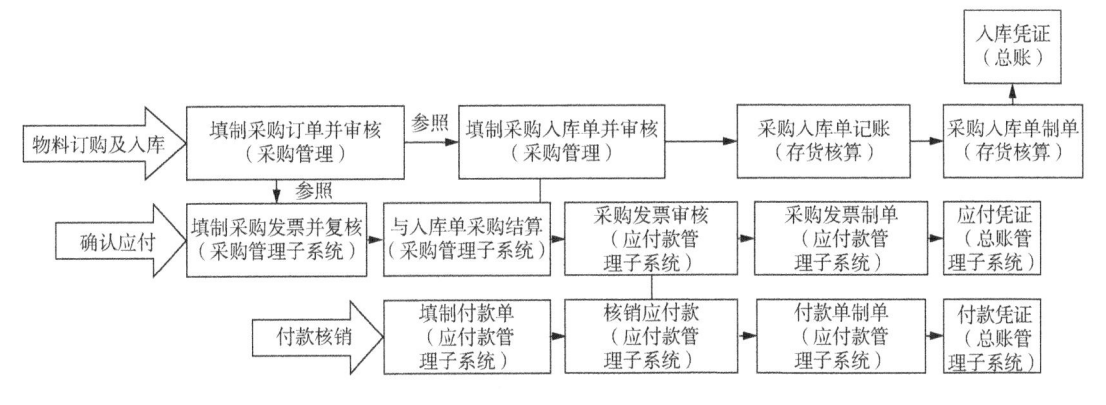

图 9.1　货到票到的采购业务处理流程

(2) 采购现付的业务处理流程

如果企业收到发票的同时立即支付货款,那么就省略了确认应付的环节。采购现付的业务处理流程如图 9.2 所示。

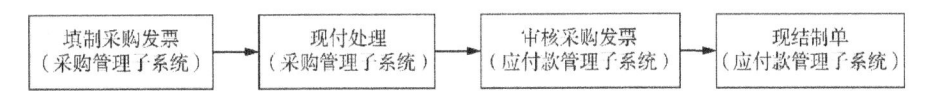

图 9.2　采购现付的业务处理流程

(3) 暂估入库

暂估入库是指本月存货已经入库,但采购发票尚未收到,不能确定存货的入库成本。月底时为了正确核算企业的库存成本,需要将这部分存货暂估入账,形成暂估凭证。对暂估入库业务,用友 U8 提供了 3 种不同的处理方法:月初回冲、单到回冲和单到补差。

采购结算也叫采购报账,在手工环境下,采购业务员拿着经主管领导审批过的采购发票和仓库确认的入库单到财务部门,由财务人员确认采购成本。

采购结算分为自动结算、手工结算和费用折扣结算 3 种类型。

3. 采购管理子系统与其他子系统的主要关系

采购管理子系统既可以单独使用,也可以与用友 U8 的库存管理、存货核算、销售管理、应付款管理等子系统集成使用。采购管理子系统与其他子系统的主要关系如图 9.3 所示。

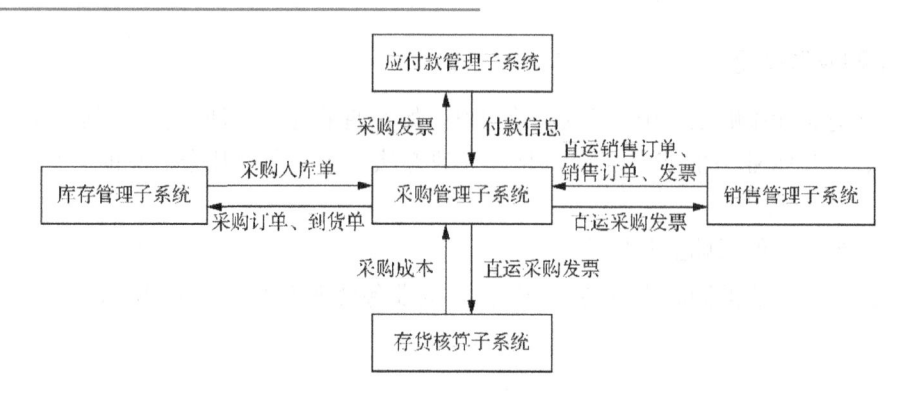

图 9.3　采购管理子系统与其他子系统的主要关系

9.2.2　应付款管理子系统

1. 应付款管理子系统初始化设置

应付款管理子系统初始化设置中各选项的设置决定了应付款业务处理的方式，理解选项设置的不同对业务处理的影响才能准确地设置各选项。

科目设置为应付款管理子系统自动制单提供了自动科目。

正确理解应付款管理子系统期初数据和总账管理子系统期初相关科目的稽核关系才能正确地准备应付款管理子系统的期初数据。

2. 应付款管理子系统业务处理

应付款管理子系统既可以与采购管理子系统集成使用，也可以单独使用。两种应用模式下应付款管理子系统的功能和用法稍有差别。如果集成使用，采购专用发票只能从采购管理子系统输入，在应付款管理子系统审核并制单；如果独立应用，采购专用发票等应付单据在应付款管理子系统输入。

核销的本质是付款和应付之间勾兑清理的过程，及时进行核销才能准确地进行应付账款管理、账龄分析。

实验十　采购管理

实验目的

掌握用友 U8 中采购管理子系统常用采购业务类型的处理方法；理解采购管理子系统和其他子系统之间的数据关联。

实验内容

① 普通采购业务处理。
② 采购现付业务处理。

③ 采购运费处理。
④ 暂估入库报销处理。
⑤ 采购退货业务处理。

实验要求

① 引入"供应链初始化"账套数据。
② 以 01 张文佳的身份进行操作。

实验资料

2020 年 1 月份采购业务如下。

1. 单货同行的普通采购业务处理

(1) 采购请购

1 月 1 日,采购部孙怀庆预采购 100 只电压表和 100 只电流表,向河北九辉五金(简称九辉)批发部询价。对方报价电压表 80 元/只、电流表 70 元/只,以上报价均不含税。业务员将询价结果填制采购请购单。建议订货日期为 2020 年 1 月 1 日,需求日期为 2020 年 1 月 3 日。

(2) 采购订货

采购主管批准采购,采购员在用友 U8 中填制采购订单并审核。

(3) 采购到货

1 月 3 日,收到所订 100 只电压表和 100 只电流表。

(4) 采购发票

1 月 3 日,收到九辉开具的增值税专用发票。采购员将采购发票信息输入系统。

(5) 采购入库

办理入库手续,入主材库。

(6) 采购结算

根据入库单和采购发票结算本批物料的入库成本。

(7) 审核发票,确认应付

应付会计在应付款管理子系统中审核应付单据——发票,确认应付,生成应付凭证。

(8) 登记存货明细账,生成入库凭证

材料会计在存货核算子系统中将采购入库单记账,生成入库凭证。

(9) 付款结算,核销应付

1 月 3 日,财务部门根据采购发票开出转账支票(票号 CZ1701)一张,金额为 16 950 元,付清采购货款。

应付会计在应付款管理子系统中填制付款单,生成付款凭证,核销该供应商的应付款。

2. 采购现付业务

1 月 5 日,采购部向北京华阳物资公司(简称华阳)购买 300 只插座,无税单价 25 元

/只，验收入主材库。同时，收到增值税专用发票一张。财务部门立即以转账支票（票号CZ1702）支付货款。

3. 采购运费处理

1月8日，收到物流公司开具的增值税专用发票一张，运费无税金额为200元，税率为9%，为1月1日采购电压表和电流表发生。九辉已代垫运费。

输入专用运费发票，并将运费分摊到采购成本中。

4. 暂估入库报销处理

1月10日，收到华阳提供的上月已验收入库的20只接触器的增值税专用发票一张，发票不含税单价为400元。进行暂估报销处理，确定采购成本及应付账款。

5. 采购结算前退货

① 1月12日，收到九辉提供的锁500个，单价40元/个。验收入辅材库。
② 1月12日，发现20个锁存在质量问题，要求退回给供应商。
③ 1月12日，收到九辉公司开具的增值税专用发票，锁的数量为480个，单价为40元。进行采购结算。

6. 采购结算后退货

1月15日，发现1月12日入库的锁有质量问题，退回100个。九辉开具红字专用发票1张，对采购入库单和红字专用采购发票进行结算处理。

实验指导

1. 单货同行的普通采购业务处理

（1）采购请购

操作步骤

步骤1　选择"供应链"|"采购管理"|"请购"|"请购单"选项，打开"采购请购单"对话框。

步骤2　单击"增加"按钮，输入请购单各项信息。

步骤3　单击"保存"按钮，再单击"审核"按钮，如图9.4所示。然后退出"采购请购单"对话框。

（2）采购订货

采购订货是指企业与供应商签订采购意向协议，确认要货需求。在用友U8中订货确认后需要在系统中输入采购订单，采购订单上记录了采购哪些货物、采购多少、价格、到货时间、由谁供货等关键信息。供应商依据采购订单组织供货，仓管人员根据采购订单进行货物的验收。

项目 9　采购与应付管理

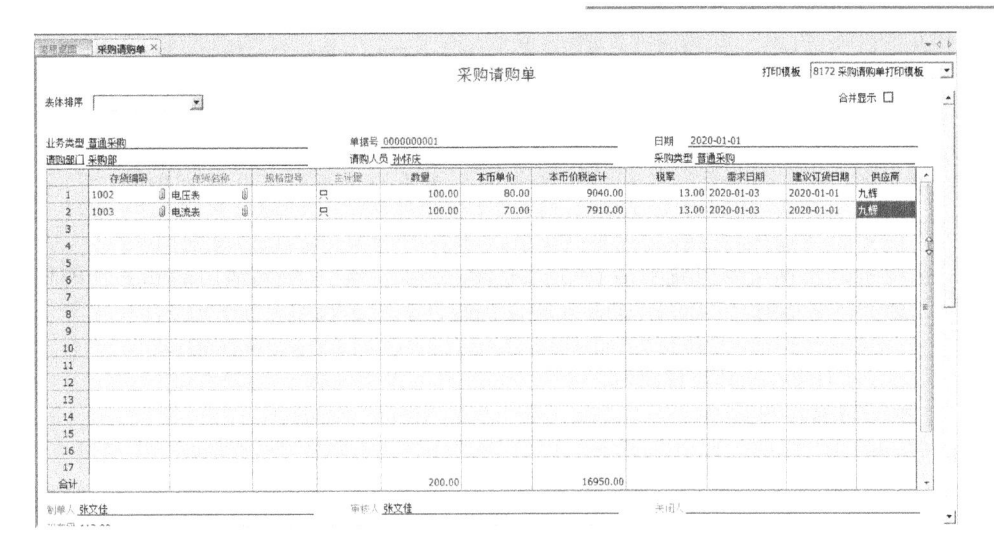

图 9.4　填制并审核采购请购单

操作步骤

步骤 1　选择"供应链"|"采购管理"|"采购订货"|"采购订单"选项，打开"采购订单"对话框。

步骤 2　单击"增加"按钮，再单击"生单"按钮右侧的下三角按钮，打开可选列表。选择"请购单"，打开"查询条件选择"对话框。单击"确定"按钮，打开"拷贝并执行"对话框。

步骤 3　选择需要参照的采购请购单，单击"确定"按钮，将采购请购单的相关信息带入采购订单。

步骤 4　确认订单日期为"2020-01-01"、计划到货日期为"2020-01-03"，单击"保存"按钮，再单击"审核"按钮，订单底部显示审核人名字，如图 9.5 所示。然后关闭"采购订单"对话框。

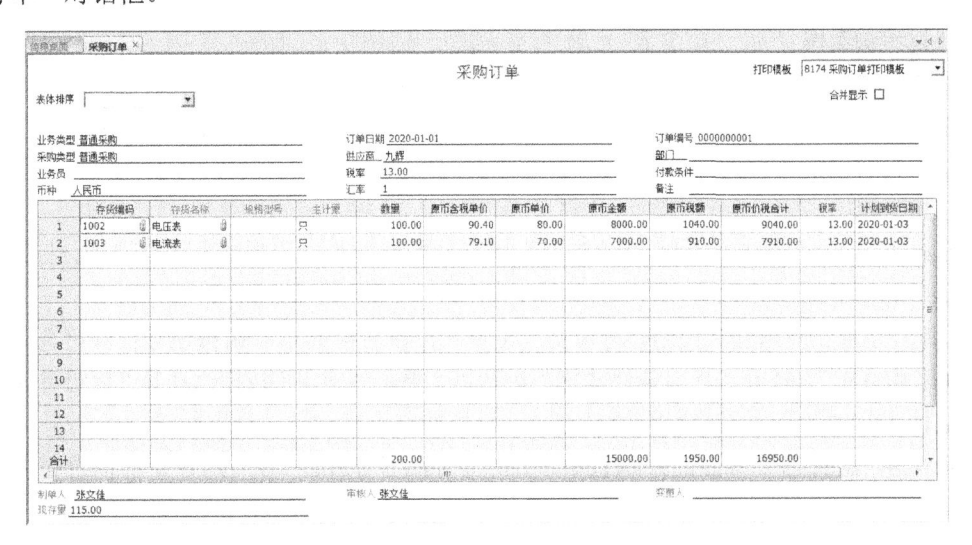

图 9.5　参照请购单生成采购订单并审核

175

> **注意**
> ① 对企业来说,采购订货不是必需环节。
> ② 订单只有经过审核,才能在填制采购入库单和采购发票时参照使用。
> ③ 在填制采购订单时,单击鼠标右键可查看存货现存量。
> ④ 如果企业要按部门或业务员进行考核,则必须输入相关部门和业务员的信息。
> ⑤ 采购订单审核后,可在采购订单执行统计表中查询。

(3) 采购到货

操作步骤

步骤1 选择"供应链"|"采购管理"|"采购到货"|"到货单"选项,打开"到货单"对话框。

步骤2 单击"增加"按钮,再单击"生单"按钮右侧的下三角按钮,打开可选列表。选择"采购订单",打开"查询条件选择"对话框。单击"确定"按钮,打开"拷贝并执行"对话框。

步骤3 选择需要参照的采购订单,单击"确定"按钮,将采购订单的相关信息带入采购到货单。

步骤4 补充输入部门"采购部",单击"保存"按钮,再单击"审核"按钮。然后退出"到货单"对话框。

> **注意**
> ① 采购到货不是必需环节。
> ② 到货单中的"部门"必须输入。

(4) 采购发票

采购发票是供货单位开出的销售货物的凭证,系统根据采购发票确认采购成本确认应付。采购发票按发票类型分为增值税专用发票、普通发票和运费发票;按业务性质分为蓝字发票和红字发票。

操作步骤

步骤1 选择"供应链"|"采购管理"|"采购发票"|"专用采购发票"选项,打开"专用发票"对话框。

步骤2 单击"增加"按钮,再单击"生单"按钮右侧的下三角按钮,打开可选列表。选择"采购订单",打开"查询条件选择"对话框。单击"确定"按钮,打开"拷贝并执行"对话框。

步骤3 选择需要参照的采购订单,单击"确定"按钮,将采购订单的信息带入采购专用发票。

步骤4 单击"保存"按钮,然后关闭当前对话框。

项目 9　采购与应付管理

(5) 采购入库

采购入库单是根据采购到货签收的实收数量填制的单据。采购入库单既可以直接输入，也可以参照采购订单或采购发票生成。

如果因种种原因发生采购退货，就需要在此填制退货单，即红字入库单。

采购入库单的审核表示确认存货已入库，只有审核后的采购入库单才能在存货核算子系统中进行单据记账。

操作步骤

步骤 1　选择"供应链"|"库存管理"|"入库业务"|"采购入库单"选项，打开"采购入库单"对话框。

步骤 2　单击"生单"按钮右侧的下三角按钮，打开可选列表。选择"采购到货单（蓝字）"，打开"查询条件选择"对话框。单击"确定"按钮，打开"到货单生单列表"对话框。

步骤 3　选择需要参照的采购到货单，单击"确定"按钮，将采购到货单的相关信息带入采购入库单。

步骤 4　输入仓库为"主材库"，单击"保存"按钮。

步骤 5　单击"审核"按钮，系统弹出"该单据审核成功！"信息提示框。单击"确定"按钮返回，如图 9.6 所示。

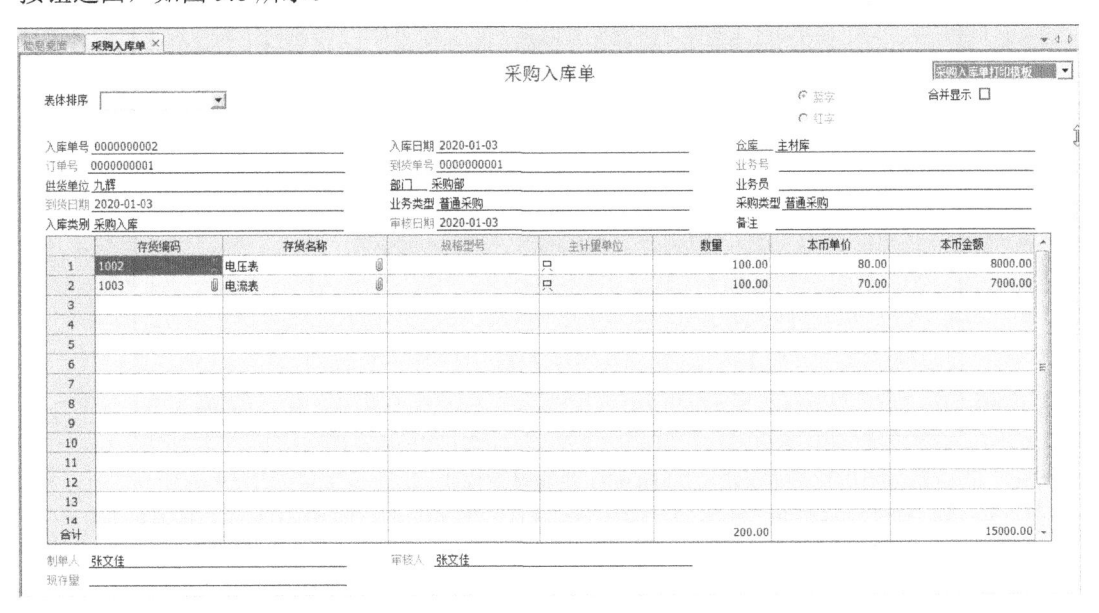

图 9.6　参照采购到货单生成采购入库单

> **注意**
> ① 生单时参照的单据是采购管理子系统中已审核未关闭的采购订单和到货单。
> ② 采购管理子系统如果设置了必有订单业务模式，则不可手工输入采购入库单。
> ③ 当入库数量与订单或到货单数量完全相同时，可不显示表体。

(6) 采购结算

采购结算也叫采购报账,是指根据采购入库单、采购发票确认采购成本。采购结算有自动结算和手工结算两种方式:自动结算是指由计算机自动将相同供货单位的、相同数量存货的采购入库单和采购发票进行结算;手工结算支持采购入库单与采购发票上的采购数量不一样的结算、正数入库单与负数入库单的结算、正数发票与负数发票的结算、正数入库单与正数发票的结算、负数入库单与负数发票的结算和费用发票单独结算等结算方式。

操作步骤

步骤1 选择"供应链"|"采购管理"|"采购结算"|"自动结算"选项,打开"查询条件选择-采购自动结算"对话框。选择结算模式为"入库单和发票",如图9.7所示。

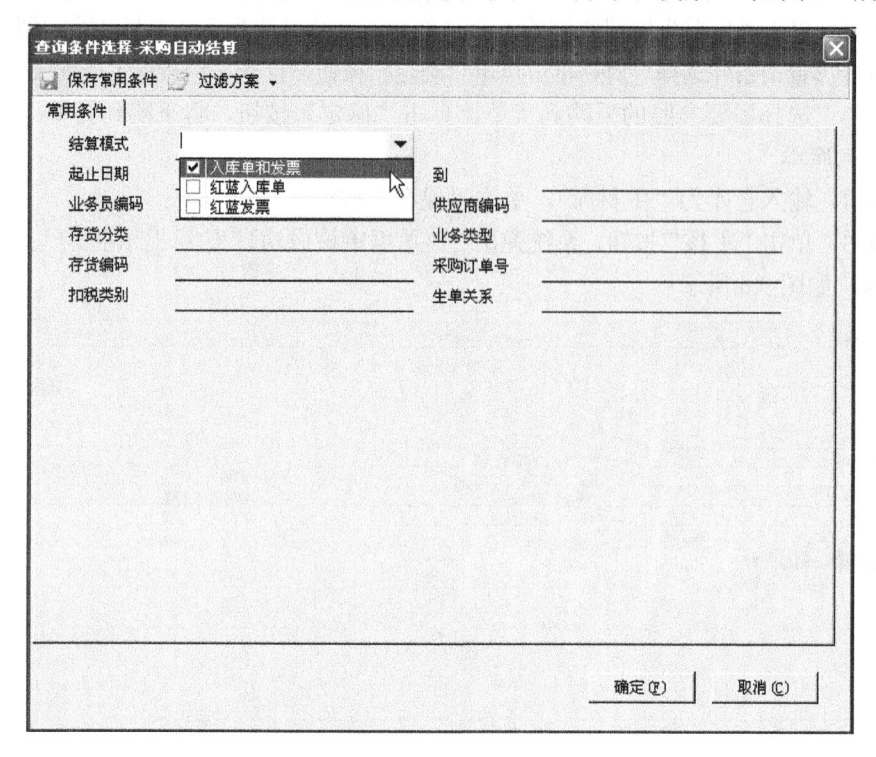

图9.7 选择结算模式

步骤2 单击"确定"按钮,系统自动进行结算,结算完成后系统弹出"结算成功"信息提示框。

步骤3 单击"确定"按钮返回。

注意

① 结算结果可以在结算单列表中查询。

② 结算完成后,在"手工结算"对话框中将看不到已结算的入库单和发票。

③ 由于某种原因需要修改或删除入库单、采购发票时,需要先取消采购结算。取消采购结算的方法是删除对应的结算单。

项目 9　采购与应付管理

（7）审核发票，确认应付

操作步骤

步骤 1　选择"财务会计"|"应付款管理"|"应付单据处理"|"应付单审核"选项，打开"应付单查询条件"对话框。

步骤 2　单击"确定"按钮，打开"单据处理"对话框。

步骤 3　选择需要审核的单据，单击"审核"按钮，系统弹出"审核成功"信息提示框。单击"确定"按钮返回。

步骤 4　选择"财务会计"|"应付款管理"|"制单处理"选项，打开"制单查询"对话框。选择"发票制单"，单击"确定"按钮，打开"制单"对话框。

步骤 5　单击"全选"按钮或在"选择标志"栏输入某数字作为选择标志，选择凭证类别为"转 转账凭证"，然后单击"制单"按钮，打开"填制凭证"对话框。

步骤 6　单击"保存"按钮，凭证左上角出现"已生成"标志，表示凭证已传递到总账管理子系统，如图 9.8 所示。

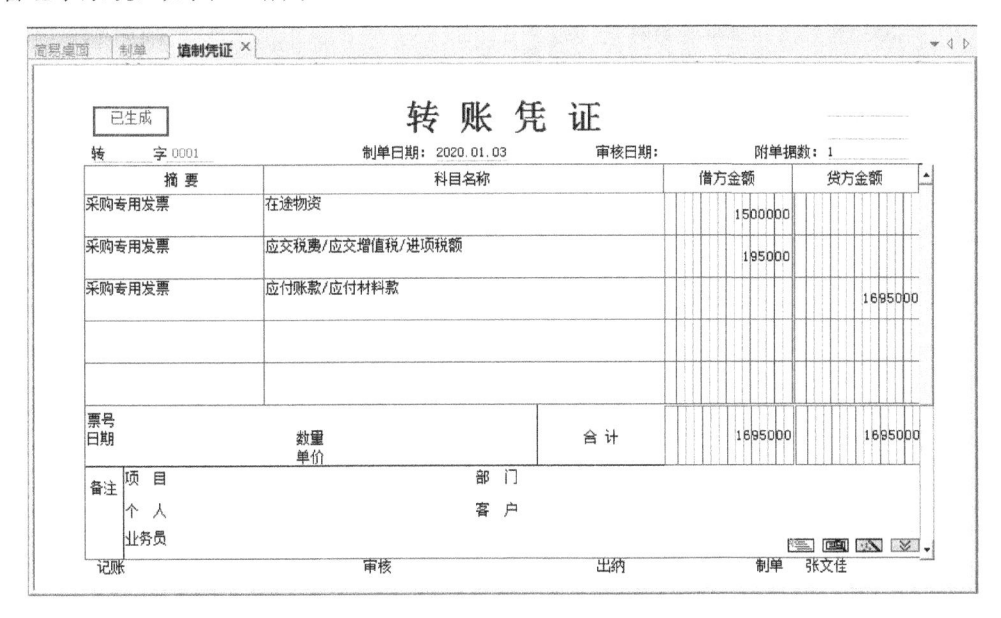

图 9.8　采购发票生成凭证

（8）登记存货明细账，生成入库凭证

材料入库后，需要登记存货明细账，更新库存台账中存货数量及成本信息，生成财务上的入库凭证。

操作步骤

步骤 1　选择"供应链"|"存货核算"|"业务核算"|"正常单据记账"选项，打开"查询条件选择"对话框。

步骤 2　选择查询条件，单击"确定"按钮，进入"未记账单据一览表"对话框。

步骤 3　选择要记账的单据，单击"记账"按钮，系统弹出"记账成功。"信息提示框。单击"确定"按钮退出。

步骤 4　选择"供应链"|"财务核算"|"生成凭证"选项,打开"生成凭证"对话框。

步骤 5　在工具栏上单击"选择"按钮,打开"查询条件"对话框。

步骤 6　选择"(01)采购入库单(报销记账)",单击"确定"按钮,打开"选择单据"对话框。

步骤 7　选择要制单的记录行,单击"确定"按钮,打开"生成凭证"对话框。

步骤 8　选择凭证类别为"转 转账凭证",单击"生成"按钮,打开"填制凭证"对话框。

步骤 9　单击"保存"按钮,凭证左上角出现"已生成"标志,表示凭证已传递到总账管理子系统,如图 9.9 所示。

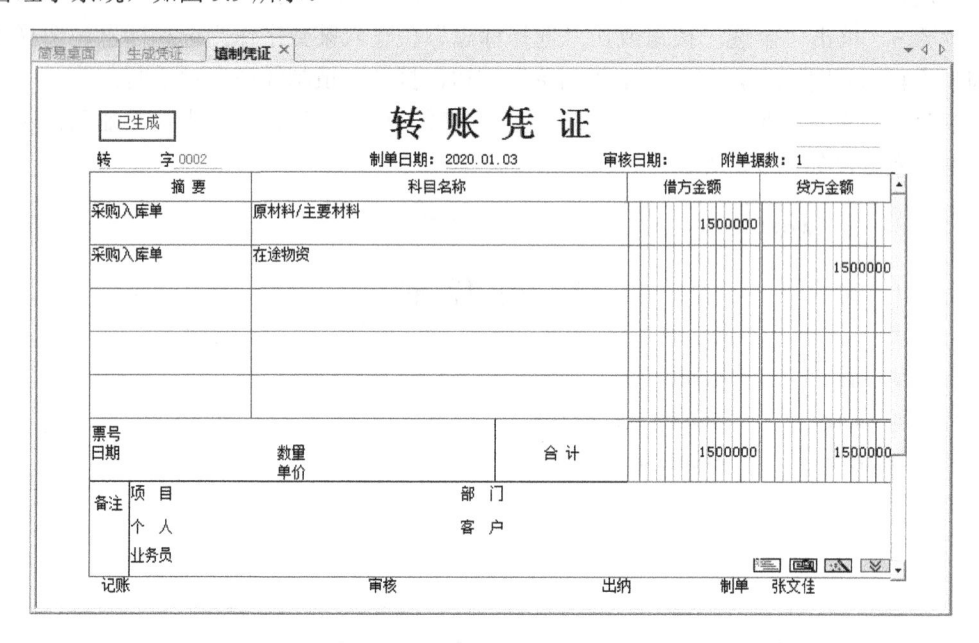

图 9.9　采购入库单生成凭证

(9) 付款结算,核销应付

在货到票到,财务部门核对无误之后,需要按照合同约定向供应商支付货款。

核销是指用对该供应商的付款冲销对该供应商的应付。只有及时核销才能进行精确的账龄分析。

在用友 U8 中,输入的付款单可以与采购发票、应付单记录的应付进行核销。如果支付的货款等于应付款,则可以完全核销;如果支付的款项少于应付款,则只能部分核销;如果支付的款项多于应付款,则余款可以转为预付款。

操作步骤

步骤 1　选择"财务会计"|"应付款管理"|"付款单据处理"|"付款单据录入"选项,打开"收付款单录入"对话框。

步骤 2　单击"增加"按钮,选择供应商为"九辉"、结算方式为"转账支票",输入金额为 16 950。然后单击"保存"按钮,如图 9.10 所示。

项目 9　采购与应付管理

图 9.10　填制付款单

步骤 3　单击"审核"按钮，系统弹出"是否立即制单？"信息提示框。单击"是"按钮，打开"填制凭证"对话框。

步骤 4　选择凭证类别为"付 款凭证"，单击"保存"按钮，凭证左上角出现"已生成"标志，表示凭证已传递到总账管理子系统，如图 9.11 所示。

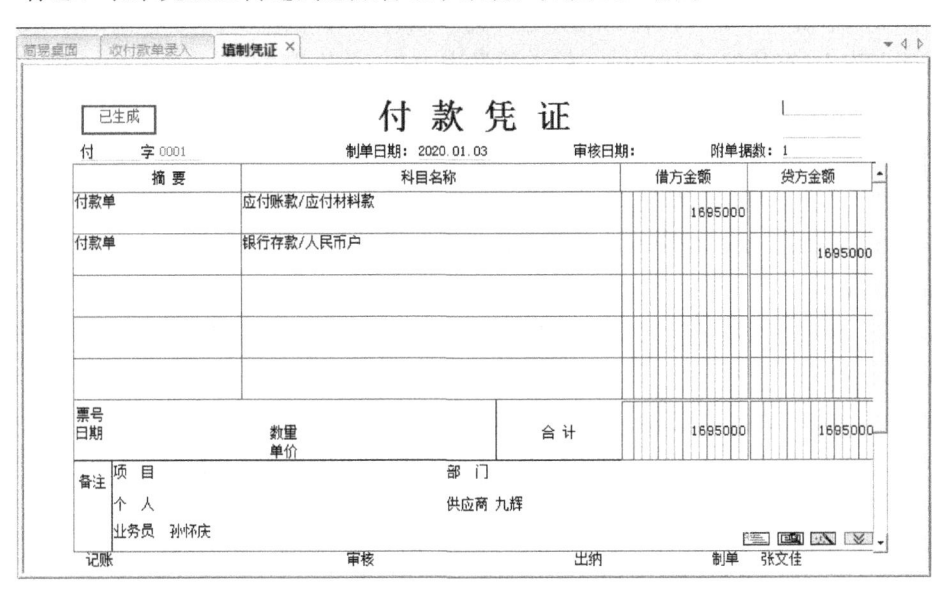

图 9.11　付款单生成凭证

步骤 5　关闭"填制凭证"对话框，返回"收付款单录入"对话框。单击"核销"按钮，打开"核销条件"对话框。单击"确定"按钮返回。在"2020-01-03 采购专用发票"行的"本次结算"栏中输入 16 950，如图 9.12 所示。单击"保存"按钮，核销完成的单据不再显示。

181

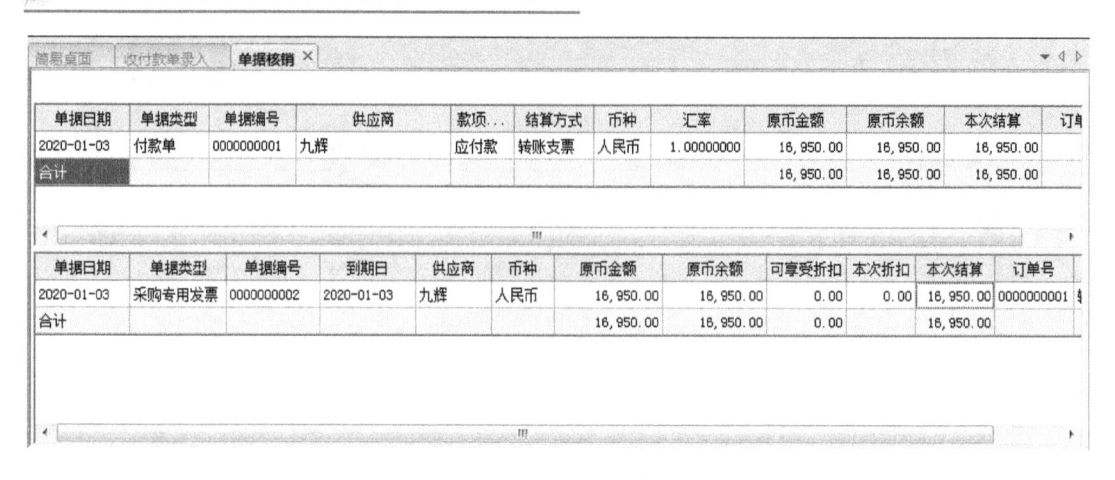

会计信息化实训（用友 U8 V10.1）

单据日期	单据类型	单据编号	供应商	款项	结算方式	币种	汇率	原币金额	原币余额	本次结算	订单
2020-01-03	付款单	0000000001	九辉	应付款	转账支票	人民币	1.00000000	16,950.00	16,950.00	16,950.00	
合计								16,950.00	16,950.00	16,950.00	

单据日期	单据类型	单据编号	到期日	供应商	币种	原币金额	原币余额	可享受折扣	本次折扣	本次结算	订单号
2020-01-03	采购专用发票	0000000002	2020-01-03	九辉	人民币	16,950.00	16,950.00	0.00	0.00	16,950.00	0000000001
合计						16,950.00	16,950.00	0.00		16,950.00	

图 9.12　单据核销

2. 采购现付业务处理

（1）在库存管理子系统中直接填制采购入库单并审核

操作步骤

步骤 1　选择"供应链"|"库存管理"|"入库业务"|"采购入库单"选项，打开"采购入库单"对话框。

步骤 2　单击"增加"按钮，选择仓库为"主材库"、供应单位为"华阳"、入库类别为"采购入库"、存货编码为 1004，输入数量为 300、单价为 25。

步骤 3　单击"保存"按钮，再单击"审核"按钮，系统弹出"该单据审核成功！"信息提示框。

步骤 4　单击"确定"按钮返回。

（2）在采购管理子系统中输入采购专用发票，进行现结处理和采购结算

操作步骤

步骤 1　选择"供应链"|"采购管理"|"采购发票"|"专用采购发票"选项，打开"专用发票"对话框。

步骤 2　单击"增加"按钮，再单击"生单"按钮右侧的下三角按钮，打开可选列表。选择"入库单"，打开"查询条件选择"对话框。单击"确定"按钮，打开"拷贝并执行"对话框。

步骤 3　选择需要参照的采购入库单，单击"确定"按钮，将采购入库单的信息带回专用发票。然后单击"保存"按钮。

步骤 4　单击"现付"按钮，打开"采购现付"对话框。

步骤 5　选择结算方式为 202，输入原币金额为 8 475、票据号为 CZ1702，如图 9.13 所示。单击"确定"按钮，发票左上角显示"已现付"标记。

步骤 6　单击"结算"按钮，自动完成采购结算，发票左上角显示"已结算"标记。

项目 9 采购与应付管理

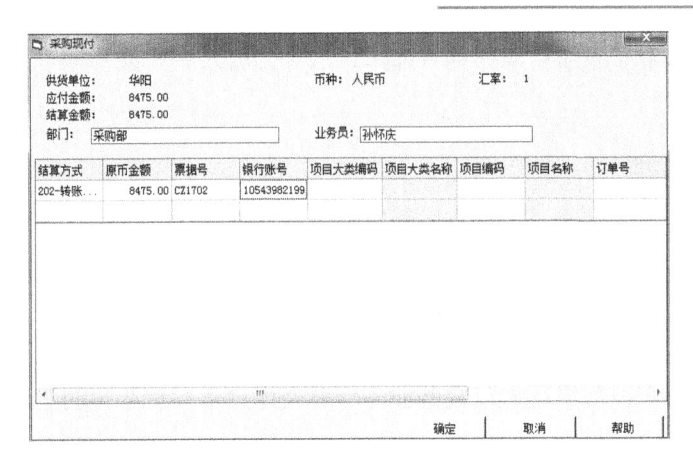

图 9.13 采购现付

(3) 在应付款管理子系统中审核现结发票,进行现结制单

操作步骤

步骤 1 选择"财务会计"|"应付款管理"|"应付单据处理"|"应付单据审核"选项,打开"应付单查询条件"对话框。

步骤 2 选中"包含已现结发票"复选框,单击"确定"按钮,打开"单据处理"对话框。

步骤 3 选择需要审核的单据,单击"审核"按钮,系统弹出"审核成功。"信息提示框。单击"确定"按钮返回。

步骤 4 选择"财务会计"|"应付款管理"|"制单处理"选项,打开"制单查询"对话框。选择"现结制单",单击"确定"按钮,打开"制单"对话框。

步骤 5 选择凭证类别为"付 付款凭证",选择要制单的记录行,单击"制单"按钮,打开"填制凭证"对话框。

步骤 6 单击"保存"按钮,凭证左上角出现"已生成"标志,表示凭证已传递到总账管理子系统,如图 9.14 所示。

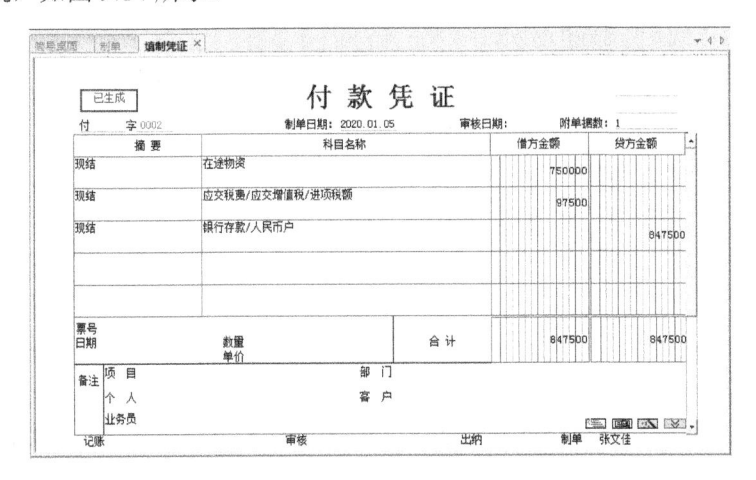

图 9.14 现结制单

183

(4) 在存货核算子系统中对采购入库单记账，生成入库凭证

操作步骤略。

3. 采购运费处理

在企业采购业务活动中，如果有关采购发生的费用按照会计制度的规定允许计入采购成本，那么可以按以下情况区别处理。一种情况是，费用发票与货物发票一起报账时，可利用手工结算功能对采购入库单和货物发票及运费发票一起结算；另外一种情况是，费用发票滞后报账。如果该费用只由一种存货负担，则可以将费用票据输入计算机后用手工结算功能单独进行报账；如果是多笔采购业务、多仓库、多存货承担的费用发票，则可以在费用折扣结算功能中实现。

(1) 在采购管理子系统中增加采购运费专用发票

操作步骤

步骤1　选择"供应链"|"采购管理"|"采购发票"|"专用采购发票"选项，打开"专用发票"对话框。

步骤2　单击"增加"按钮，选择供应商为"九辉"、存货编码为5001，输入原币金额为200，修改表头税率为9%，系统自动计算出原币税额为18。

步骤3　单击"保存"按钮，保存发票。

(2) 费用折扣结算

操作步骤

步骤1　选择"供应链"|"采购管理"|"采购结算"|"费用折扣结算"选项，打开"费用折扣结算"对话框。

步骤2　单击"查询"按钮，打开"条件输入"对话框。选择供货商为"九辉"，单击"确定"按钮。

步骤3　单击"入库"按钮，打开"入库单选择"对话框。选择1月3日的入库单，单击"确定"按钮返回。单击"发票"按钮，打开"发票选择"对话框。选择1月8日的运费发票，单击"确定"按钮返回。

步骤4　选择费用分摊方式为"按数量"，如图9.15所示。单击"分摊"按钮，再单击"结算"按钮，系统弹出"结算成功"信息提示框。单击"确定"按钮返回。

(3) 在存货核算子系统中进行结算成本处理并生成入库调整凭证

步骤1　选择"供应链"|"存货核算"|"业务核算"|"结算成本处理"选项，打开"暂估处理查询"对话框。选择仓库为"主材库"，单击"确定"按钮，打开"结算成本处理"对话框。

步骤2　选中要结算的单据，单击"暂估"按钮，系统弹出"暂估处理完成。"信息提示框。单击"确定"按钮返回。

步骤3　选择"供应链"|"存货核算"|"财务核算"|"生成凭证"选项，选择"(20)入库调整单"制单，合并生成如下凭证。

项目 9 采购与应付管理

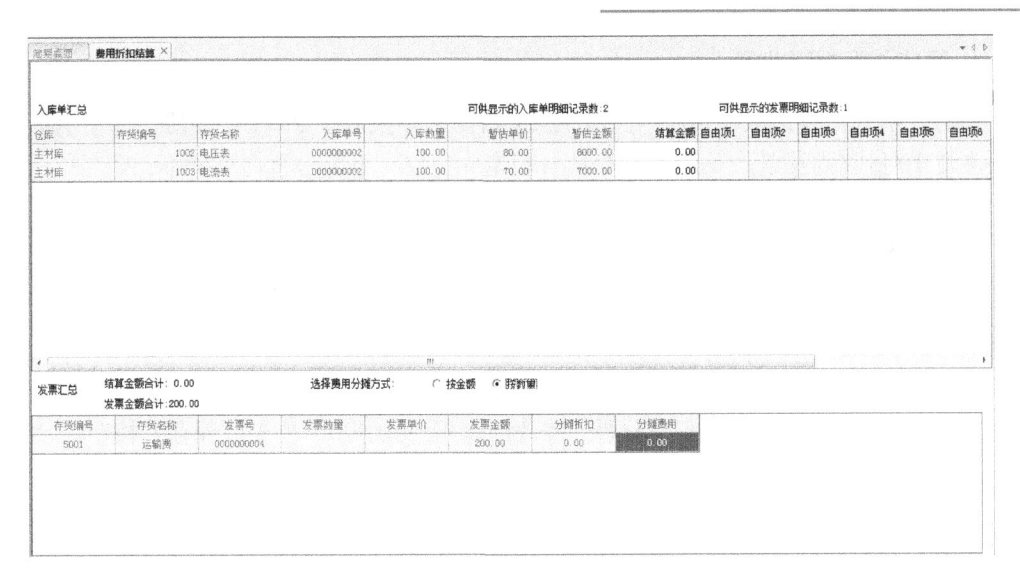

图 9.15 费用折扣结算

借：原材料/主要材料　　　　　　　　　　　　　　　　　　　　　　　　200
　　贷：在途物资　　　　　　　　　　　　　　　　　　　　　　　　　　　　200

步骤 4　选择"供应链"|"存货核算"|"账表"|"账簿"|"明细账"选项，打开"明细账查询"对话框。选择仓库为"主材库"、存货编码为 1002，单击"确定"按钮，打开"明细账"对话框，如图 9.16 所示。从图中可见，1 月 8 日电压表的入库单价由 80 元调整到 80.47 元。

图 9.16 明细账查询

（4）在应付款管理子系统中进行发票审核及制单处理

操作步骤略。根据发票制单生成的凭证如下。

借：在途物资　　　　　　　　　　　　　　　　　　　　　　　　　　　　200
　　应交税费——应交增值税——进项税额　　　　　　　　　　　　　　　　 18
　　贷：应付账款　　　　　　　　　　　　　　　　　　　　　　　　　　　218

185

4. 暂估入库报销业务

期初采购入库单记录了 2019 年 12 月 21 日从华阳采购了 20 个接触器，暂估单价 410 元。本月 10 日收到发票，发票上的数量与入库单一致，单价与暂估单价不一致。

（1）在采购管理子系统中填制采购专用发票，进行采购结算

操作步骤

步骤 1　选择“供应链”|“采购管理”|“采购发票”|“专用采购发票”选项，打开“专用发票”对话框。

步骤 2　单击“增加”按钮，再单击“生单”按钮，选择“入库单”。选择 2019 年 12 月 21 日的采购入库单，生成专用发票。修改原币单价为 400，单击“保存”按钮。

步骤 3　单击“结算”按钮，采购专用发票上显示“已结算”。

（2）在存货核算子系统中执行结算成本处理

步骤 1　选择“供应链”|“存货核算”|“业务核算”|“结算成本处理”选项，打开“暂估处理查询”对话框。

步骤 2　选择“主材库”，选中“未全部结算完的单据是否显示”复选框，单击“确定”按钮，打开“结算成本处理”对话框，如图 9.17 所示。

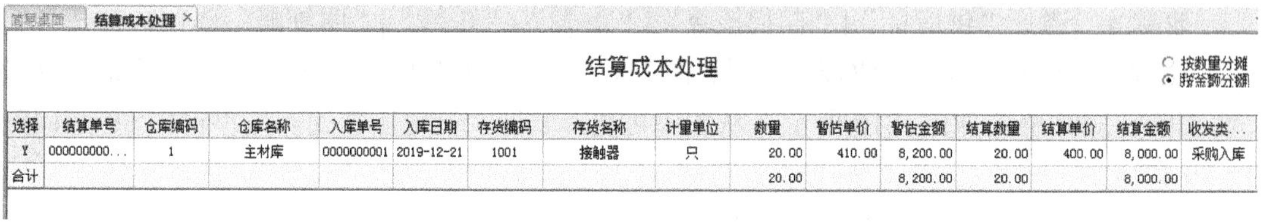

选择	结算单号	仓库编码	仓库名称	入库单号	入库日期	存货编码	存货名称	计量单位	数量	暂估单价	暂估金额	结算数量	结算单价	结算金额	收发类...
Y	000000000...	1	主材库	0000000001	2019-12-21	1001	接触器	只	20.00	410.00	8,200.00	20.00	400.00	8,000.00	采购入库
合计									20.00		8,200.00	20.00		8,000.00	

图 9.17　结算成本处理

步骤 3　选择需要进行暂估结算的单据，单击“暂估”按钮，系统弹出“暂估处理完成。”信息提示框。单击“确定”按钮返回。

（3）在存货核算子系统中对红字回冲单、蓝字回冲单制单

操作步骤

步骤 1　选择“供应链”|“存货核算”|“财务核算”|“生成凭证”选项，打开“生成凭证”对话框。

步骤 2　单击“选择”按钮，打开“查询条件”对话框，选择“（24）红字回冲单”“（30）蓝字回冲单（报销）”，单击“确定”按钮。

步骤 3　单击“全选”按钮，再单击“确定”按钮，返回“生成凭证”对话框，如图 9.18 所示。

步骤 4　选择凭证类别为“转　转账凭证”，单击“生成”按钮，打开“填制凭证”对话框。单击“保存”按钮，保存红字回冲单生成的凭证，如图 9.19 所示。

步骤 5　单击“下张凭证”按钮，再单击“保存”按钮，保存蓝字回冲单生成的凭证，如图 9.20 所示。

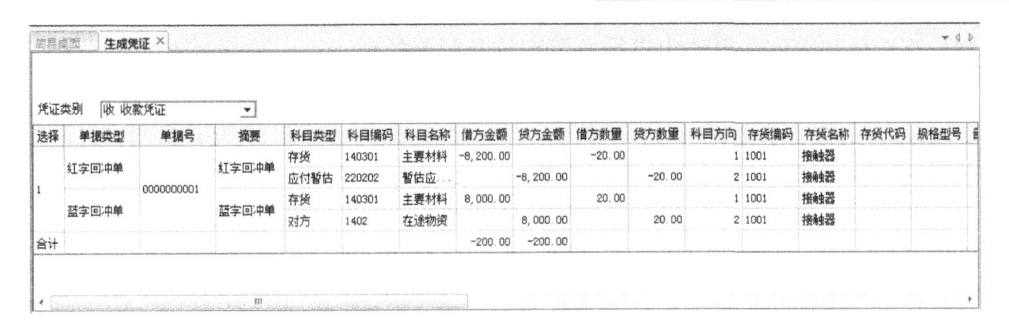

图 9.18　生成凭证

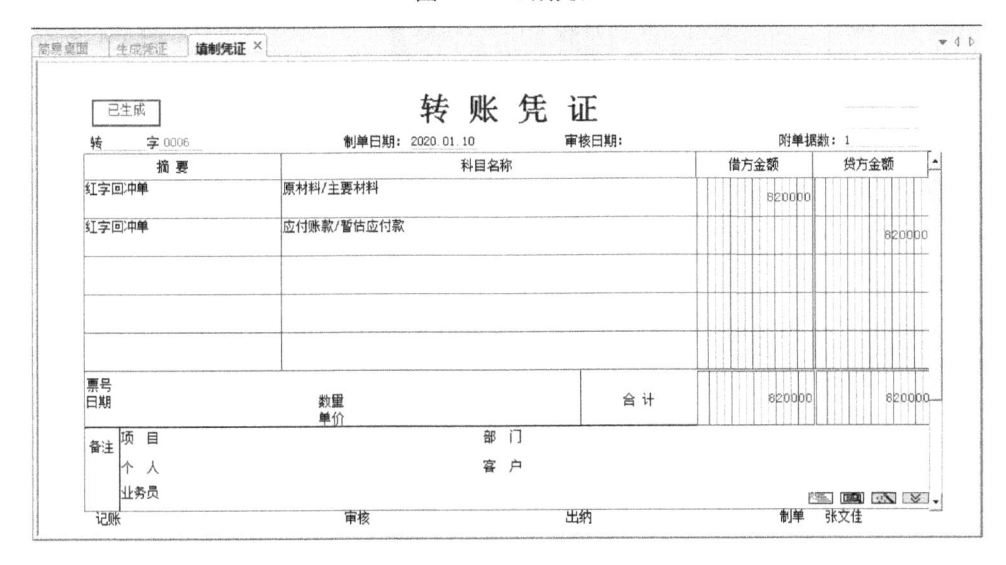

图 9.19　红字回冲单生成凭证

图 9.20　蓝字回冲单生成凭证

(4) 在应付款管理子系统中进行发票审核及制单处理

操作步骤略。

5. 采购结算前部分退货

(1) 在库存管理子系统中填制并审核采购入库单

操作步骤略。

(2) 在库存管理子系统中修改采购入库单

操作步骤

步骤1　选择"供应链"|"库存管理"|"入库业务"|"采购入库单"选项，打开"采购入库单"对话框。

步骤2　单击 (末张) 按钮，找到要修改的采购入库单，然后单击"弃审"按钮。

步骤3　单击"修改"按钮，修改数量500为480，然后单击"保存"按钮.

步骤4　单击"审核"按钮，审核完成后退出。

(3) 在采购管理子系统中根据采购入库单生成采购专用发票

操作步骤

步骤1　选择"供应链"|"采购管理"|"采购发票"|"专用采购发票"选项，打开"专用发票"对话框。

步骤2　根据采购入库单生成专用发票，单击"保存"按钮。

步骤3　单击"结算"按钮，完成发票和入库单的结算处理。

(4) 在应付款管理子系统中，对采购发票进行审核、制单

操作步骤略。

(5) 在存货核算子系统中，对采购入库单记账并生成入库凭证

操作步骤略。

6. 采购结算后退货

(1) 在库存管理子系统中填制红字采购入库单并审核

操作步骤

步骤1　选择"供应链"|"库存管理"|"入库业务"|"采购入库单"选项，打开"采购入库单"对话框。

步骤2　增加一张入库单，选中"红字"单选按钮，输入数量为-100、单价为40，单击"保存"按钮。然后单击"审核"按钮。

(2) 在采购管理系统中生成红字采购专用发票并执行采购结算

操作步骤

步骤1　选择"供应链"|"采购管理"|"采购发票"|"红字专用采购发票"选项，打开"专用发票"对话框。

步骤2　参照红字入库单生成红字专用发票，单击"保存"按钮，再单击"结算"按钮。

(3) 在应付款管理子系统中,对红字专用采购发票进行审核、制单
操作步骤略。

(4) 在存货核算子系统中,对红字采购入库单记账并生成凭证
操作步骤略。

7. 数据备份

全部完成后,将数据备份至"采购管理"文件夹。

实验十一　应付款管理

实验目的

掌握用友 U8 中应付款管理子系统常见业务的处理方法;理解应付款管理子系统和其他系统之间的数据关联。

实验内容

① 应付款业务处理。
② 付款与预付业务处理。
③ 核销处理。
④ 转账处理。
⑤ 票据管理。
⑥ 账表查询。

实验要求

① 引入"采购管理"账套数据。
② 以 01 张文佳的身份进行应付款业务处理。

实验资料

华普电气 2020 年 1 月发生业务如下。

① 15 日,开出转账支票一张,金额 50 000 元,票号 CZ1705。用以支付华阳 2019 年 12 月 17 日的货款 47 121 元,余款 2 879 元转为预付款。

② 18 日,用华阳预付款 2 879 元冲抵其本月 10 日部分应付款。

③ 18 日,向九辉签发并承兑商业承兑汇票一张(NO.P1701),面值为 10 000 元,到期日为 2020 年 1 月 30 日。作为预购箱体的订金。

④ 20 日,将九辉红字专用发票与其应付款进行对冲。

⑤ 30 日,对 18 日向九辉签发并承兑的商业承兑汇票进行结算。

⑥ 查询供应商"九辉"的对账单。

实验指导

1. 付款业务处理

付款单用来记录企业支付的供应商往来款项，款项性质包括应付款和预付款。其中，应付款、预付款性质的付款单可以与发票、应付单进行核销处理。

当应付款管理子系统的收款单用来记录发生采购退货时，企业收到的是供应商退还的款项。

操作步骤

步骤1　选择"财务会计"|"应付款管理"|"付款单据处理"|"付款单据录入"选项，打开"收付款单录入"对话框。

步骤2　单击"增加"按钮，选择供应商为"华阳"、结算方式为"转账支票"、票号为CZ1705，输入金额为50 000。

步骤3　在表体中，修改第1行应付款金额为47 121；第2行款项类型选择为"预付款"，系统自动填写金额为2 879。单击"保存"按钮，如图9.21所示。

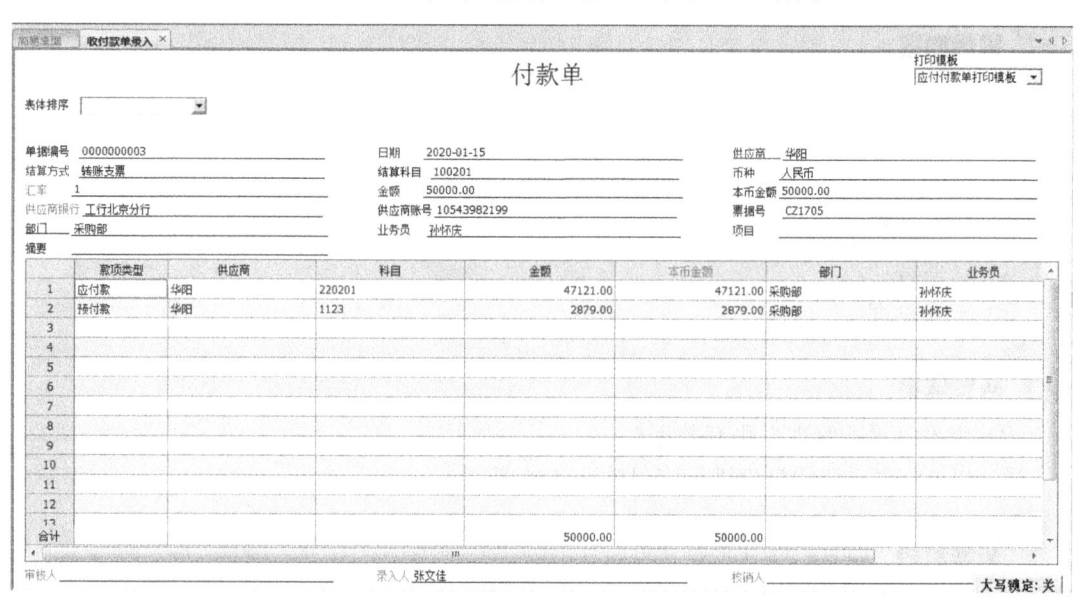

图9.21　付款单部分为应付，部分形成预付

步骤4　单击"审核"按钮，按照系统提示生成付款凭证，如图9.22所示。然后关闭"填制凭证"对话框。

步骤5　在"收付款单录入"对话框中，单击"核销"按钮，打开"核销条件"对话框。单击"确定"按钮，打开"单据核销"对话框。在对话框下方2019年12月17日采购专用发票的"本次结算"栏输入47 121，单击"保存"按钮，如图9.23所示。

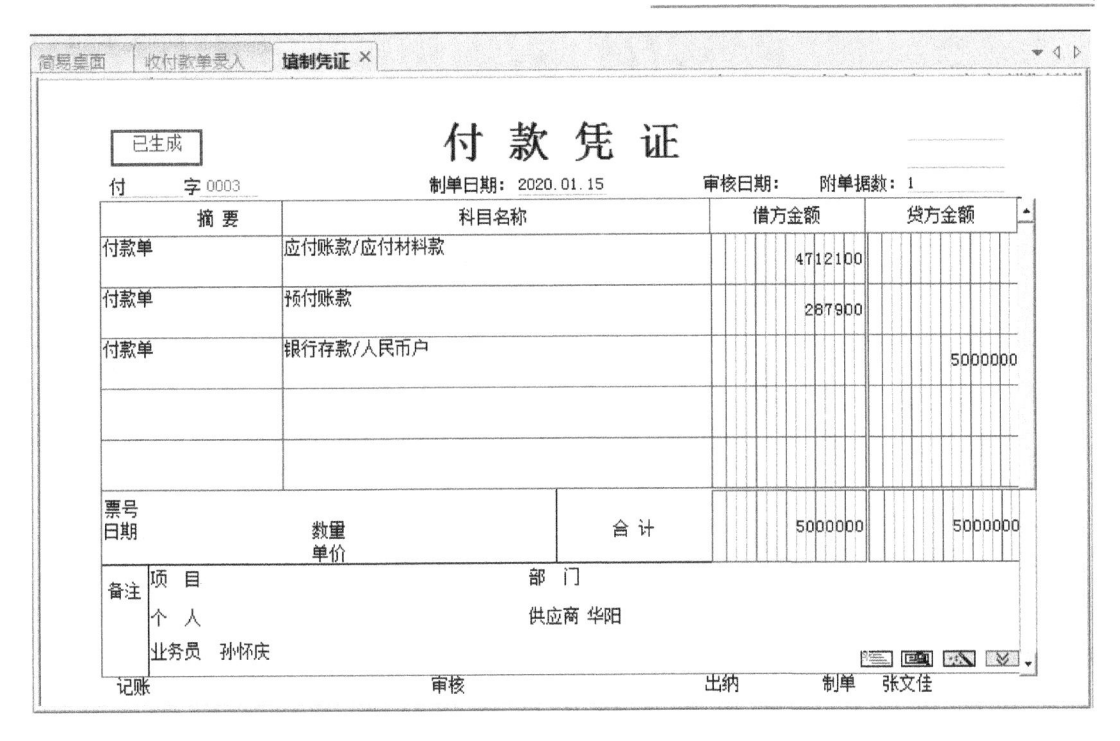

图 9.22　部分应付、部分预付生成的凭证

图 9.23　付款单与应付核销

2. 转账处理——预付冲应付

操作步骤

步骤 1　选择"财务会计"|"应付款管理"|"转账"|"预付冲应付"选项，打开"预付冲应付"对话框。

步骤 2　单击"预付款"选项卡，选择供应商为"001-北京华阳物资公司"。单击"过滤"按钮，系统列出该供应商的预付款。输入转账金额为 2 879，如图 9.24 所示。

步骤 3　单击"应付款"选项卡，再单击"过滤"按钮，系统列出该供应商的应付款。在 2020 年 01 月 10 日采购专用发票记录行输入转账金额为 2 879，如图 9.25 所示。

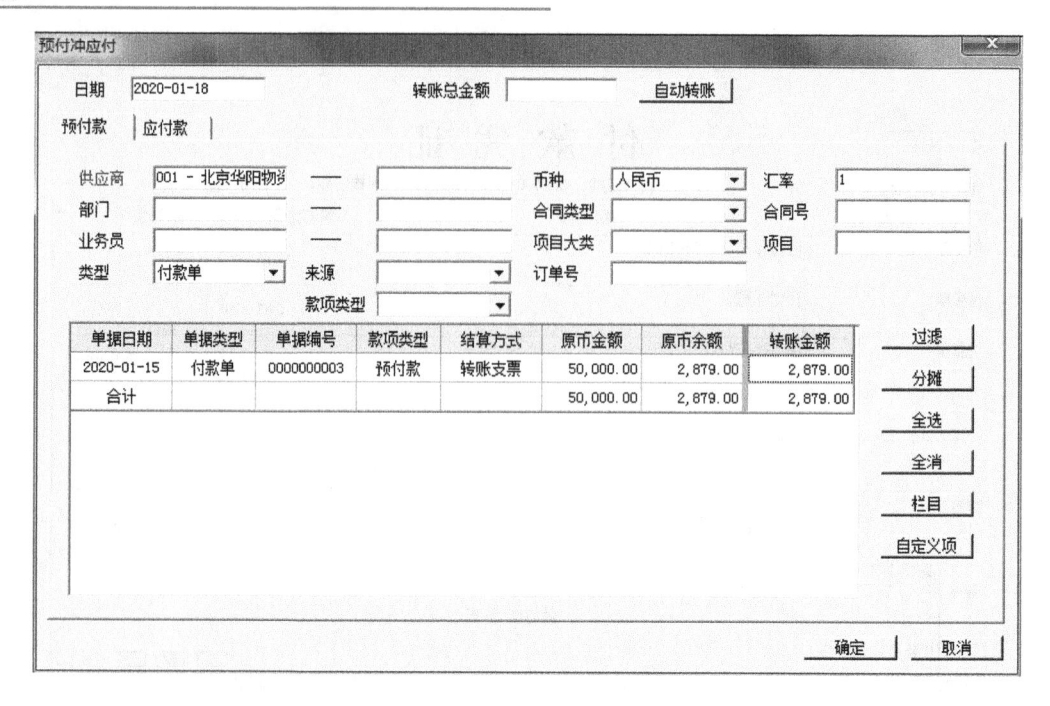

会计信息化实训（用友 U8 V10.1）

图 9.24　预付冲应付——预付款

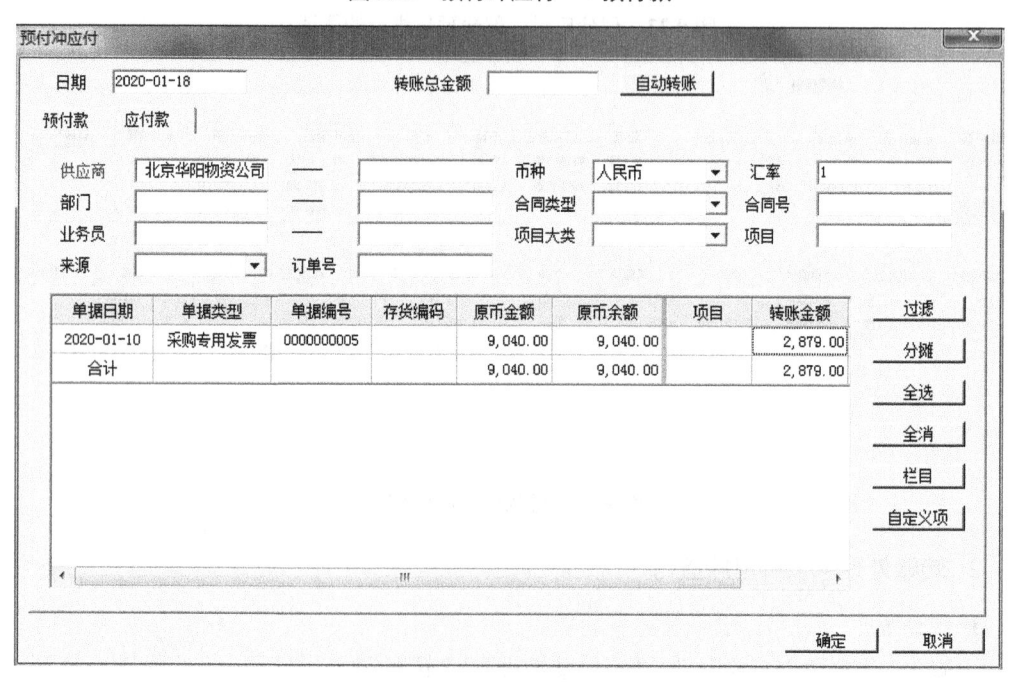

图 9.25　预付冲应付——应付款

步骤 4　单击"确定"按钮，立即制单并生成如下凭证。

借：预付账款　　　　　　　　　　　　　　　　　　　　　　-2 879

　　借：应付账款——应付材料款　　　　　　　　　　　　　　28 79

项目 9 采购与应付管理

> **注意**
> ① 每一笔应付款的转账金额不能大于其余额。
> ② 应付款的转账金额合计应该等于预付款的转账金额合计。

3. 票据管理——开具商业承兑汇票

操作步骤

步骤 1　选择"财务会计"|"应付款管理"|"票据管理"选项，打开"查询条件选择"对话框。

步骤 2　单击"确定"按钮，打开"票据管理"对话框。

步骤 3　单击"增加"按钮，打开"应付票据"对话框。输入商业承兑汇票的相关信息，如图 9.26 所示。

图 9.26　开具商业承兑汇票

步骤 4　单击"保存"按钮，系统会自动生成一张付款单。这张付款单必须经过审核之后才能生成记账凭证。

步骤 5　选择"财务会计"|"应付款管理"|"付款单据处理"|"付款单据审核"选项，对商业承兑汇票生成的付款单进行审核。

步骤 6　选择"财务会计"|"应付款管理"|"制单处理"选项，选择"收付款单制单"，生成如下凭证。

借：应付账款——应付材料款　　　　　　　　　　　　　　　　10 000
　　贷：应付票据　　　　　　　　　　　　　　　　　　　　　　　　10 000

193

4. 转账处理——红票对冲

操作步骤

步骤1 选择"财务会计"|"应付款管理"|"转账"|"红票对冲"|"手工对冲"选项，打开"红票对冲条件"对话框。

步骤2 在"通用"选项卡中选择供应商为"002-河北九辉五金批发部"，单击"确定"按钮，打开"红票对冲"对话框。

步骤3 在对话框下方2020年1月12日的采购专用发票的"对冲金额"栏中输入4 520，如图9.27所示。

步骤4 单击"保存"按钮。

图 9.27 红票对冲

5. 票据管理——票据结算

操作步骤

步骤1 选择"财务会计"|"应付款管理"|"票据管理"选项，打开"查询条件选择"对话框。单击"确定"按钮，打开"票据管理"对话框。

步骤2 选中向九辉签发并承兑的商业承兑汇票，然后单击"结算"按钮，打开"票据结算"对话框。

步骤3 输入相关信息，如图9.28所示。

步骤4 单击"确定"按钮，系统弹出"是否立即制单？"信息提示框。单击"是"按钮，生成付款凭证，如图 9.29 所示。

图 9.28 票据结算

6. 查询供应商"九辉"的对账单

操作步骤

步骤1 选择"财务会计"|"应付款管理"|"账表管理"|"业务账表"|"对账单"选项，打开"查询条件选择"对话框。

项目 9 采购与应付管理

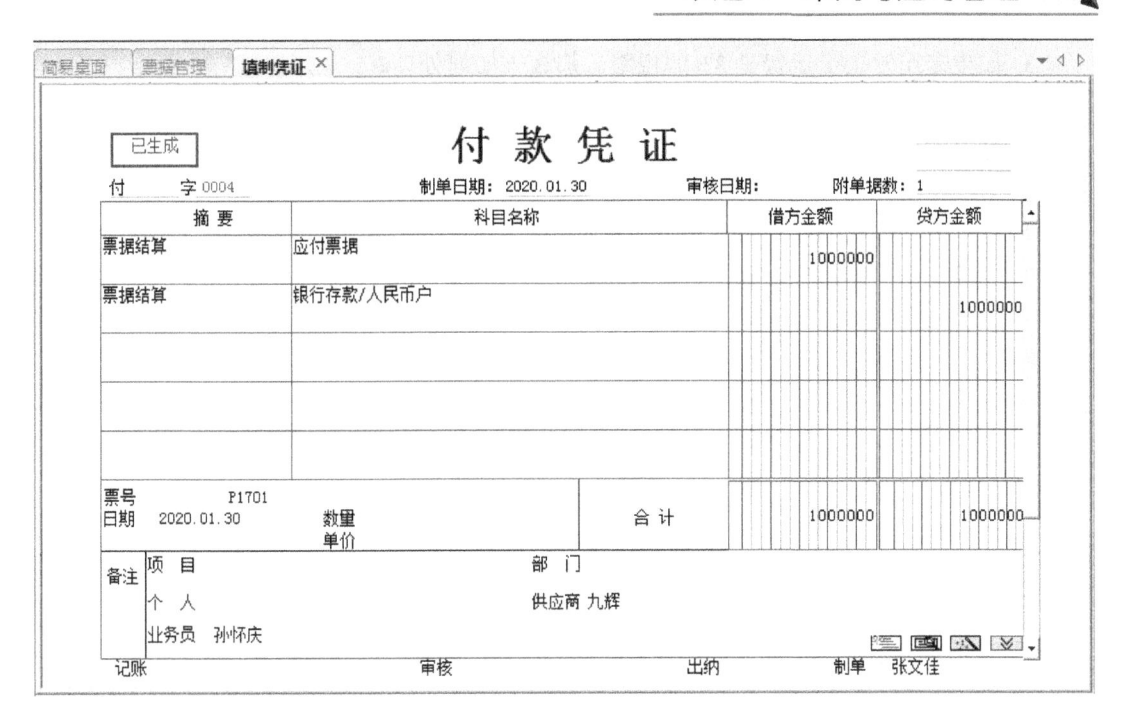

图 9.29 票据结算生成凭证

步骤 2 选择供应商为"002-河北九辉五金批发部",单击"确定"按钮,打开"应付对账单"对话框,如图 9.30 所示。

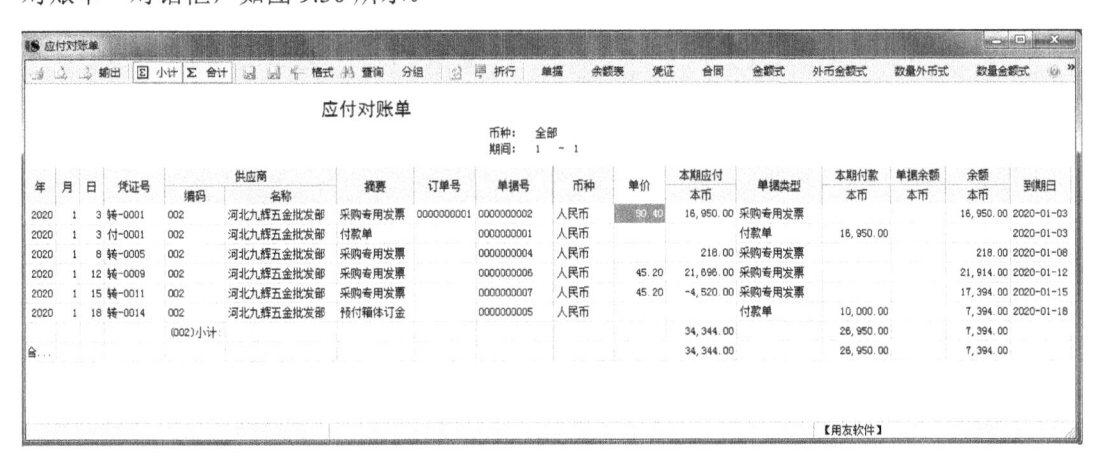

图 9.30 应付对账单

最后,将本实验账套备份到"应付款管理"文件夹。

思考题

1. 普通采购业务全流程涉及几个子系统?在各子系统中主要完成哪些工作?
2. 系统中为什么会有红字回冲单和蓝字回冲单?是何含义?

195

3. 如果专用发票上运费是 3%的税率，那么该如何处理？
4. 如果暂估业务选择"单到回冲"方式，则各个环节的处理将是怎样的？
5. 是否可以设置最高进价控制？
6. 采购退货分为哪几种情况？如何处理？
7. 应付单据包括哪些？付款单据包括哪些？
8. 如果发生采购退货，则是否在应付款管理子系统中处理退款？

项目 10

销售与应收款管理

知识目标

通过本项目的学习，要求学生了解销售管理子系统的功能；掌握先发货后开票销售业务和开票直接发货业务、委托代销业务处理流程；理解企业发货、收入实现、结转成本的业务逻辑；能够处理企业常见的销售业务。

销售是企业价值实现的关键环节，企业通过出售产品、商品或提供劳务获得经营成果，实现企业的价值。

10.1 功能概述

10.1.1 销售管理子系统功能概述

1. 销售管理子系统初始化设置

销售管理子系统初始化设置包括设置销售管理子系统业务处理所需要的各种业务选项、基础档案信息及期初数据。

2. 销售业务管理

销售业务管理主要处理销售报价、销售订货、销售发货、销售开票、销售调拨、销售退回、发货折扣、委托代销、零售等业务，并根据审核后的发票或发货单自动生成销售出库单，处理随同货物销售所发生的各种代垫费用，以及在货物销售过程中发生的各种销售支出。

在销售管理子系统中，可以处理普通销售、委托代销、直运销售、分期收款销售、销售调拨及零售业务等业务类型。

3. 销售账簿及销售分析

销售管理子系统既可以提供各种销售明细账、销售明细表及各种统计表，还可以提供各种销售分析及综合查询统计分析。

10.1.2 应收款管理子系统功能概述

应收款管理子系统主要实现对企业与客户的往来账款进行核算与管理。在应收款管理子系统中,以销售发票、其他应收单等原始单据为依据,记录销售业务及其他业务形成的应收款项,处理应收款项的收款、核销等事项,并提供票据处理的功能。

1. 应收款管理子系统初始化设置

应收款管理子系统初始化设置包括选项设置、基础信息设置和期初数据输入。

2. 应收款管理子系统日常业务处理

日常业务处理是对应收款项业务的处理工作,主要包括应收单据处理、收款单据处理、票据管理、转账处理和坏账处理等内容。

① 应收单据处理。应收单据包括销售发票和其他应收单,是确认应收账款的主要依据。应收单据处理主要包括单据输入和单据审核。

② 收款单据处理。收款单据主要是指收款单。收款单据处理包括收款单据的输入、审核和核销。单据核销的主要作用是解决收回客户款项、核销该客户应收款、建立收款与应收款的核销记录、监督应收款及时核销、加强往来款项的管理。

③ 票据管理。票据管理主要是对银行承兑汇票和商业承兑汇票进行管理。票据管理可以提供票据登记簿,记录票据的利息、贴现、背书、结算和转出等信息。

④ 转账处理。转账处理是对在日常业务处理中经常发生的应收冲应付、应收冲应收、预收冲应收及红票对冲的业务处理。

⑤ 坏账处理。坏账处理是指计提应收坏账准备的处理、坏账发生后的处理、坏账收回后的处理等。其主要作用是自动计提应收款的坏账准备,当坏账发生时即可进行坏账核销,或者当被核销坏账又收回时,即可进行相应处理。

⑥ 信息查询和统计分析。这是指用户对信息的查询及在各种查询结果的基础上所进行的各项分析。一般查询包括单据查询、凭证查询及账款查询等;统计分析包括欠款分析、账龄分析、综合分析及收款预测分析等,以便于用户及时发现问题,加强对往来款项的动态监督管理。

3. 期末处理

期末处理是指用户在月末进行的结算汇兑损益及月末结账工作。如果企业有外币往来,则在月末需要计算外币单据的汇兑损益并对其进行相应的处理;如果当月业务已全部处理完毕,就需要进行月末结账处理,只有月末结账后,才可以开始下月工作。

项目10 销售与应收款管理

10.2 教学重点、难点

10.2.1 销售管理子系统

1. 销售管理子系统初始化设置

销售管理子系统选项设置中提供了关于业务控制、信用控制、可用量控制和价格管理的选项。理解各选项的意义，科学设置各选项对系统应用的影响至关重要。

2. 销售业务处理

应掌握企业销售工作中的常见业务类型，如普通销售、委托代销、现收、调拨、退货等业务的业务流程、业务处理方法。下面介绍常用的销售业务处理流程。

（1）普通销售业务处理流程

普通销售业务支持两种业务模式：先发货后开票业务模式和开票直接发货业务模式。先发货后开票业务模式的业务处理流程如图10.1所示。

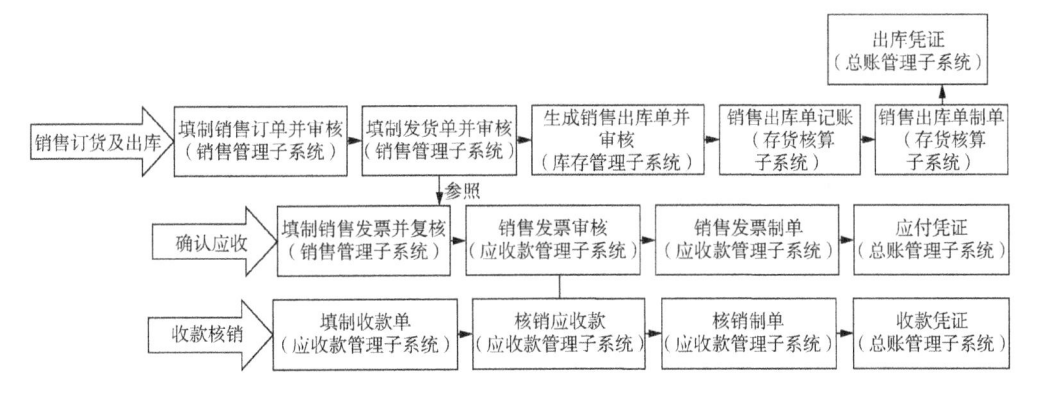

图 10.1 先发货后开票业务模式的业务处理流程

开票直接发货的业务模式是指根据销售订单或其他销售合同、协议，向客户开具销售发票，客户根据发票到指定仓库提货。

与先发货后开票业务模式相比，开票直接发货在发货及开票处理环节的流程与先发货后开票存在差异，如图10.2所示。

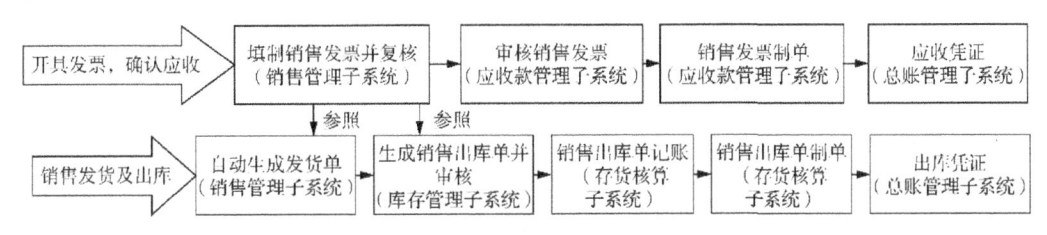

图 10.2 开票直接发货业务模式的业务处理流程

（2）现收业务处理流程

现收业务是指在销货货物的同时向客户收取货款的行为。销售现收与普通销售业务不同的是不需要确认应收环节，由发票到收款的业务流程如图 10.3 所示。

```
填制销售发票       →   现收处理         →   审核销售发票       →   现结制单
（销售管理子系统）      （销售管理子系统）    （应收款管理子系统）     （应收款管理子系统）
```

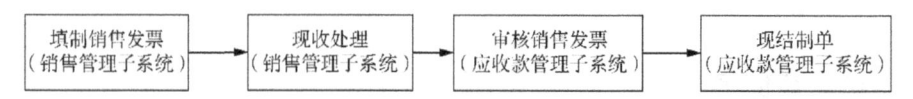

图 10.3　现收业务的业务流程

（3）代垫费用处理流程

代垫费用是指在销售业务中随货物销售所发生的（如运杂费、保险费等）暂时代垫，将来需要向对方单位收取的费用项目。代垫费用实际上形成了用户对客户的应收款。

代垫费用处理的业务流程如图 10.4 所示。

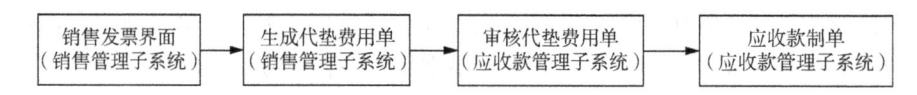

```
销售发票界面       →   生成代垫费用单   →   审核代垫费用单     →   应收款制单
（销售管理子系统）      （销售管理子系统）    （应收款管理子系统）     （应收款管理子系统）
```

图 10.4　代垫费用处理的业务流程

3. 销售管理子系统与其他子系统的主要关系

销售管理子系统与其他子系统的主要关系如图 10.5 所示。

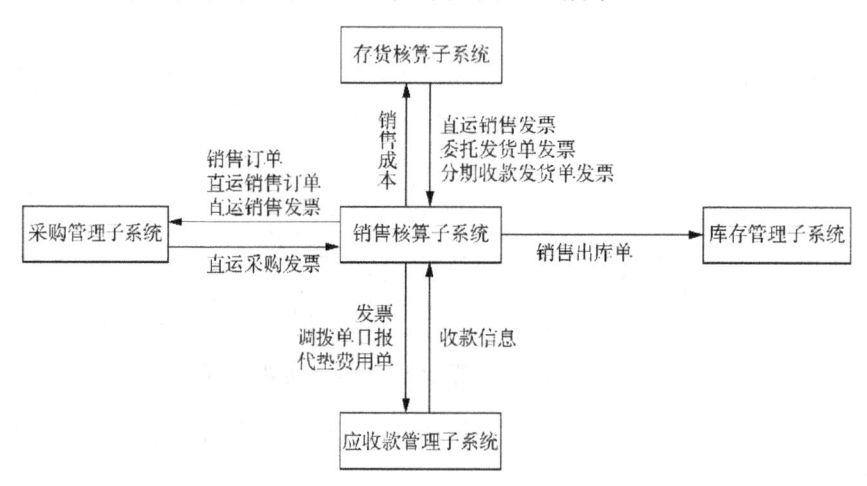

图 10.5　销售管理子系统与其他子系统的主要关系

10.2.2　应收款管理子系统

1. 应收款管理子系统初始化设置

应收款管理子系统初始化设置中各选项的选择决定了应收款业务处理的方式。理解选项选择的不同对业务处理的影响才能准确地选择各选项。

科目设置为应收款管理子系统自动制单提供了自动科目。

正确理解应收款管理子系统期初数据和总账管理子系统期初数据中相关科目的稽核关系，才能正确地准备应收款管理子系统的期初数据。

2. 应收款管理子系统业务处理

应收款管理子系统既可以与销售管理子系统集成使用，也可以单独使用。两种应用模式下应收款管理子系统的功能和用法稍有差别。

核销就是指确定收款单和原始的发票、应收单之间的对应关系的操作，即需要指明每一次收款是收的哪几笔销售业务的款项，并可以进行异币种之间的核销处理。只有及时核销才能进行精确的账龄分析，更好地管理企业应收账款。

根据收款单金额与应收金额是否相同、是否有预收款，核销可以分为以下几种情况。

① 收款单金额等于发票金额，收款单与原有单据完全核销。

② 在核销时使用预收款。如果客户先预付了一部分款项，在业务完成后又付清了剩余的款项，则在核销时需要使用预收款和收款单一起核销应收。

③ 收款单的金额大于应收金额，部分核销应收款，部分形成预收款。

④ 收款单的金额小于原有单据的金额，单据仅得到部分核销。

实验十二　销　售　管　理

实验目的

掌握用友 U8 中销售管理子系统常见业务类型的处理方法；理解销售管理子系统和其他子系统之间的数据关系。

实验内容

① 普通销售业务处理。
② 现收业务处理。
③ 代垫费用业务处理。
④ 开票直接发货业务处理。
⑤ 委托代销业务处理。

实训要求

① 引入"供应链初始化"账套数据。
② 以 01 张文佳的身份进行操作。

实验资料

2020 年 1 月份的销售业务如下。

1. 先发货后开票普通销售业务

① 销售报价。1月8日，信和源想订购高压柜20个，向销售部询价，无税报价为3 200元/个。填制并审核报价单。

② 该客户了解情况后，同意订购20个高压柜，双方约定本月10日发货。同日填制并审核销售订单。

③ 销售发货。1月10日，销售部从成品库向信和源发出其所订货物。填制并审核销售发货单。

④ 销售出库。同日，仓管员确认成品出库。在库存管理子系统中审核销售出库单。

⑤ 出库财务核算。材料会计在存货核算子系统中对销售出库单记账并生成凭证。

⑥ 销售开票，确认应收。1月10日，向信和源开具销售专用发票，财务部据此确认应收。

⑦ 收款结算，核销应收。1月12日，财务部收到信和源转账支票一张，票号XZ1721，金额100 000元。用于支付本笔货款及前欠货款，余款转为预收款。据此填制收款单并制单。

2. 开票直接发货业务

1月15日，销售部向元光电力出售80个低压柜。开具销售专用发票一张，无税单价为2 500元，货物从成品库发出。按合同客户次月支付货款。

3. 销售现结业务

1月18日，销售部向德胜绿化出售了50个单元箱。无税单价为1 000元，货物从成品库发出。

同日，根据上述发货单开具销售专用发票一张。同时，收到客户以转账支票支付的全部货款，票据号XZ1702。进行现结制单处理。

4. 代垫费用业务

1月18日，销售部在向德胜绿化销售商品的过程中用现金代垫了一笔运费60元。客户尚未支付该笔款项。

5. 委托代销业务

① 1月18日，销售部委托信和源代销售高压柜50个。无税单价为3 000元，货物从成品库发出。

② 1月25日，收到信和源的委托代销清单一张，结算15个。立即开具销售专用发票给信和源。

③ 1月25日，业务部将该业务所涉及的出库单及销售发票交给财务部。财务部据此结转收入及成本。

项目 10　销售与应收款管理

实验指导

1. 先发货后开票普通销售业务处理

(1) 设置销售选项

操作步骤

步骤 1　选择"供应链"|"销售管理"|"设置"|"销售选项"选项，打开"销售选项"对话框。

步骤 2　在"业务控制"选项卡中，取消选中"报价含税"复选框，单击"确定"按钮返回。

(2) 在销售管理子系统中填制并审核报价单

操作步骤

步骤 1　选择"供应链"|"销售管理"|"销售报价"|"销售报价单"选项，打开"销售报价单"对话框。

步骤 2　单击"增加"按钮，输入日期为"2020-01-08"、销售类型为"普通销售"、客户简称为"信和源"；选择存货编码为 4001，输入数量为 20、报价为 3 200。

步骤 3　单击"保存"按钮，再单击"审核"按钮，保存并审核销售报价单，如图 10.6 所示。

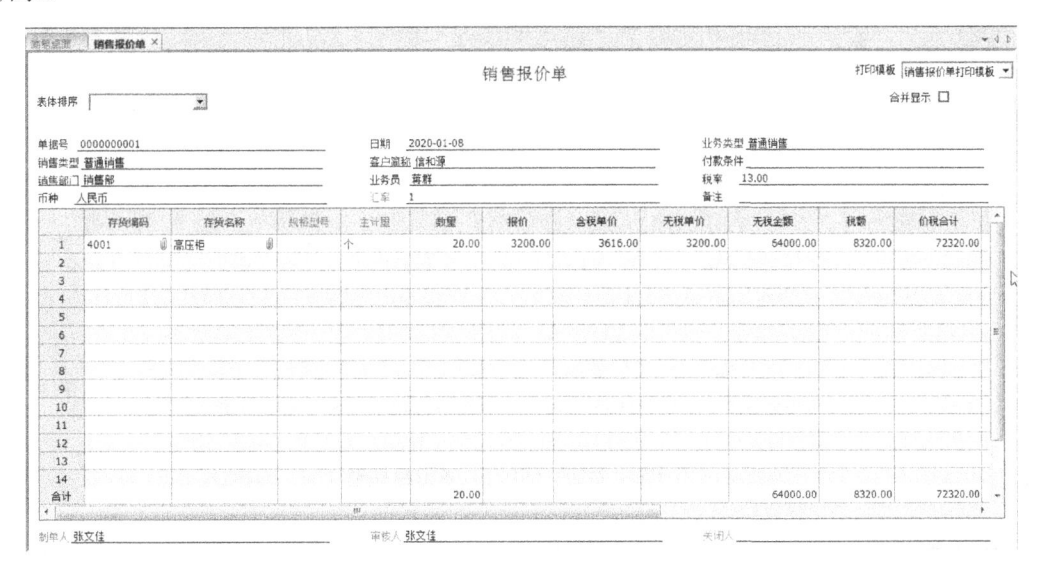

图 10.6　填制并审核销售报价单

> **注意**
> ① 报价是否含税可以在销售管理子系统的"销售选项"对话框中设定，默认为"报价含税"。
> ② 对于销售业务来说，销售报价环节不是必需环节。

(3) 在销售管理子系统中填制并审核销售订单

销售订货处理是指企业与客户签订销售合同，在销售管理子系统中体现为销售订单。销售订单上记录了客户订购了哪些货物、数量、价格、要货时间等关键信息。销售部门依据销售订单组织供货，仓管人员根据销售订单办理出库。

操作步骤

步骤1　选择"供应链"|"销售管理"|"销售订货"|"销售订单"选项，打开"销售订单"对话框。

步骤2　单击"增加"按钮，再单击"生单"按钮右侧的下三角按钮，从列表中选择"报价"，打开"查询条件选择-订单参照报价单"对话框。

步骤3　单击"确定"按钮，打开"参照生单"对话框。选择（2）中输入的报价单，单击"确定"按钮，将报价单的信息带入销售订单。

步骤4　修改销售订单表体中第1行末的"预发货日期"为"2020-01-10"。

步骤5　单击"保存"按钮，再单击"审核"按钮，保存并审核销售订单，如图10.7所示。

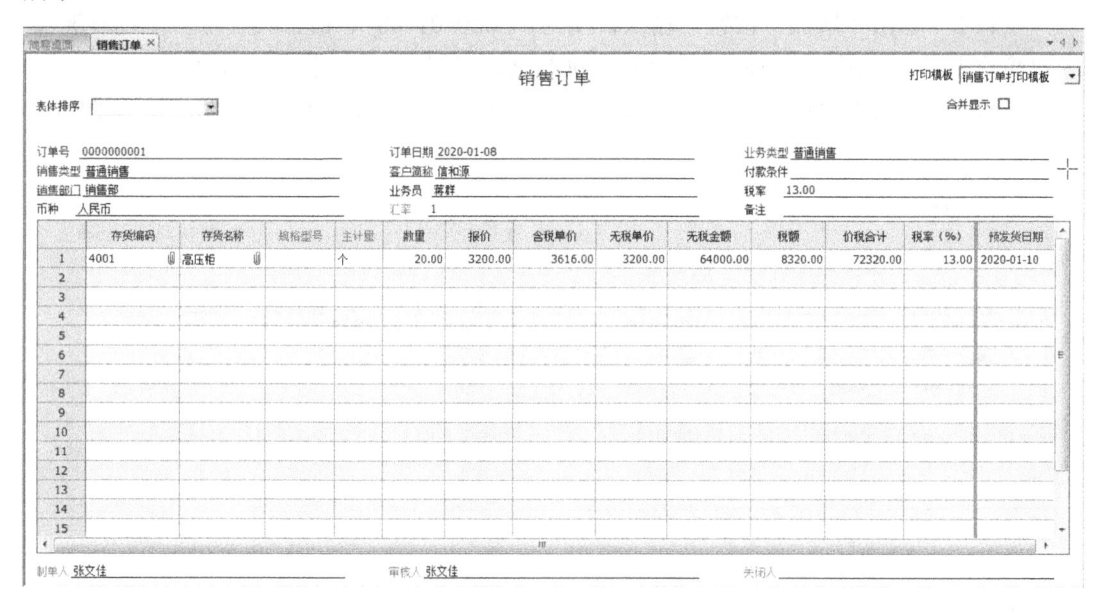

图10.7　根据报价单生成销售订单

注意

① 对于销售业务来说，销售订货环节不是必需环节。
② 销售订单经过审核才能在销售发货、销售发票环节被参照。

(4) 在销售管理子系统中填制并审核销售发货单

当客户订单交期来临时，相关人员应根据订单进行发货。销售发货是企业执行与客户签订的销售合同或销售订单，将货物发往客户的行为，是销售业务的执行阶段。

项目 10 销售与应收款管理

操作步骤

步骤 1　选择"供应链"|"销售管理"|"销售发货"|"发货单"选项,打开"发货单"对话框。

步骤 2　单击"增加"按钮,打开"查询条件选择-参照订单"对话框。单击"确定"按钮,选择(3)中生成的销售订单。单击"确定"按钮,将销售订单的信息带入发货单。

步骤 3　输入发货日期为"2020-01-10",选择仓库为"成品库"。

步骤 4　单击"保存"按钮,再单击"审核"按钮,保存并审核发货单,如图 10.8 所示。

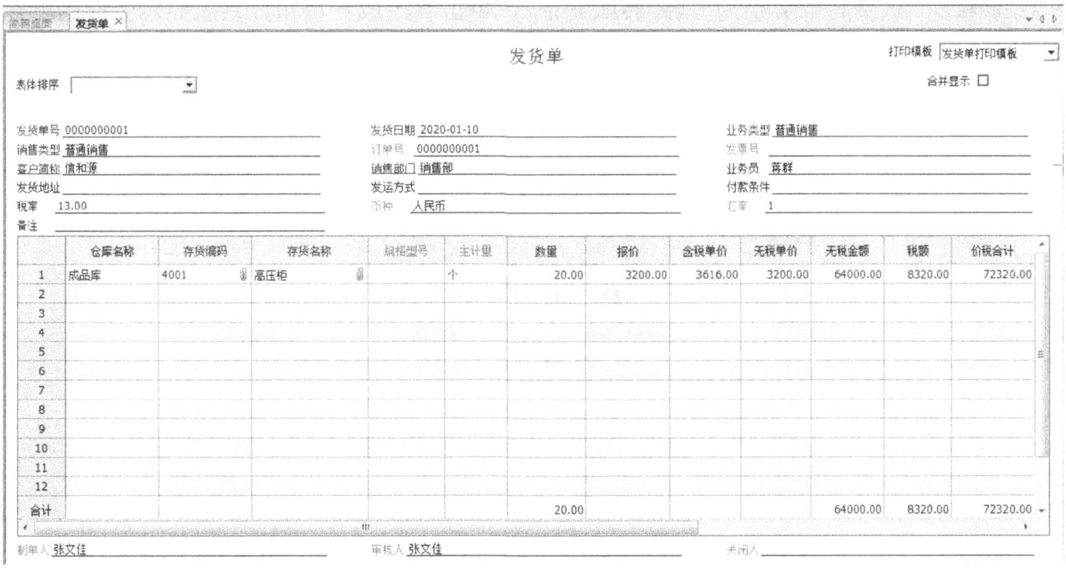

图 10.8　根据销售订单生成销售发货单

(5) 在库存管理子系统中审核销售出库单

操作步骤

步骤 1　选择"供应链"|"库存管理"|"出库业务"|"销售出库单"选项,打开"销售出库单"对话框。

步骤 2　单击（末张）按钮,找到要审核的销售出库单。单击"审核"按钮,系统弹出"该单据审核成功!"信息提示框。单击"确定"按钮返回。

(6) 在存货核算子系统中对销售出库单记账并生成凭证

步骤 1　选择"供应链"|"存货核算"|"初始设置"|"选项"|"选项录入"选项,选择销售成本核算方式为"销售出库单"。

步骤 2　选择"供应链"|"存货核算"|"业务核算"|"正常单据记账"选项,打开"查询条件选择"对话框。

步骤 3　选择仓库为"成品库",选择"销售出库单"单据类型,单击"确定"按钮,打开"未记账单据一览表"对话框。

步骤 4　单击需要记账的单据前的"选择"栏,出现"Y"标记,或者单击工具栏的"全选"按钮,选择所有单据,然后单击工具栏中的"记账"按钮。

步骤5　系统开始进行单据记账,记账完成后,单据不再在对话框中显示。

步骤6　选择"供应链"|"存货核算"|"财务核算"|"生成凭证"选项,打开"生成凭证"对话框。

步骤7　单击"选择"按钮,打开"查询条件"对话框。选择"(32)销售出库单",单击"确定"按钮,打开"选择单据"对话框。

步骤8　选择需要生成凭证的单据或在工具栏中单击"全选"按钮,然后在工具栏中单击"确定"按钮,返回"生成凭证"对话框。

步骤9　选择凭证类别为"转 转账凭证",单击"生成"按钮,系统显示生成的转账凭证。

步骤10　补充输入主营业务成本和库存商品的核算项目"高压柜",单击工具栏中的"保存"按钮,凭证左上角显示"已生成"红字标记,表示已将凭证传递到总账管理子系统,如图10.9所示。

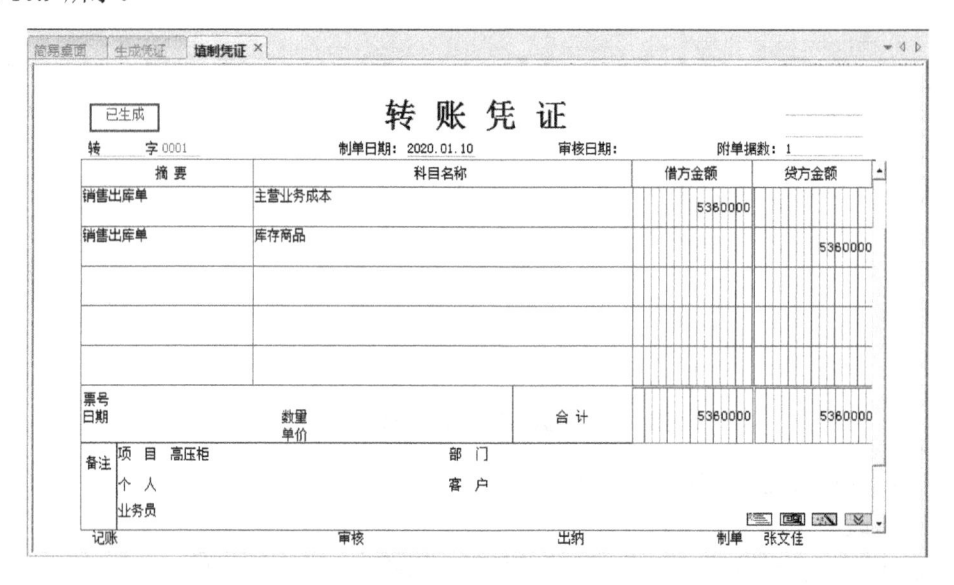

图10.9　销售出库凭证

(7) 开具销售专用发票并复核

销售发票是销售收入确定、销售成本计算、应交销售税金确定和应收账款确定的依据,开具销售发票是销售业务的必要环节。

销售发票既可以直接填制,也可以参照销售订单或销售发货单生成。参照发货单开票时,既可以多张发货单汇总开票,也可将一张发货单拆单生成多张销售发票。

操作步骤

步骤1　选择"供应链"|"销售管理"|"销售开票"|"销售专用发票"选项,打开"销售专用发票"对话框。

步骤2　单击"增加"按钮,打开"查询条件选择-参照订单"对话框。单击"取消"按钮。

项目10 销售与应收款管理

步骤3 单击"生单"下拉按钮,选择"参照发货单",打开"查询条件选择-参照发货单"对话框。单击"确定"按钮,打开"参照生单"对话框。

步骤4 选择要参照的发货单,单击"确定"按钮,将发货单的信息带入销售专用发票。

> **注意**
>
> ① 可选择多张发货单开具一张销售发票。
> ② 也可以一张发货单分次开票。分次开票时注意参照发货单生成发票时要修改发票上的数量。

步骤5 单击"保存"按钮,再单击"复核"按钮,复核销售专用发票,如图10.10所示。

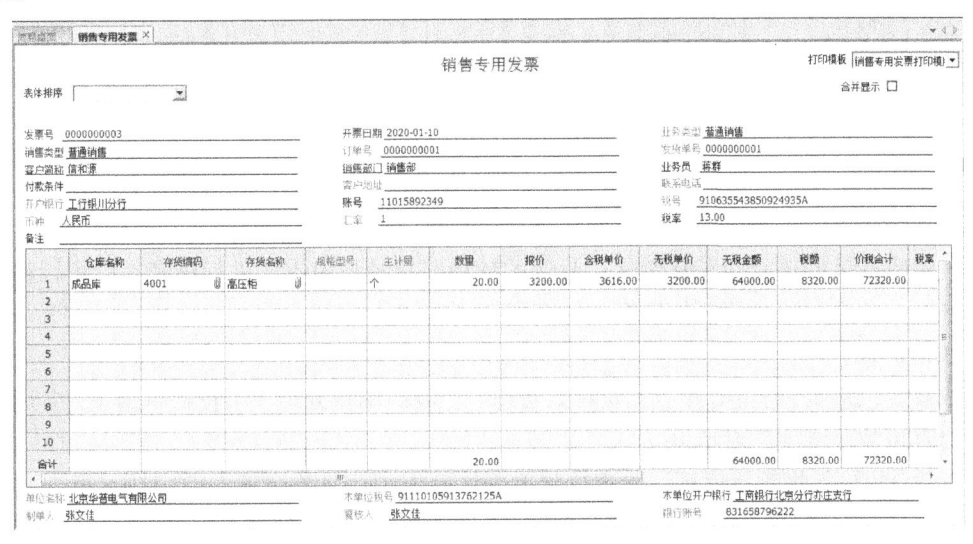

图10.10 根据销售发货单生成销售发票

(8) 在应收款管理子系统中,审核销售专用发票并生成销售收入凭证

操作步骤

步骤1 选择"财务会计"|"应收款管理"|"应收单据处理"|"应收单据审核"选项,打开"应收单查询条件"对话框。单击"确定"按钮,打开"单据处理"对话框。

步骤2 选择要审核的单据,单击"审核"按钮,系统弹出"审核成功"信息提示框。单击"确定"按钮返回。

步骤3 选择"财务会计"|"应收款管理"|"制单处理"选项,打开"制单查询"对话框。

步骤4 选中"发票制单"复选框,单击"确定"按钮,打开"制单"对话框。

步骤5 选择凭证类别为"转 转账凭证",在工具栏中单击"全选"按钮,选择对话框中的所有单据。单击"制单"按钮,屏幕上出现根据发票生成的转账凭证。

步骤6 修改制单日期，输入附件数，单击"保存"按钮，凭证左上角显示"已生成"红字标记，表示已将凭证传递到总账管理子系统，如图10.11所示。

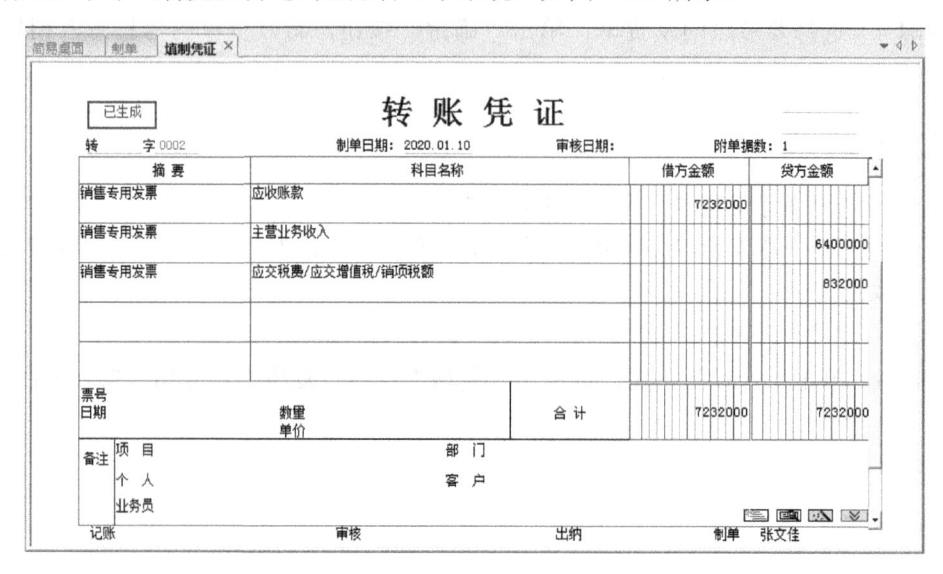

图 10.11 生成销售收入凭证

（9）在应收款管理子系统中输入收款单并制单

及时收款才能使企业正常运转。收到的款项应及时与应收款进行核销，以进行精确的账龄分析，并提供适时的催款依据，提高资金周转率。

操作步骤

步骤1 选择"财务会计"|"应收款管理"|"收款单据处理"|"收款单据录入"选项，打开"收付款单录入"对话框。

步骤2 输入收款单信息。注意收款单表体第1行应收款金额为72 320，第2行款项类型为"预收款"，如图10.12所示。

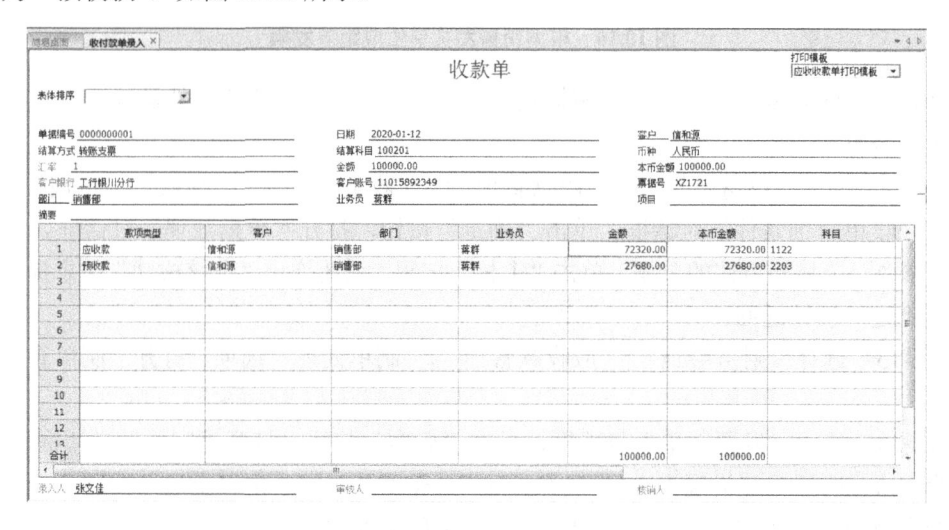

图 10.12 收款单部分为应收，部分为预收

项目10　销售与应收款管理

步骤3　单击"保存"按钮，再单击"审核"按钮，系统弹出"是否立即制单？"信息提示框。单击"是"按钮。

步骤4　在"填制凭证"对话框中单击"保存"按钮，如图10.13所示。然后单击"退出"按钮。

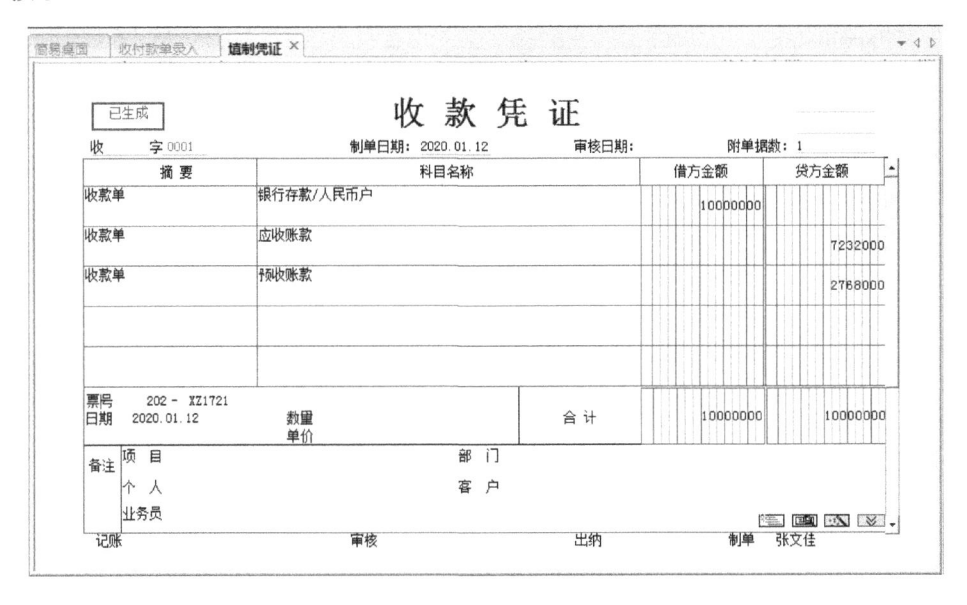

图 10.13　生成收款凭证

步骤5　关闭"填制凭证"对话框。在"收付款单录入"对话框中单击"核销"按钮，打开"核销条件"对话框。单击"确定"按钮返回"单据核销"对话框。在2020年1月10日销售专用发票的"本次结算"栏输入72 320，如图10.14所示。然后单击"保存"按钮。

图 10.14　收款核销应收款

2. 开票直接发货业务

(1) 在销售管理子系统中，填制并复核销售专用发票

操作步骤

步骤1　选择"供应链"|"销售管理"|"销售开票"|"销售专用发票"选项，打开"销

售专用发票"对话框。

步骤 2　单击"增加"按钮，打开"查询条件选择-参照订单"对话框。单击"取消"按钮，返回"销售专用发票"对话框。

步骤 3　按实验要求输入销售专用发票内容并复核，如图 10.15 所示。

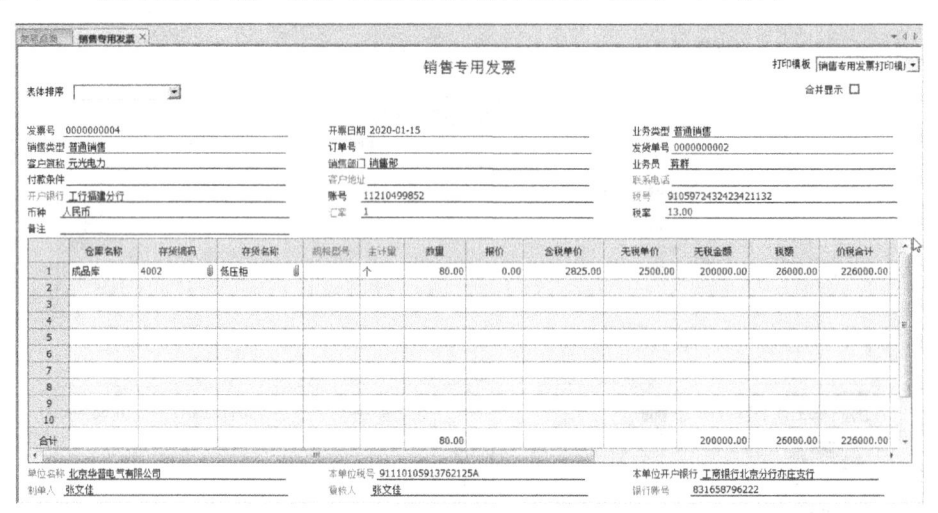

图 10.15　开具销售专用发票

(2) 在销售管理子系统中，查询销售发货单

操作步骤

步骤 1　选择"供应链"|"销售管理"|"销售发货"|"发货单"选项，打开"发货单"对话框。

步骤 2　单击 ▶|（末张）按钮，可以查看到根据销售专用发票自动生成的发货单。该发货单为已审核状态。

(3) 在库存管理子系统中，查询销售出库单并审核

操作步骤

步骤 1　选择"供应链"|"库存管理"|"出库业务"|"销售出库单"选项，打开"销售出库单"对话框。

步骤 2　单击 ▶|（末张）按钮，可以查看到根据销售发票自动生成的销售出库单。

步骤 3　单击"审核"按钮，审核该销售出库单。

(4) 在存货核算子系统中对销售出库单记账并生成出库凭证

借：主营业务成本（项目：低压柜）　　　　　　　　　　　　　　17 600

　　贷：库存商品（项目：低压柜）　　　　　　　　　　　　　　　17 600

(5) 在应收款管理子系统中对销售专用发票进行审核并制单

生成应收凭证如下。

借：应收账款　　　　　　　　　　　　　　　　　　　　　　　226 000

　　贷：主营业务收入（项目：低压柜）　　　　　　　　　　　　200 000

　　　　应交税费——应交增值税/销项税　　　　　　　　　　　　26 000

项目 10　销售与应收款管理

3. 销售现结业务

现收款指在款货两讫的情况下，在销售结算的同时向客户收取货币资金。在销售发票等销售结算单据中可以随单据输入发生的现收款并结算，在销售发票保存后就可以进行现收款处理。一张销售结算单据可以进行多次现收款，既可以全额现收，也可以部分现收。

（1）在销售管理子系统中填制并审核发货单

操作步骤

步骤 1　选择"供应链"|"销售管理"|"销售发货"|"发货单"选项，打开"发货单"对话框。

步骤 2　单击"增加"按钮，打开"查询条件选择-参照订单"对话框。单击"取消"按钮，返回"发货单"对话框。

步骤 3　输入发货日期为"2020-01-18"、客户简称为"德胜绿化"；选择仓库名称为"成品库"，输入存货编码为 4003、数量为 50、无税单价为 1 000。

步骤 4　单击"保存"按钮，再单击"审核"按钮，保存并审核发货单。

（2）在销售管理子系统中根据发货单生成销售专用发票，并执行现结

操作步骤

步骤 1　在销售管理子系统中，根据发货单生成销售专用发票，然后单击"保存"按钮。

步骤 2　在"销售专用发票"对话框中单击"现结"按钮，打开"现结"对话框。选择结算方式为"202-转账支票"，输入结算金额为 56 500、票据号为 XZ1702、项目编码为 03，如图 10.16 所示。单击"确定"按钮返回，销售专用发票左上角显示"现结"标志。

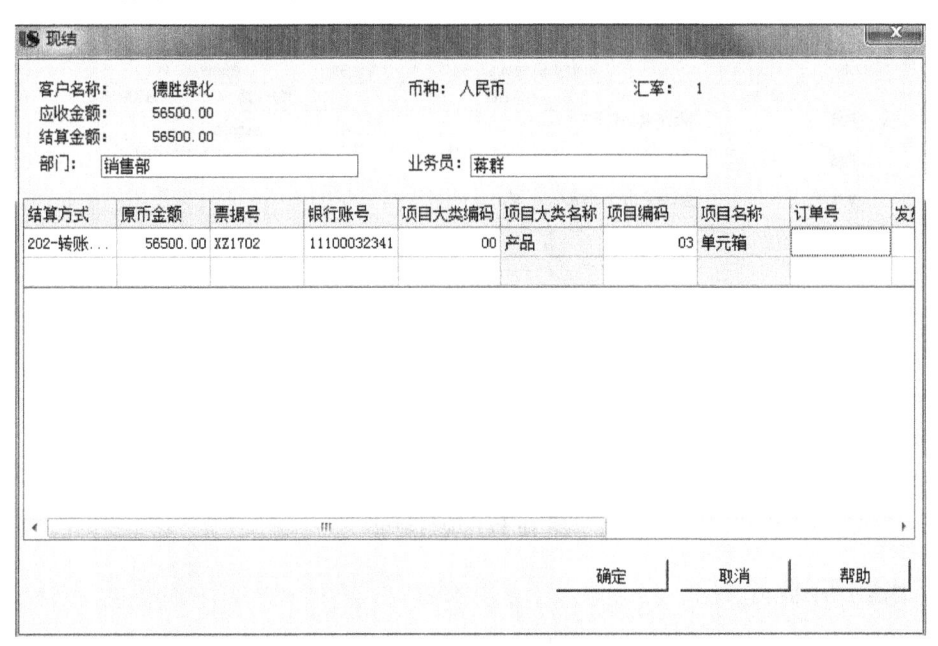

图 10.16　销售发票现结

步骤 3　单击"复核"按钮，对现结发票进行复核。

> **注意**
> ① 应在销售发票复核前进行现结处理。
> ② 销售发票复核后才能在应收款管理子系统中进行审核和现结制单。

(3) 在应收款管理子系统中进行应收单据审核和现结制单

操作步骤

步骤 1　选择"财务会计"|"应收款管理"|"应收单据处理"|"应收单据审核"选项，打开"应收单查询条件"对话框。

步骤 2　选中"包含已现结发票"复选框，单击"确定"按钮，打开"单据处理"对话框。

步骤 3　审核步骤 2 的销售专用发票。

步骤 4　选择"财务会计"|"应收款管理"|"制单处理"选项，打开"制单查询"对话框。选中"现结制单"复选框，单击"确定"按钮，打开"制单"对话框。

步骤 5　单击需要制单的单据行的"选择标志"栏，输入任一标志；选择凭证类别为"收 收款凭证"，输入制单日期，单击"制单"按钮，生成收款凭证。

步骤 6　确定修改无误后，单击"保存"按钮，凭证左上角出现"已生成"红色标记，表示凭证已传递到总账管理子系统，如图 10.17 所示。

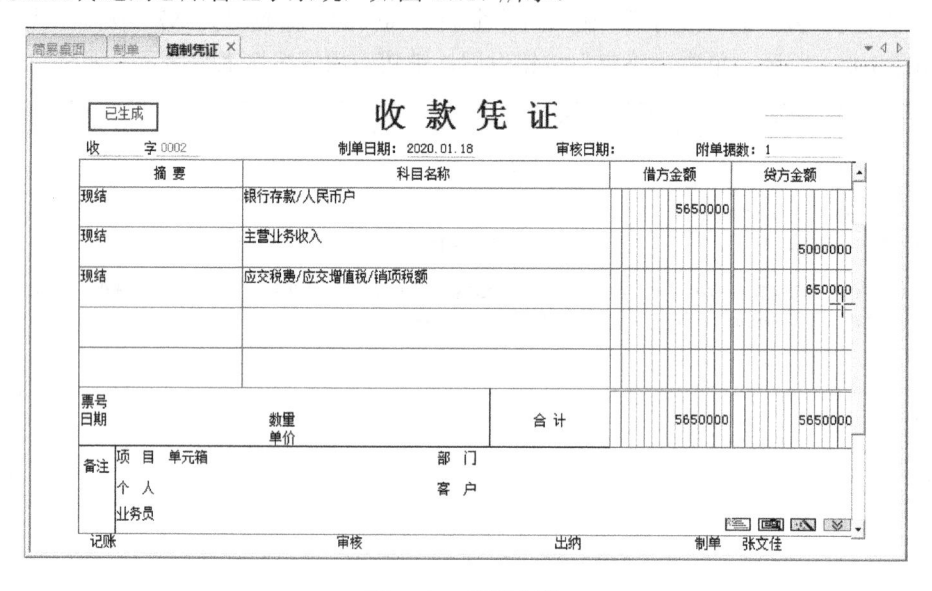

图 10.17　现结制单

4. 代垫费用业务

(1) 在企业应用平台中设置费用项目

操作步骤

步骤 1　在企业应用平台的"基础设置"中，选择"基础档案"|"业务"|"费用项目

项目 10 销售与应收款管理

分类"选项,打开"费用项目分类"窗口。增加项目分类"1 代垫费用"。

步骤 2　选择"基础档案"|"业务"|"费用项目"选项,打开"费用项目档案"窗口。增加"01 代垫运费"并保存。

(2) 在销售管理子系统中填制并审核代垫费用单

操作步骤

步骤 1　选择"供应链"|"销售管理"|"代垫费用"|"代垫费用单"选项,打开"代垫费用单"对话框。

步骤 2　单击"增加"按钮,输入代垫日期为"2020-01-18"、客户简称为"德胜绿化"、费用项目为"代垫运费"、代垫金额为 60,然后保存并审核,如图 10.18 所示。

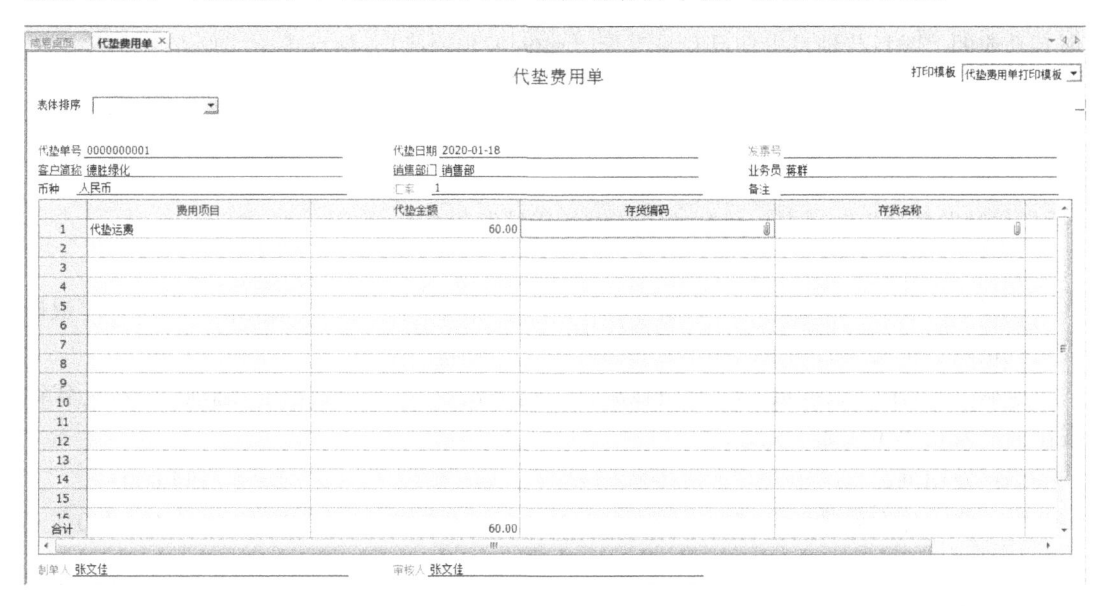

图 10.18　填制并审核代垫费用单

(3) 在应收款管理子系统中对代垫费用单进行审核并确定应收

操作步骤

步骤 1　选择"财务会计"|"应收款管理"|"应收单据处理"|"应收单据审核"选项,打开"应收单查询条件"对话框。单击"确定"按钮,打开"单据处理"对话框。

步骤 2　选择要审核的其他应收单,单击"审核"按钮。然后关闭返回。

步骤 3　选择"财务会计"|"应收款管理"|"制单处理"选项,打开"制单查询"对话框。选中"应收单制单"复选框,单击"确定"按钮,打开"制单"对话框。

步骤 4　选择要制单的单据,选择凭证类型为"付 付款凭证",单击"制单"按钮,生成一张付款凭证。输入贷方科目为 1001,单击"保存"按钮,生成如下凭证。

借:应收账款　　　　　　　　　　　　　　　　　　　　　　　　　60
　　贷:库存现金　　　　　　　　　　　　　　　　　　　　　　　　60

213

5. 委托代销业务

(1) 与委托代销相关的初始化设置

操作步骤

步骤1　选择"供应链"|"销售管理"|"设置"|"销售选项"选项，单击"业务控制"选项卡，选中"有委托代销业务"复选框，单击"确定"按钮。

步骤2　选择"供应链"|"存货核算"|"初始设置"|"选项"|"选项录入"选项，将"委托代销成本核算方式"设置为"按发出商品核算"。然后单击"确定"按钮，保存设置。

步骤3　在存货核算子系统中进行委托代销业务相关科目的设置。选择"供应链"|"存货核算"|"初始设置"|"科目设置"|"存货科目"选项，打开"存货科目"对话框，设置所有仓库的"委托代销发出商品科目"为"1406发出商品"。然后单击"保存"按钮。

(2) 委托代销发货处理

操作步骤

步骤1　选择"供应链"|"销售管理"|"委托代销"|"委托代销发货单"选项，打开"委托代销发货单"对话框。填制并审核委托代销发货单。

步骤2　在库存管理子系统中查看销售出库单。

步骤3　选择"供应链"|"存货核算"|"业务核算"|"发出商品记账"选项，对根据委托代销发货单生成的销售出库单进行记账。

步骤4　选择"供应链"|"存货核算"|"财务核算"|"生成凭证"选项，对委托代销发出商品发货单生成如下凭证。

　　借：发出商品　　　　　　　　　　　　　　　　　　　134 000
　　　　贷：库存商品　　　　　　　　　　　　　　　　　　　134 000

(3) 委托代销结算处理

操作步骤

步骤1　选择"供应链"|"销售管理"|"委托代销"|"委托代销结算单"选项，打开"委托代销结算单"对话框。

步骤2　单击"增加"按钮，参照委托代销发货单生成委托代销结算单。修改委托代销结算数量为15、无税单价为3 000。

步骤3　单击"审核"按钮，打开"请选择发票类型"对话框。选中"专用发票"单选按钮，如图10.19所示。然后单击"确定"按钮。

步骤4　在销售管理子系统中，查看根据委托代销结算单生成的销售专用发票并复核。

> **注意**
>
> ① 委托代销结算单审核后，由系统自动生成相应的销售发票。
> ② 系统可根据委托代销结算单生成普通发票或专用发票两种类型的发票。
> ③ 委托代销结算单审核后，由系统自动生成相应的销售出库单，并将其传递到库存管理子系统。

项目10 销售与应收款管理

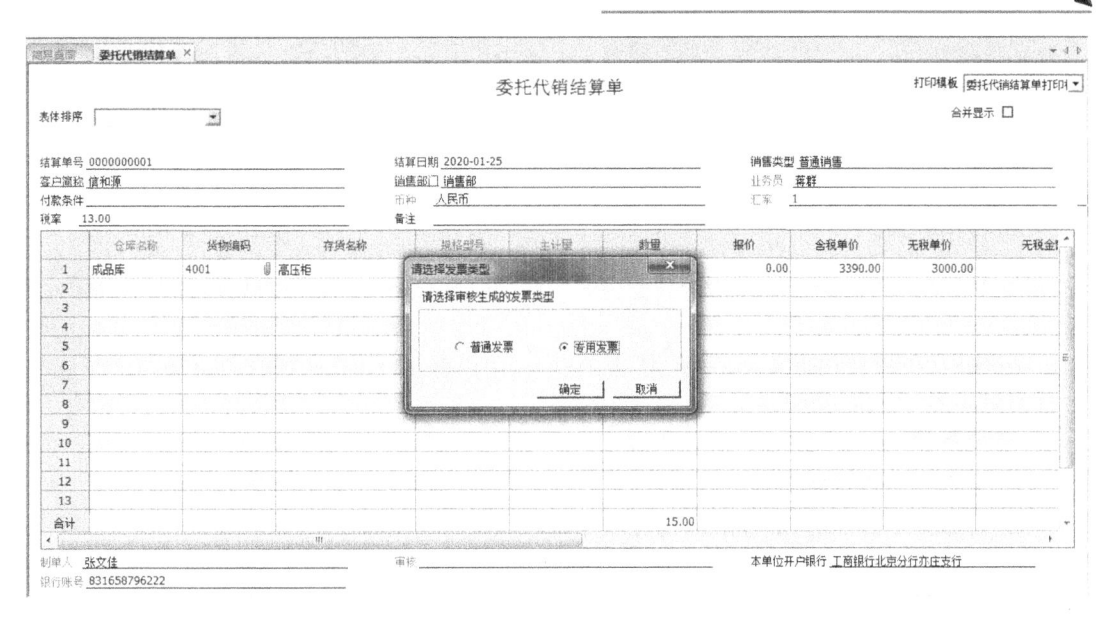

图 10.19 委托代销结算单

步骤 5 在应收款管理子系统中,审核销售发票并生成如下凭证。

借:应收账款　　　　　　　　　　　　　　　　　　　　　　　50 850
　　贷:主营业务收入　　　　　　　　　　　　　　　　　　　　45 000
　　　　应交税金——应交增值税——销项税额　　　　　　　　　5 850

步骤 6 在存货核算子系统中结转销售成本。选择"供应链"|"业务核算"|"存货核算系"|"发出商品记账"选项,对委托代销销售专用发票进行记账。然后在"生成凭证"对话框中,对委托代销发出商品专用发票生成如下凭证。

借:主营业务成本　　　　　　　　　　　　　　　　　　　　　40 200
　　贷:发出商品　　　　　　　　　　　　　　　　　　　　　　40 200

步骤 7 委托代销相关账表查询。在销售管理子系统中,查询委托代销统计表;在库存管理子系统中,查询委托代销备查簿。

全部完成后,将当前账套备份到"销售管理"文件夹。

实验十三　应收款管理

实验目的

掌握用友 U8 应收款管理子系统常见业务的处理方法;理解应收款管理子系统和其他子系统之间的数据关系。

实验内容

① 应收款业务处理。
② 收款与预收业务处理。
③ 核销处理。
④ 转账处理。
⑤ 坏账处理。
⑥ 账龄分析。

实验要求

① 引入"销售管理"账套数据。
② 以账套主管 01 张文佳的身份完成全部应收款业务处理。

实验资料

2020 年 1 月份发生的经济业务如下。

① 25 日，收到德胜绿化转账支票一张。金额 100 000 元，票号 XZ1731，用以偿还上月欠款。

② 25 日，收到元光电力签发的银行承兑汇票一张，金额 226 000 元，票号 H1712，到期日为 2020 年 3 月 25 日。

③ 27 日，用信和源目前结余预收款冲抵其上月应收款 27 680 元。

④ 27 日，确认德胜绿化期初应收欠款 15 712 元无法收回，作为坏账处理。

华普电气坏账处理方式为应收账款余额百分比法。坏账准备的相关设置如表 10.1 所示。

表 10.1 坏账准备的相关设置

控制参数	参数设置
提取比例	0.5%
坏账准备期初余额	0
坏账准备科目	1231,坏账准备
对方科目	6701,资产减值损失

⑤ 31 日，将元光电力 2020 年 3 月 25 日到期的应收票据贴现，贴现率为 6%。
⑥ 31 日，计提坏账准备。
⑦ 设置账龄区间并进行应收账龄分析。

账期内账龄区间和逾期账龄区间如表 10.2 所示。

表 10.2 账龄区间和逾期账龄区间

序 号	起止天数	总 天 数
01	1—30	30
02	31—60	60
03	61—90	90
04	91 以上	

项目 10　销售与应收款管理

📝 **实验指导**

1. 收款结算，核销部分前欠货款

操作步骤

步骤 1　选择"财务会计"|"应收款管理"|"收款单据处理"|"收款单据录入"选项，打开"收付款单录入"对话框。

步骤 2　单击"增加"按钮，按实验资料输入收款单信息。然后单击"保存"按钮。

步骤 3　单击"审核"按钮，系统弹出"是否立即制单？"信息提示框。单击"是"按钮，生成下面的凭证。然后单击"退出"按钮返回。

　　借：银行存款——人民币户　　　　　　　　　　　　　100 000
　　　　贷：应收账款　　　　　　　　　　　　　　　　　　　　　100 000

步骤 4　关闭"填制凭证"对话框。在"收付款单录入"对话框中，单击"核销"按钮，打开"核销条件"对话框。单击"确定"按钮，打开"单据核销"对话框。

步骤 5　在 2019 年 12 月 6 日的发票中输入本次结算金额为 100 000，如图 10.20 所示。

步骤 6　单击"保存"按钮。2019 年 12 月 6 日发票原币余额只剩 15 712。

图 10.20　核销部分应收款

2. 收到银行承兑汇票

操作步骤

步骤 1　选择"财务会计"|"应收款管理"|"票据管理"选项，打开"查询条件选择"对话框。单击"确定"按钮，打开"票据管理"对话框。

步骤 2　单击"增加"按钮，选择票据类型、客户；输入票据编号、出票日期、到期日、金额等信息。然后单击"保存"按钮，如图 10.21 所示。

ℹ️ **注意**

商业汇票保存后自动生成一张收款单。

步骤 3　选择"财务会计"|"应收款管理"|"收款单据处理"|"收款单据审核"选项，对商业汇票生成的收款单进行审核。

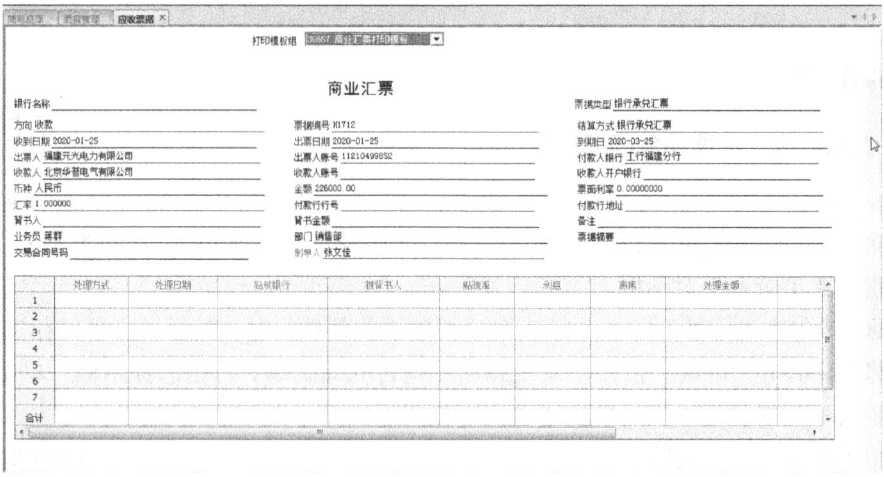

会计信息化实训（用友 U8 V10.1）

图 10.21　收到银行承兑汇票

步骤 4　选择"财务会计"|"应收款管理"|"制单处理"选项，选中"收付款单制单"复选框，对该收款单生成如下凭证。

　　借：应收票据　　　　　　　　　　　　　　　　　　　226 000
　　　　贷：应收账款　　　　　　　　　　　　　　　　　　　226 000

3. 转账处理——预收冲应收

操作步骤

步骤 1　选择"财务会计"|"应收款管理"|"转账"|"预收冲应收"选项，打开"预收冲应收"对话框。

步骤 2　单击"预收款"选项卡，选择客户为"001-银川信和源商贸有限公司"。单击"过滤"按钮，系统列出该客户的预收款。输入转账金额为 27 680，如图 10.22 所示。

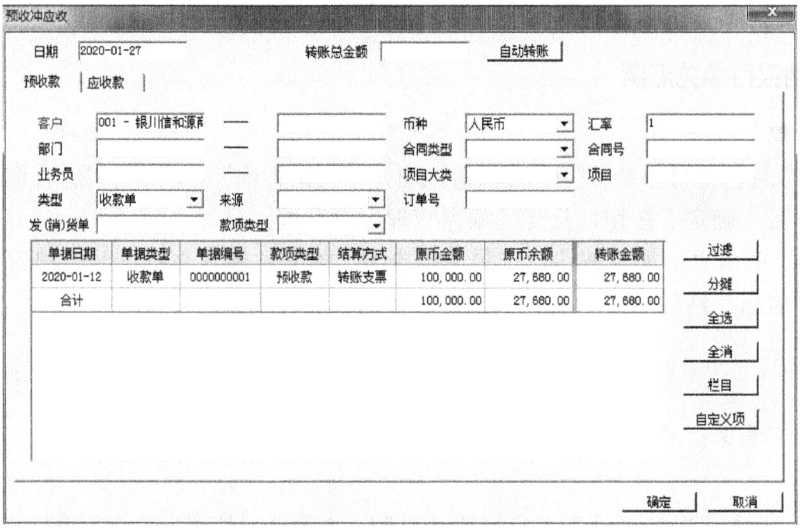

图 10.22　预收冲应收——预收款转账金额

项目 10　销售与应收款管理

步骤 3　单击"应收款"选项卡，再单击"过滤"按钮，系统列出该客户的应收款。在 2019 年 11 月 12 日销售专用发票"转账金额"栏输入 27 680，如图 10.23 所示。

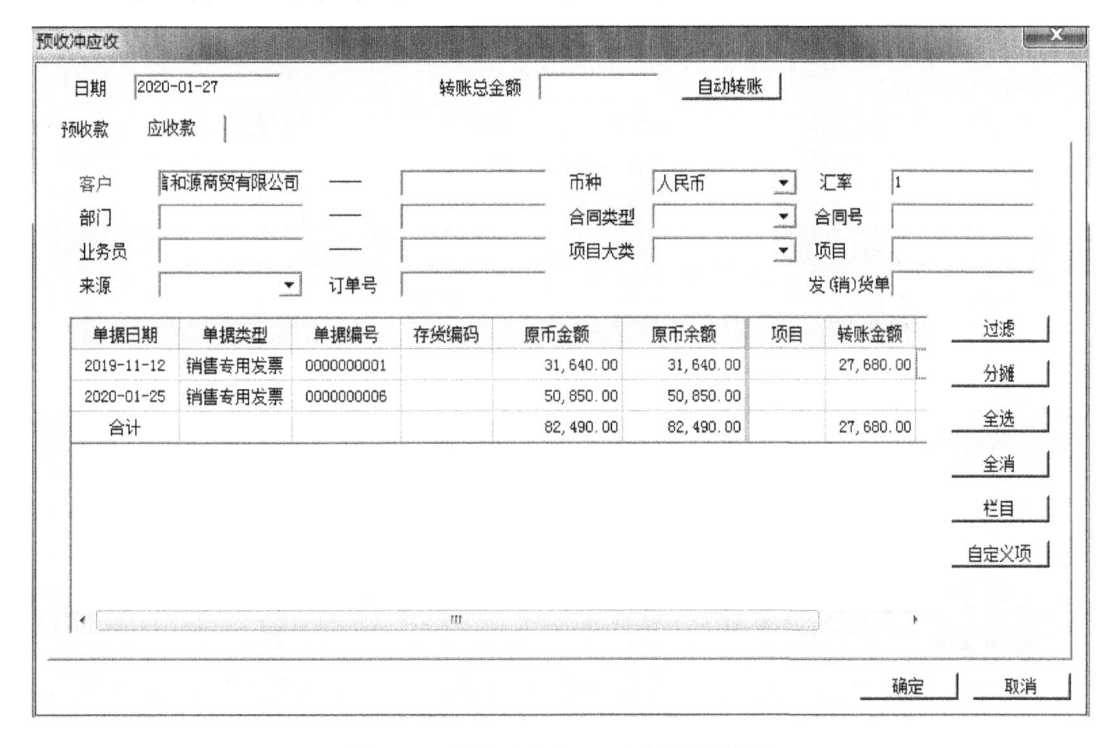

图 10.23　预收冲应收——应收款转账金额

步骤 4　单击"确定"按钮，系统弹出"是否立即制单？"信息提示框。单击"是"按钮，生成如下凭证。

　　贷：预收账款　　　　　　　　　　　　　　　　　　　　　　　　　-27 680
　　　　贷：应收账款　　　　　　　　　　　　　　　　　　　　　　　　　27 680

> **注意**
> ① 每一笔应收款的转账金额不能大于其余额。
> ② 应收款的转账金额合计应该等于预收款的转账金额合计。

4. 坏账处理——发生坏账

(1) 坏账处理初始化设置

操作步骤

步骤 1　选择"财务会计"|"应收款管理"|"设置"|"选项"选项，打开"账套参数设置"对话框。单击"编辑"按钮，选择坏账处理方式为"应收余额百分比法"。然后单击"确定"按钮。

步骤 2　选择"财务会计"|"应收款管理"|"设置"|"初始设置"选项，打开"初始设置"对话框，进行"坏账准备设置"，如图 10.24 所示。

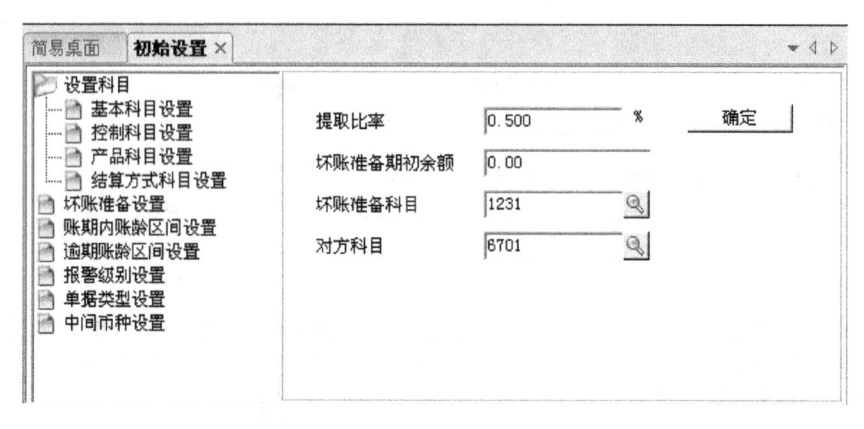

图 10.24　坏账准备设置

步骤 3　单击"确定"按钮，系统弹出"储存完毕"信息提示框。单击"确定"按钮返回。

(2) 坏账发生

操作步骤

步骤 1　选择"财务会计"|"应收款管理"|"坏账处理"|"坏账发生"选项，打开"坏账发生"对话框。选择客户为"002-山东德胜绿化有限公司"。单击"确定"按钮，打开"发生坏账损失"对话框，系统列出该客户所有未核销的应收单据。

步骤 2　在 2019 年 12 月 6 日"本次发生坏账金额"处输入 15 712，如图 10.25 所示。然后单击"确认"按钮。

图 10.25　发生坏账

步骤 3　系统弹出"是否立即制单？"信息提示框。单击"是"按钮，生成如下凭证。
　　借：坏账准备　　　　　　　　　　　　　　　　　　　　　　　　15 712
　　　　贷：应收账款　　　　　　　　　　　　　　　　　　　　　　　　15 712

项目10 销售与应收款管理

5. 票据管理——应收票据贴现

操作步骤

步骤1 选择"财务会计"|"应收款管理"|"票据管理"选项,打开"票据管理"对话框。

步骤2 选中要贴现的票据,单击"贴现"按钮,打开"票据贴现"对话框。

步骤3 输入结算科目为100201,如图10.26所示。单击"确定"按钮,系统弹出"是否立即制单?"信息提示框。

步骤4 单击"是"按钮,生成凭证,如图10.27所示。

图10.26 应收票据贴现

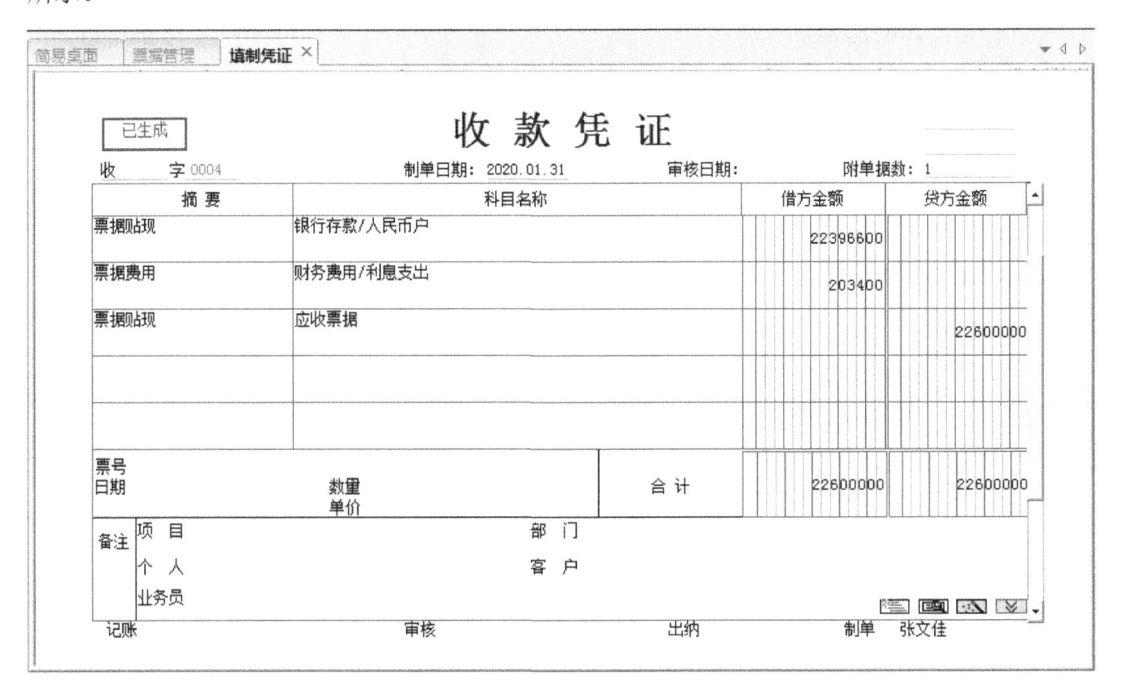

图10.27 票据贴现生成凭证

6. 坏账处理——计提坏账准备

操作步骤

步骤1 选择"财务会计"|"应收款管理"|"坏账处理"|"计提坏账准备"选项,打开"应收账款百分比法"对话框。

步骤2 系统根据应收账款总额、坏账准备余额、坏账准备初始设置情况自动算出本次计提金额,如图10.28所示。

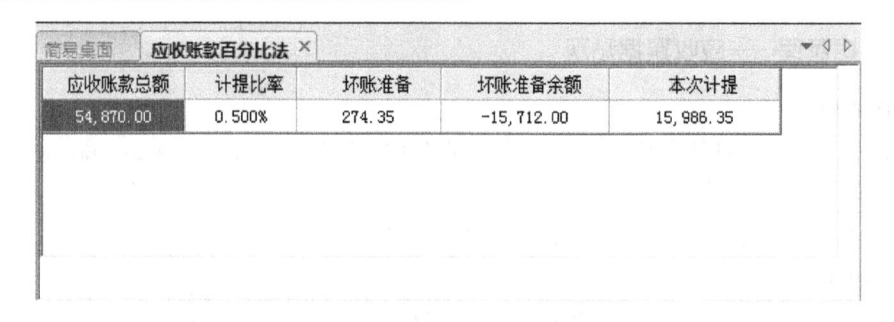

图 10.28 计提坏账准备

步骤 3　单击"确认"按钮,系统弹出"是否立即制单?"信息提示框。
步骤 4　单击"是"按钮,生成如下凭证。

借:资产减值损失　　　　　　　　　　　　　　　　　　15 986.35
　　贷:坏账准备　　　　　　　　　　　　　　　　　　　　　15 986.35

> **注意**
>
> 如果坏账准备已计提成功,本年度将不能再次计提坏账准备。

7. 进行应收账龄分析

操作步骤

步骤 1　选择"财务会计"|"应收款管理"|"设置"|"初始设置"选项,进行账期内账龄区间设置和逾期账龄区间设置。

步骤 2　选择"财务会计"|"应收款管理"|"账表管理"|"统计分析"|"应收账龄分析"选项,打开"查询条件选择"对话框。

步骤 3　单击"确定"按钮,打开"应收账龄分析"对话框,如图 10.29 所示。

图 10.29　应收账龄分析

全部完成后,将账套数据备份到"应收款管理"文件夹。

项目 10 销售与应收款管理

思考题

1. 普通销售业务全流程涉及几个子系统？各子系统主要完成哪些工作？
2. 总结先发货后开票和开票直接发货的业务流程有何不同。
3. 委托代销业务和正常的销售业务有何区别？
4. 可否一次销售分次出库？
5. 可否一次发货分期收款？
6. 核销之后可以取消吗？
7. 坏账发生后又收回应如何处理？
8. 票据贴现生成凭证时缺少应收票据科目与哪项设置有关？

项目 11 库存管理与存货核算

知识目标

通过本项目的学习，要求学生了解库存管理子系统和存货核算子系统的功能；掌握出入库业务管理、业务核算和账务处理；能够处理企业常见的出入库业务类型、正确进行产成品成本核算。

存货管理是企业管理的一个重点和难点问题。用友 U8 中的库存管理子系统和存货核算子系统分别从物流和资金两个角度管理企业的存货。库存管理子系统侧重管理存货出入库及结存的数量；存货核算子系统核算企业的入库成本、出库成本和结余成本，及时准确地把各类存货成本归集到各成本项目和成本对象上，为企业的成本核算提供基础数据，以便及时掌控存货资金的占用情况，提高资金的使用效率。

11.1 功能概述

11.1.1 库存管理子系统功能概述

1. 库存管理子系统初始化设置

库存管理子系统初始化设置包括设置库存管理子系统业务处理所需要的各种业务选项及期初数据。

2. 日常收发存业务处理

库存管理子系统的主要功能是对在采购管理子系统、销售管理子系统及库存管理子系统填制的各种出入库单据进行审核，并对存货的出入库数量进行管理。

除管理采购业务、销售业务形成的入库和出库业务外，还可以处理仓库间的调拨业务、盘点业务、组装拆卸业务、形态转换业务等。

3. 库存控制

库存管理子系统支持批次跟踪、保质期管理、委托代销商品管理、不合格品管理、现存量（可用量）管理、安全库存管理，对超储、短缺、呆滞积压、超额领料等情况进行报警。

11.1.2 存货核算子系统功能概述

1. 存货核算子系统初始化设置

存货核算子系统初始化设置包括设置存货核算子系统业务处理所需要的各种业务选项、生成凭证所需要的科目及期初数据。

2. 日常收发存业务处理

存货核算子系统主要针对企业存货的收发存业务进行核算，以掌握存货的耗用情况，及时准确地把各类存货成本归集到各成本项目和成本对象上，为企业的成本核算提供基础数据。

存货核算子系统的主要功能包括存货出入库成本的核算、暂估入库业务处理、出入库成本的调整、存货跌价准备的处理等。

11.2 教学重点、难点

11.2.1 库存业务管理及控制

1. 产成品入库业务

产成品入库是工业企业常见的业务。其业务流程如图 11.1 所示。

产成品入库单输入并审核（库存管理子系统）→ 产成品成本分配（存货核算子系统）→ 产成品入库单记账（存货核算子系统）→ 生成入库凭证（存货核算子系统）

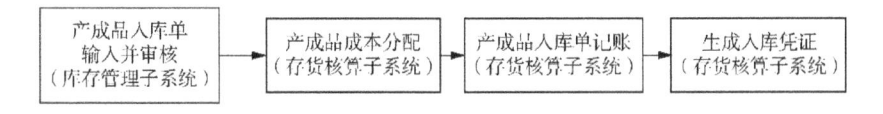

图 11.1 产成品入库业务流程

2. 材料领用出库业务

材料领用出库的业务流程如图 11.2 所示。

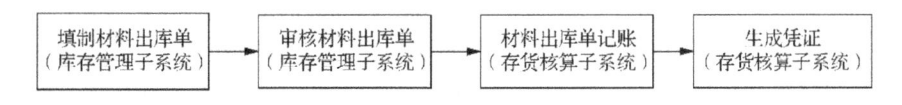

填制材料出库单（库存管理子系统）→ 审核材料出库单（库存管理子系统）→ 材料出库单记账（存货核算子系统）→ 生成凭证（存货核算子系统）

图 11.2 材料领用出库的业务流程

3. 库存管理子系统与其他子系统的主要关系

库存管理子系统与其他子系统的主要关系如图 11.3 所示。

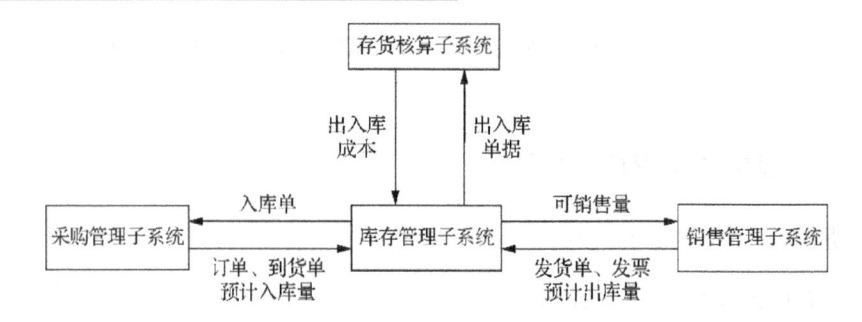

图11.3　库存管理子系统与其他子系统的主要关系

4. 库存控制

每个企业在业务的发生过程中都希望建立物料的合理库存储备，既不能发生因物料短缺而停工待料，也不能因为库存过高而呆滞积压。在用友 U8 中，可以通过设定存货数量的最高、最低和安全库存为仓库管理人员提供存货管理的基本方法。

① 最高库存。最高库存是指存货在仓库中储存的最大数量，超过此量就可能形成存货积压。

② 最低库存。最低库存是指存货在仓库中储存的最小数量，低于此量就可能形成短缺，从而影响正常生产。

③ 安全库存。安全库存是指为了预防需求或供应方面不可预料的波动设置的仓库中应储存的存货数量。

下面以"最高最低库存控制"为例，说明进行库存控制需要注意的问题。

(1) 在库存管理子系统的"选项"对话框中选中相应的控制选项

在"初始设置"中，选中"最高最低库存控制"复选框。

(2) 在"基础档案"中，设置限制数字

在"存货档案"中，设置需要控制的存货的最高库存数量和最低库存数量。

(3) 业务处理

当发生与该存货相关的出入库业务时，系统会自动过检测是否超出最高库存或低于最低库存，若触发则自动报警。

11.2.2　存货核算子系统

1. 认识存货选项的作用

存货是联系供应链管理系统和总账管理子系统的桥梁与纽带，所有购销业务处理都要在存货核算子系统中生成财务核算凭证。因此，在存货核算子系统选项设置中需要由企业选择适合自己的核算方式，如销售成本核算方式、暂估入库处理方式等。

例如，销售成本核算方式系统提供是按销售出库单，还是按销售发票两种选项。选择按销售出库单，则系统根据审核后的销售出库单记账并生成结转销售成本凭证，否则就根据复核后的销售发票记账并生成结转销售成本凭证。

2. 调整业务

出入库单据记账后，如果发现单据金额输入错误，通常采用修改方式进行调整。在某些情况下，如果不能修改出入库单据，就需要利用调整单据进行调整。

调整单据包括入库调整单和出库调整单。它们都只针对当月存货的出入库成本进行调整，并且只调整存货的金额，不调整存货的数量。

出入库调整单保存即记账，因此已保存的调整单据不可修改、删除。

实验十四　库 存 管 理

实验目的

掌握用友 U8 中库存管理常见业务的处理方法。

实验内容

① 产成品入库业务处理。
② 材料领用业务处理。
③ 其他出入库业务处理。
④ 调拨业务处理。
⑤ 盘点业务处理。

实验要求

① 引入"供应链初始化"账套。
② 以账套主管 01 张文佳的身份进行库存业务处理。

实验资料

2020 年 1 月份的库存业务如下。

① 产成品入库业务。3 日，成品库收到喷漆车间完工的 50 个高压柜，做产成品入库。6 日，成品库收到喷漆车间完工的 60 个高压柜，做产成品入库。随后收到财务部门提供的完工产品成本，其中高压柜的总成本为 294 800 元，立即做成本分配，记账生成凭证。

② 材料出库业务。8 日，喷漆车间领用电压表 100 个、电流表 100 个，用于生产高压柜。

③ 其他出库业务。10 日，销售部向希望小学捐赠了 10 个低压柜，成本价为 2 200 元/个。

④ 调拨业务。12 日，半成品库维修，将半成品库中的全部箱体转移到成品库。

⑤ 盘点业务。31 日，对主材库中所有材料进行盘点。盘点结果如下：接触器 44 只、电压表 15 只、电流表 12 只、插座 220 只。插座的参考成本为 25 元/只。

实验指导

1. 产成品入库

（1）输入产成品入库单并审核

操作步骤

步骤 1　选择"供应链"|"库存管理"|"入库业务"|"产成品入库单"选项，打开"产成品入库单"对话框。

步骤 2　单击"增加"按钮，输入入库日期为"2020-01-03"，选择仓库为"成品库"、入库类别为"产成品入库"、部门为"喷漆车间"。

步骤 3　选择产品编码为4001，输入数量为50。

步骤 4　单击"保存"按钮。

步骤 5　单击"审核"按钮，完成对该单据的审核，如图11.4所示。

步骤 6　用同样方法，输入第2张产成品入库单。

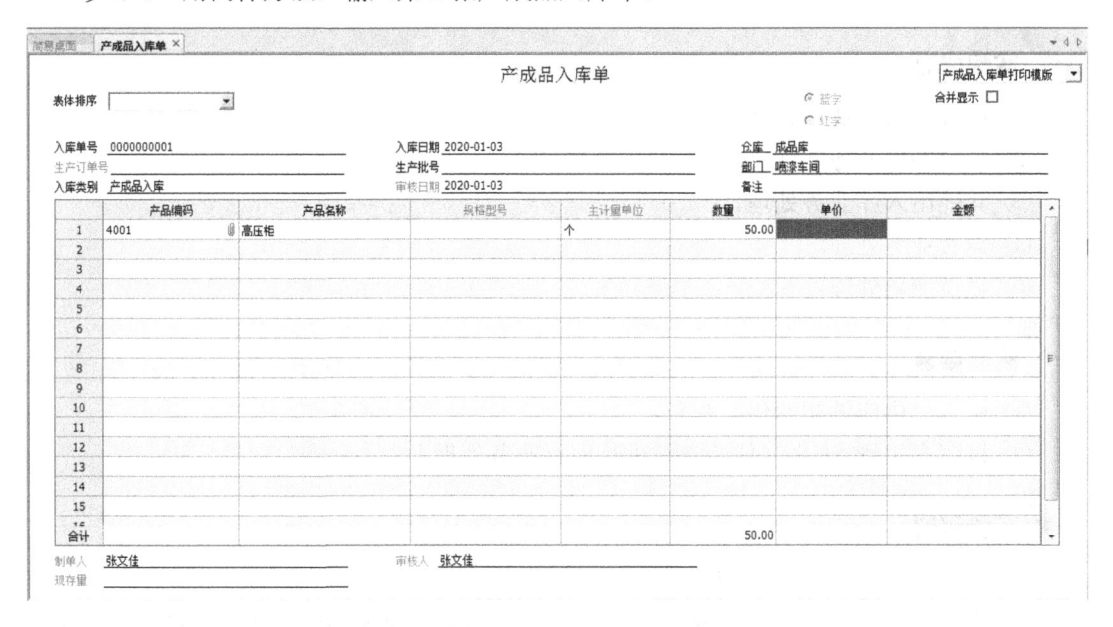

图 11.4　填制并审核产成品入库单

> **注意**
>
> 产成品入库单上无须填写单价，待产成品成本分配后会自动写入。

（2）在存货核算子系统中输入生产总成本并进行产成品成本分配

操作步骤

步骤 1　选择"供应链"|"存货核算"|"业务核算"|"产成品成本分配"选项，打开

项目 11　库存管理与存货核算

"产成品成本分配表"对话框。

步骤 2　单击"查询"按钮,打开"产成品成本分配表查询"对话框。选择"成品库",单击"确定"按钮,系统将符合条件的记录带回"产成品成本分配表"对话框。

步骤 3　在"4001 高压柜"记录行的"金额"栏输入 294 800。

步骤 4　单击"分配"按钮,系统弹出"分配操作顺利完成!"信息提示框。单击"确定"按钮返回,如图 11.5 所示。

图 11.5　输入产品成本分配金额并分配产品成本

步骤 5　选择"供应链"|"存货核算"|"日常业务"|"产成品入库单"选项,打开"产成品入库单"对话框。可查看到入库存货单价为 2 680 元。

(3) 在存货核算子系统中对产成品入库单进行记账并生成凭证

操作步骤

步骤 1　选择"供应链"|"存货核算"|"业务核算"|"正常单据记账"选项,对产成品入库单进行记账处理。

步骤 2　选择"供应链"|"财务核算"|"生成凭证"选项,选择"(10) 产成品入库单",生成凭证。在"生成凭证"对话框中单击"合成"按钮,可合并生成入库凭证,如图 11.6 所示。

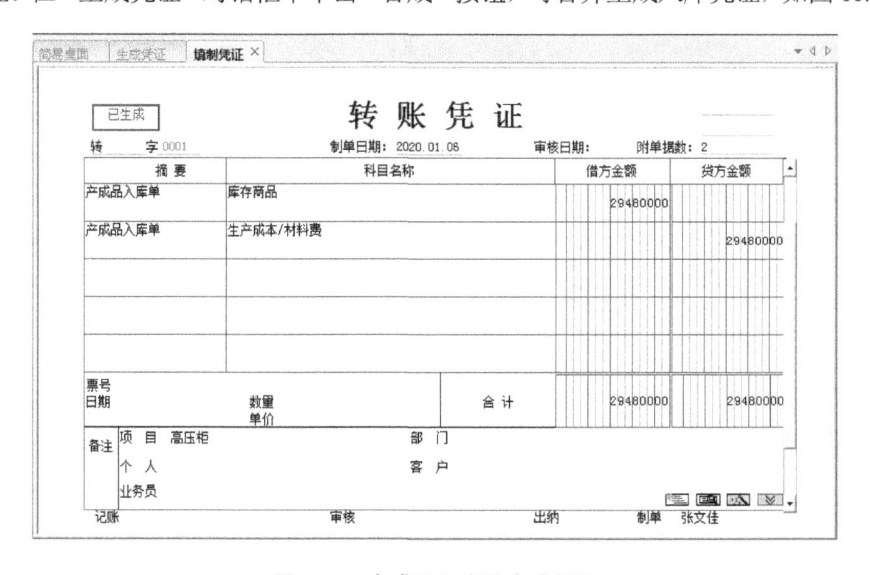

图 11.6　产成品入库单生成凭证

2. 材料领用出库

(1) 在库存管理子系统中填制材料出库单并审核

操作步骤

步骤1　选择"供应链"|"库存管理"|"出库业务"|"材料出库单"选项，打开"材料出库单"对话框。

步骤2　单击"增加"按钮，填入出库日期为"2020-01-08"，选择仓库为"主材库"、出库类别为"材料领用出库"、部门为"喷漆车间"。

步骤3　选择"1002 电压表"，输入数量为 100；选择"1003 电流表"，输入数量为 100。

步骤4　单击"保存"按钮，再单击"审核"按钮，如图 11.7 所示。

(2) 在存货核算子系统中对材料出库单记账并生成凭证

操作步骤

步骤1　选择"供应链"|"存货核算"|"业务核算"|"正常单据记账"选项，对材料出库单进行记账。

步骤2　选择"供应链"|"存货核算"|"财务核算"|"生成凭证"选项，选择材料出库单，生成如下凭证。

借：生产成本——材料费（项目：高压柜）　　　　　　　15 000
　　贷：原材料——主要材料　　　　　　　　　　　　　　　　15 000

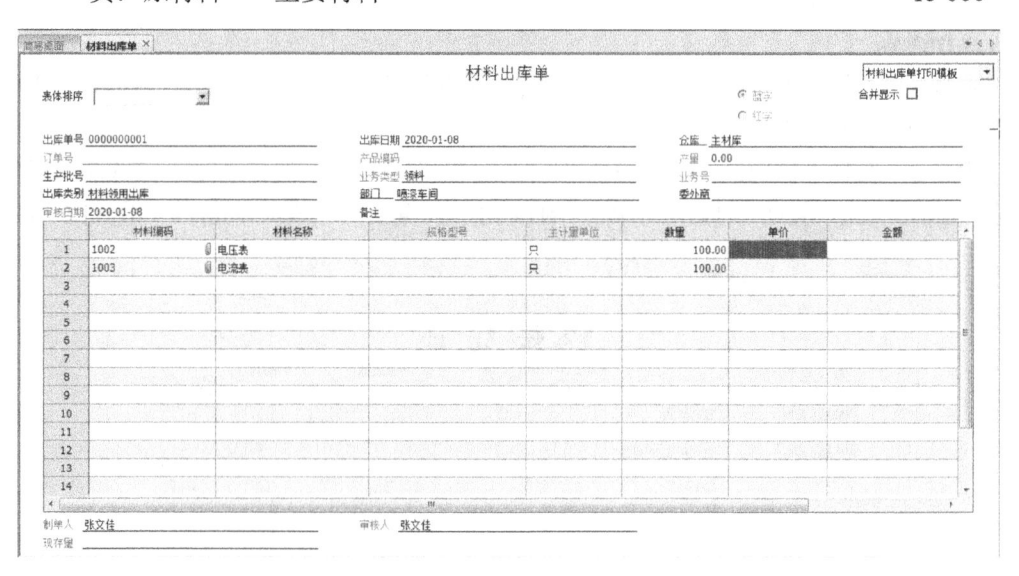

图 11.7　填制材料出库单

3. 其他出库

(1) 在库存管理子系统中输入其他出库单并审核

操作步骤

步骤1　选择"供应链"|"库存管理"|"出库业务"|"其他出库单"选项，打开"其

项目 11 库存管理与存货核算

他出库单"对话框。

步骤 2　单击"增加"按钮，输入出库日期为"2020-01-10"，选择仓库为"成品库"、出库类别为"其他出库"、部门为"销售部"。

步骤 3　选择存货编码为 4002，输入数量为 10，单价为 2 200。

步骤 4　单击"保存"按钮。

步骤 5　单击"审核"按钮，完成对该单据的审核。

（2）在存货核算子系统中对其他出库单进行记账

（3）在存货核算子系统中对其他出库单生成如下凭证

借：营业外支出　　　　　　　　　　　　　　　　　　　　　　22 000
　　贷：库存商品（项目：低压柜）　　　　　　　　　　　　　　22 000

4. 库存调拨——仓库调拨

（1）在库存管理子系统中填制调拨单

操作步骤

步骤 1　选择"供应链"|"库存管理"|"调拨业务"|"调拨单"选项，打开"调拨单"对话框。

步骤 2　单击"增加"按钮，输入日期为"2020-01-12"，选择转出仓库为"半成品库"、转入仓库为"成品库"、出库类别为"其他出库"、入库类别为"其他入库"。

步骤 3　选择存货编码为 3001，对话框下方显示其现存量为 30，如图 11.8 所示。输入数量为 30，单击"保存"按钮。

步骤 4　单击"审核"按钮。

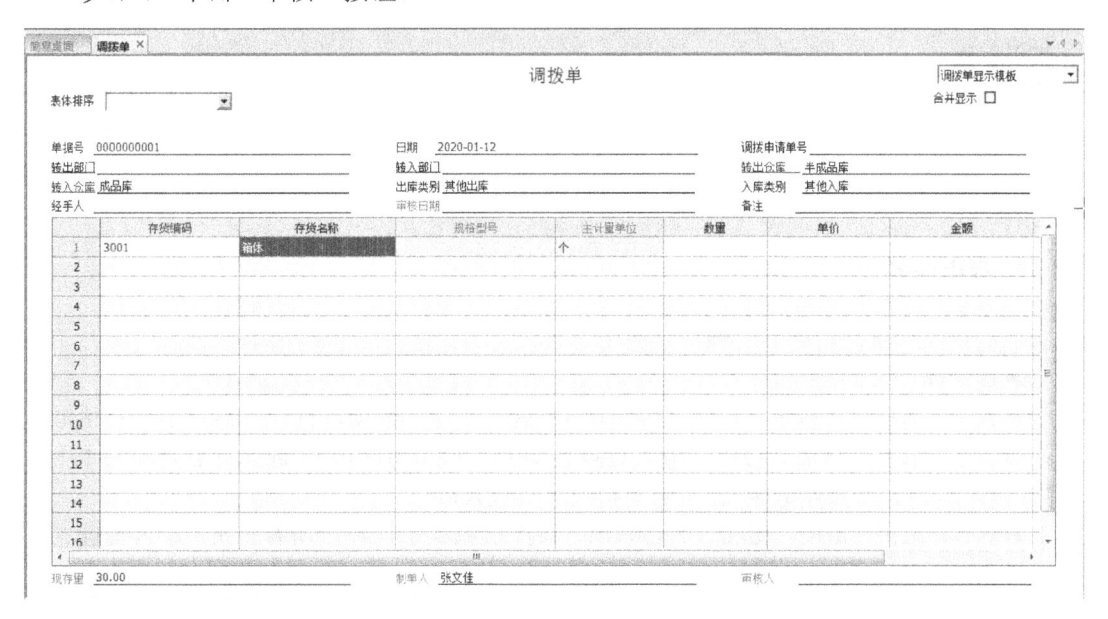

图 11.8　调拨单

> **注意**
>
> ① 调拨单保存后，系统自动生成其他入库单和其他出库单，且由调拨单生成的其他入库单和其他出库单不得修改与删除。
> ② 转出仓库的计价方式是在移动平均、先进先出、后进先出时，调拨单的单价可以为空，系统会根据计价方式自动计算填入。

(2) 在库存管理子系统中对调拨单生成的其他出入库单进行审核

操作步骤

步骤1　选择"供应链"|"库存管理"|"入库业务"|"其他入库单"选项，打开"其他入库单"对话框。

步骤2　单击➡（末张）按钮，找到根据调拨单生成的其他入库单。然后单击"审核"按钮。

步骤3　用同样方法完成对其他出库单的审核。

(3) 在存货核算子系统中对其他出入库单记账

操作步骤

步骤1　选择"供应链"|"存货核算"|"业务核算"|"特殊单据记账"选项，打开"特殊单据记账条件"对话框。

步骤2　选择单据类型为"调拨单"，单击"确定"按钮，打开"未记账单据一览表"对话框。

步骤3　选择要记账的调拨单，单击"记账"按钮。

> **注意**
>
> 在"库存商品"科目不分明细的情况下，库存调拨业务不会涉及总账管理子系统。因此，对库存调拨业务生成的其他出入库单暂不进行制单。

5. 盘点业务

(1) 在库存管理子系统中增加盘点单

操作步骤

步骤1　选择"供应链"|"库存管理"|"盘点业务"选项，打开"盘点单"对话框。

步骤2　单击"增加"按钮，输入盘点日期为"2020-01-30"，选择盘点仓库为"主材库"、出库类别为"其他出库"、入库类别为"其他入库"。

步骤3　单击"盘库"按钮，系统弹出"盘库将删除未保存的所有记录，是否继续？"信息提示框。单击"是"按钮，打开"盘点处理"对话框。选中"按仓库盘点"单选按钮，单击"确认"按钮，将主材库目前物料账面数量带入盘点单。

步骤4　按实验资料，输入盘点数量，单击"保存"按钮。

步骤5　单击"审核"按钮，如图11.9所示。

项目 11　库存管理与存货核算

图 11.9　盘点单

> **注意**
>
> ① 盘点单审核后，系统自动生成相应的其他入库单和其他出库单。
> ② 单击"盘库"按钮，表示选择盘点仓库中所有的存货进行盘点；单击"选择"按钮，表示按存货分类批量选择存货进行盘点。
> ③ 盘点单中输入的盘点数量是实际库存盘点的结果。

（2）在库存管理子系统中对盘点单生成的其他出库单进行审核

（3）在存货核算子系统中修改其他出库单的单价

选择"供应链"|"存货核算"|"日常业务"|"其他出库单"选项，打开"其他出库单"对话框。单击"修改"按钮，补充输入插座的单价为 25，单击"保存"按钮。

（4）在存货核算子系统中对其他出库单进行记账并生成如下凭证

借：待处理财产损溢——待处理流动资产损溢　　　　　　　　125
　　贷：原材料——主要材料　　　　　　　　　　　　　　　　125

全部完成后，将账套数据备份至"库存管理"文件夹。

实验十五　存货核算

实验目的

掌握用友 U8 中有关存货核算子系统常见业务的处理方法。

会计信息化实训（用友 U8 V10.1）

实验内容

① 出入库调整业务处理。
② 暂估业务处理。
③ 假退料业务处理。

实验要求

① 引入"供应链初始化"账套数据。
② 以 01 张文佳的身份进行存货核算业务操作。

实验资料

2020 年 1 月的存货业务如下。

① 入库及调整业务。15 日，向九辉采购面板 100 个，将收到的货物验收入半成品库。同日收到采购专用发票，载明数量 100 个，无税单价 60 元，财务据此结算采购成本。20 日，将 1 月 15 日发生的采购面板的入库成本减少 150 元。

② 暂估入库业务。20 日，收到从华阳采购的 20 桶漆，入辅材库。31 日，发票仍未收到，暂估单价为 35 元，并进行暂估记账处理。

实验指导

1. 入库及调整业务

(1) 采购入库

操作步骤

步骤 1　在库存管理子系统中，输入并审核采购入库单。
步骤 2　在采购管理子系统中根据入库单生成采购专用发票并进行采购结算。
步骤 3　在存货核算子系统中对采购入库单记账并生成凭证。
步骤 4　在应付款管理子系统中审核采购专用发票并生成凭证。

(2) 调整入库成本

操作步骤

步骤 1　选择"供应链"|"存货核算"|"日常业务"|"入库调整单"选项，打开"入库调整单"对话框。
步骤 2　单击"增加"按钮，选择仓库为"半成品库"、收发类别为"采购入库"、部门为"采购部"、供应商为"九辉"。
步骤 3　选择存货编码为 3002，调整金额为-150。单击"保存"按钮，如图 11.10 所示。
步骤 4　单击"记账"按钮。

项目 11 库存管理与存货核算

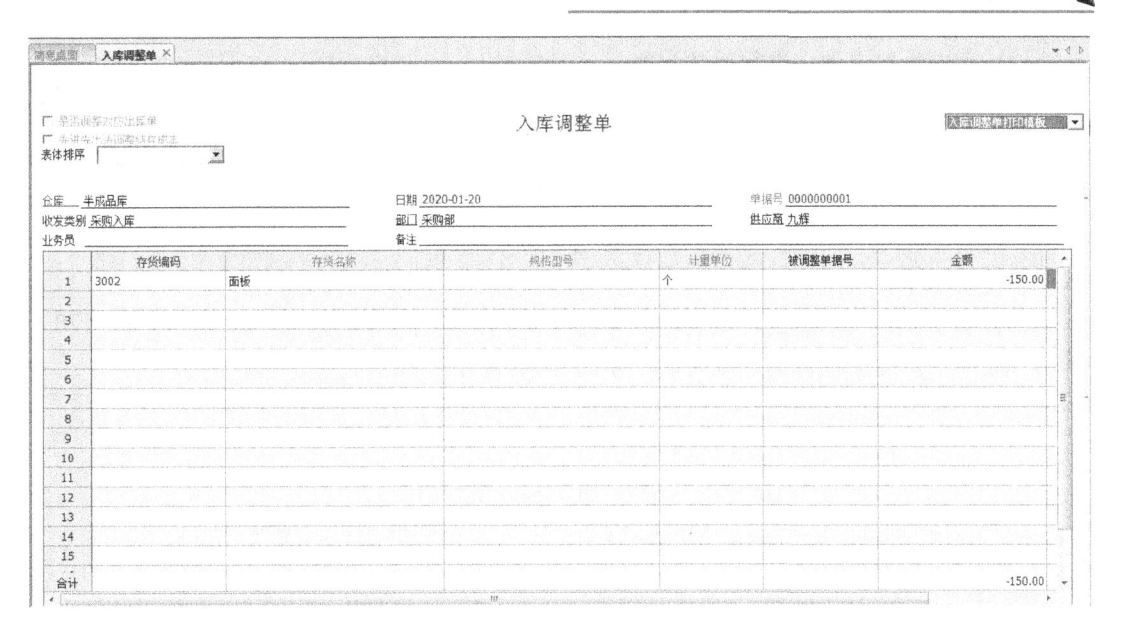

图 11.10 入库调整单

> **注意**
>
> 入库调整单是对存货的入库成本进行调整的单据，既可针对单据进行调整，也可针对存货进行调整。

步骤 5　选择"供应链"|"存货核算"|"财务核算"|"生成凭证"选项，选择"（20）入库调整单"，生成如下凭证。

　　借：原材料——外购半成品　　　　　　　　　　　　　　　　　　　-150
　　　　贷：在途物资　　　　　　　　　　　　　　　　　　　　　　　-150

（3）查看入库调整结果

操作步骤

步骤 1　选择"供应链"|"存货核算"|"账表"|"分析表"|"入库成本分析"选项，打开"入库成本分析"对话框。

步骤 2　选择"半成品库"、存货编码为 3002，单击"确定"按钮，查看到"面板"的入库成本从 6 000 变为 5 850。

2．暂估入库业务

（1）办理入库

操作步骤

步骤 1　在库存管理子系统中填制采购入库单。采购入库单无须填写单价。

步骤 2　在库存管理子系统中审核采购入库单。

(2) 月末发票未到，进行暂估记账

操作步骤

步骤 1　选择"供应链"|"存货核算"|"日常业务"|"采购入库单"选项，打开"采购入库单"对话框。单击"修改"按钮，输入单价为 35。然后单击"保存"按钮。

步骤 2　选择"供应链"|"存货核算"|"业务核算"|"正常单据记账"选项，对采购入库单进行记账。

步骤 3　选择"供应链"|"存货核算"|"财务核算"|"生成凭证"选项，选择"（70）采购入库单（暂估记账）"，生成凭证，如图 11.11 所示。

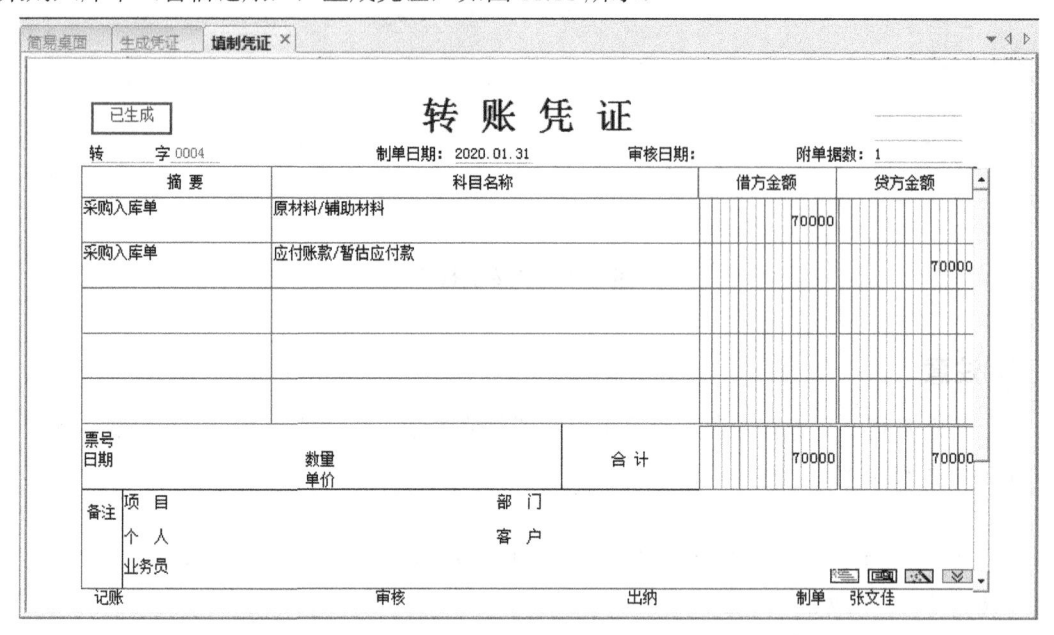

图 11.11　暂估入库凭证

全部完成后，将账套数据备份到"存货核算"文件夹。

思考题

1. 库存管理子系统和存货核算子系统的联系与区别是什么？
2. 在库存管理子系统中，哪些业务能生成其他入库单、其他出库单？
3. 盘点的方法有哪几种？需要注意什么问题？
4. 什么情况下需要用到调整单据？调整单据有哪几种？
5. 目前系统中设定的是哪种暂估方式？是否可以修改？

尊敬的老师：

您好。

请您认真、完整地填写以下表格的内容(务必填写每一项)，索取相关图书的教学资源。

教学资源索取表

书　　名				作者名	
姓　　名		所在学校			
职　　称		职　　务		职　　称	
联系方式	电　话		E-mail		
	QQ 号		微信号		
地址（含邮编）					
贵校已购本教材的数量(本)					
所需教学资源					
系/院主任姓名					

系／院主任：_____（签字）

（系／院办公室公章）

20____年____月____日

注意：

① 本配套教学资源仅向购买了相关教材的学校老师免费提供。

② 请任课老师认真填写以上信息，并请系／院加盖公章，然后传真到 (010) 80115555 转 718438 索取配套教学资源。也可将加盖公章的文件扫描后，发送到 fservice@126.com 索取教学资源。欢迎各位老师扫码关注我们的微信号和公众号，随时与我们进行沟通和互动。

③ 个人购买的读者，请提供含有书名的购书凭证，如发票、网络交易信息，以及购书地点和本人工作单位来索取。

微信号　　　　　　　　　　　公众号

反侵权盗版声明

电子工业出版社依法对本作品享有专有出版权。任何未经权利人书面许可，复制、销售或通过信息网络传播本作品的行为；歪曲、篡改、剽窃本作品的行为，均违反《中华人民共和国著作权法》，其行为人应承担相应的民事责任和行政责任，构成犯罪的，将被依法追究刑事责任。

为了维护市场秩序，保护权利人的合法权益，我社将依法查处和打击侵权盗版的单位和个人。欢迎社会各界人士积极举报侵权盗版行为，本社将奖励举报有功人员，并保证举报人的信息不被泄露。

举报电话：(010)88254396；(010)88258888
传　　真：(010)88254397
E - mail ：dbqq@phei.com.cn
通信地址：北京市万寿路173信箱
　　　　　电子工业出版社总编办公室
邮　　编：100036